JUDITH
BUTLER

Os sentidos do sujeito

FILŌMARGENS   **autêntica**

JUDITH
BUTLER
Os sentidos do sujeito

Coordenação de tradução
Carla Rodrigues

Tradução
Ana Luiza Gussen, Beatriz Zampieri,
Gabriel Lisboa Ponciano, Kissel Goldblum,
Luis Felipe Teixeira, Nathan Teixeira,
Petra Bastone e Victor Galdino

1ª reimpressão

Copyright © 2015 Fordham University Press

Título original: *Senses of the subject*

Todos os direitos reservados pela Autêntica Editora Ltda. Nenhuma parte desta publicação poderá ser reproduzida, seja por meios mecânicos, eletrônicos, seja via cópia xerográfica, sem a autorização prévia da Editora.

COORDENADOR DA COLEÇÃO FILÔ
Gilson Iannini

CONSELHO EDITORIAL
Gilson Iannini (UFMG); *Barbara Cassin* (Paris); *Carla Rodrigues* (UFRJ); *Cláudio Oliveira* (UFF); *Danilo Marcondes* (PUC-Rio); *Ernani Chaves* (UFPA); *Guilherme Castelo Branco* (UFRJ); *João Carlos Salles* (UFBA); *Monique David-Ménard* (Paris); *Olímpio Pimenta* (UFOP); *Pedro Süssekind* (UFF); *Rogério Lopes* (UFMG); *Rodrigo Duarte* (UFMG); *Romero Alves Freitas* (UFOP); *Slavoj Žižek* (Liubliana); *Vladimir Safatle* (USP)

EDITORAS RESPONSÁVEIS
Rejane Dias
Cecília Martins

PROJETO GRÁFICO
Diogo Droschi

REVISÃO
Aline Sobreira

CAPA
Alberto Bittencourt
(Sobre obra de Natali Tubenchlak)

DIAGRAMAÇÃO
Waldênia Alvarenga

Dados Internacionais de Catalogação na Publicação (CIP)
(Câmara Brasileira do Livro, SP, Brasil)

Butler, Judith
   Os sentidos do sujeito / Judith Butler ; coordenação de tradução Carla Rodrigues. -- 1. ed.; 1. reimp. -- Belo Horizonte : Autêntica, 2023. -- (Filô Margens)

   Título original: *Senses of the subject*
   Vários tradutores.
   ISBN 978-65-5928-117-6

   1. Ensaios filosóficos 2. Gêneros - Estudos 3. Feminismo 4. Foucault, Michel, 1926-1984 - Filosofia política I. Rodrigues, Carla. II. Título III. Série.

21-85685
CDD-102

Índices para catálogo sistemático:
1. Ensaios filosóficos 102

Maria Alice Ferreira - Bibliotecária - CRB-8/7964

 GRUPO **AUTÊNTICA**

Belo Horizonte
Rua Carlos Turner, 420
Silveira . 31140-520
Belo Horizonte . MG
Tel.: (55 31) 3465 4500

São Paulo
Av. Paulista, 2.073, Conjunto Nacional
Horsa I . Sala 309 . Bela Vista
01311-940 . São Paulo . SP
Tel.: (55 11) 3034 4468

www.grupoautentica.com.br
SAC: atendimentoleitor@grupoautentica.com.br

Agradecimentos

Gostaria de agradecer à falecida e inesquecível Helen Tartar e à Fordham University Press, por terem tornado possível esta coletânea; a Zoe Weiman-Kelman e Aleksey Dubilet, pelo auxílio na preparação do manuscrito, e a Bud Bynack, por sua edição tenaz e impressionante. O projeto deste livro é dedicado a Denise Riley, sem cujas ideias eu não poderia ter tido muitas de minhas próprias.

Embora estes textos apresentem temas sobrepostos e emergentes, eles se diferenciam substancialmente, devido aos 19 anos que transcorreram entre o primeiro e o mais recente daqueles incluídos aqui (Kierkegaard, em 1993, e Hegel, em 2012). Estes ensaios foram primeiramente apresentados nas seguintes publicações:

"How Can I Deny that These Hands and This Body Are Mine?", *Qui Parle,* v. 11, n. 1 (1998); reimpresso em versão expandida em *Material Events: Paul de Man and the Afterlife of Theory* (Minneapolis: University of Minnesota Press, 2001); "Kierkegaard's Speculative Despair", em Robert Solomon e Kathleen Higgins (Ed.), *German Idealism* (London: Routledge, 1993); "Merleau-Ponty and the Touch of Malebranche", em

Taylor Carmen (Ed.), *Merleau-Ponty Reader* (London: Cambridge, 2005); "Sexual Difference as a Question of Ethics", em Laura Doyle (Ed.), *Bodies of Resistance* (Evanston: Northwestern University Press, 2001); "Espinosa's Ethics under Pressure", em Victoria Kahn, Neil Saccamano e Daniela Coli (Ed.), *Politics and Passions* (Princeton: Princeton University Press, 2006); "Violence, Nonviolence: Sartre on Fanon", *Graduate Faculty Philosophy Journal*, v. 27, n. 1 (2006); reimpresso em Jonathan Judaken (Ed.), *Race after Sartre* (Albany: State University of New York Press, 2008); "To Sense What Is Living in the Other: Hegel's Early Love", dOCUMENTA (13) Notebooks, n. 66 (Hatje Cantz Verlag, 2012, edição bilíngue em inglês e alemão).

Judith Butler, Berkeley, 2014.

9 **Prefácio à tradução brasileira: Os sentidos da tradução**

17 **Introdução**
Tradução de Luís Felipe Teixeira e Gabriel Lisboa Ponciano

39 **"Como posso negar que estas mãos e este corpo sejam meus?"**
Tradução de Luís Felipe Teixeira

63 **Merleau-Ponty e o toque de Malebranche**
Tradução de Nathan Teixeira e Luís Felipe Teixeira

95 **O desejo de viver: a *Ética* de Espinosa sob pressão**
Tradução de Ana Luiza Gussen e Petra Bastone

129 **Sentir o que é vivo no Outro: o primeiro amor de Hegel**
Tradução de Gabriel Lisboa Ponciano e Carla Rodrigues

155 **O desespero especulativo de Kierkegaard**
Tradução de Beatriz Zampieri e Kissel Goldblum

199 **A diferença sexual como uma questão ética: as alteridades da carne em Irigaray e Merleau-Ponty**
Tradução de Beatriz Zampieri e Nathan Teixeira

223 **Violência, não-violência: Sartre sobre Fanon**
Tradução de Victor Galdino

Prefácio à tradução brasileira
Os sentidos da tradução

Ana Luiza Gussen, Beatriz Zampieri,
Carla Rodrigues, Gabriel Lisboa Ponciano,
Kissel Goldblum, Luis Felipe Teixeira,
Nathan Teixeira, Petra Bastone e Victor Galdino

A filósofa Judith Butler pode ser lida como uma pensadora da linguagem e da tradução. A partir dessa visada em relação à autora, este livro nos exigiu, como "tarefa do tradutor", a conjugação do ofício de tradução com o de pesquisa filosófica. É essa a combinação que intentamos apresentar na edição brasileira, cuja proposta de realizar uma tradução com ênfase nos aspectos filosóficos permitiu que, mesmo sem almejar a possibilidade de abolir toda e qualquer parcela de intraduzibilidade, fôssemos capazes de decidir, estrategicamente, em quais situações cederíamos menos ou mais ao texto original. Ao assumir a intraduzibilidade como condição de possibilidade da tradução, a prática passou a se configurar em uma espécie de negociação, tanto pontualmente – como na escolha do melhor termo ou expressão para essa ou aquela situação – quanto em um aspecto mais amplo – como em quais situações a postura teria de ser mais ou menos intransigente, se estaríamos mais ou menos dispostos a ceder espaço à intraduzibilidade. Assim, entendemos a forma com que Butler trabalha a linguagem – articulando construções ambivalentes e polissêmicas para propor uma filosofia não unívoca e transitiva – como um dos aspectos inegociáveis da tradução.

Por isso, uma das questões orientadoras do nosso trabalho foi a busca pelas especificidades do texto original e da tradução filosófica. A primeira decisão importante foi distribuir os capítulos entre pesquisadores/as que tivessem afinidades temáticas com os textos e autores mencionados, de modo que o percurso filosófico de cada um/a contribuísse na compreensão do texto original, na busca pelas referências e nas decisões de tradução. Ainda que cada texto tenha sido traduzido por pesquisadores/as diferentes, houve desde o início o engajamento em um trabalho coletivo, a fim de dar coerência interna ao livro, por meio de reuniões, debates, leituras e revisões de todo o livro pelos envolvidos. Buscamos, na medida do possível, uma tradução que respeitasse a proximidade com o significante escolhido pela autora.

Essa estratégia se mostrou necessária, também, por *Os sentidos do sujeito* apresentar um *corpus* teórico único dentre as publicações de Butler. Os artigos foram escritos em um intervalo de 20 anos, estão dispostos em ordem cronológica e podem ser percorridos a partir do ponto de entrada de maior interesse de leitores/as. Há um fio condutor que, todavia, pode ficar menos explícito à primeira leitura: o livro não é motivado por um acontecimento específico, semelhante à trilogia iniciada a partir dos eventos do 11 de Setembro de 2001 (*Vidas precárias, Quadros de guerra, Corpos em aliança*), nem parte de um nexo específico de problemas ético-políticos (*Problemas de gênero, A vida psíquica do poder, Relatar a si mesmo, Força da não-violência*). Aqui, a filósofa dá conta das suas diversas interlocuções com a história da filosofia, iniciada no porão da casa de sua mãe, onde a jovem Judith encontrou a primeira introdução à filosofia na *Ética* de Espinosa. Anos mais tarde, na Universidade de Yale, a formação institucional permitiu a ela o aprofundamento nas variadas perspectivas e teses filosóficas sobre questões e problemas que lhe interessavam, por muitas vezes se confrontando com a demarcação de fronteiras do que pode ou não ser classificado como filosofia. Este livro mostra que o pensamento de Butler foi construído em interlocução com a história da filosofia e nunca deixou de remeter à formação filosófica que a tornou possível. Funciona, assim, como um lembrete de como parte de seu trabalho, em certos sentidos, é indistinguível do que encontramos circulando nas instituições filosóficas com o nome de "literatura secundária" e "comentário" envolvendo o cânone ocidental. Um lembrete também de que, em certo sentido, Butler nunca saiu da filosofia para fazer outra coisa, e nunca tomou o que faz como negação do que já foi feito e canonizado. E isso nos faz pensar na sua situação singular: uma filósofa no Departamento de Literatura Comparada na Universidade de Berkeley.

Essas e outras peculiaridades contribuíram para a produção deste livro único. Em uma obra tão densa e diversificada, valorizar as ambiguidades construídas por Butler – seja no conceito, seja na escrita – é fundamental para delinear uma retórica filosófica comum aos diversos diálogos propostos por ela. Ainda que sejam interlocuções distintas e com consequências diversas, a forma com que a autora opera a linguagem contribui para os deslocamentos propostos em cada capítulo. Há um modo de abordagem que se repete. Sem se restringir à exegese dos textos, Butler desenvolve interpretações críticas, situa os diálogos no tempo presente e busca tensões e desdobramentos improváveis à época em que os textos da história da filosofia com os quais conversa foram escritos. Essa forma de interpelar seus interlocutores, marca de *Os sentidos do sujeito*, é constitutiva da maneira com que Butler faz filosofia.

O movimento da retórica argumentativa da autora se assemelha às noções de "citacionalidade" e "iterabilidade", indicando que a filosofia butleriana depende desse espaço ambíguo e inconstante, precisamente por não querer extinguir as ambiguidades, e sim desdobrá-las em novas direções. Trabalhar com as ambiguidades do texto original foi, portanto, um dos desafios da tradução, justo porque parte do que permite a construção dessa filosofia transitiva e não programática é a lida particular de Butler com a linguagem. Certos termos, por exemplo, por mais que sejam indicados como sinônimos nos dicionários, não são perfeitamente intercambiáveis e carregam detalhes importantes em suas distinções sutis. Por ter um *corpus* teórico singular, *Os sentidos do sujeito* representa uma situação ímpar de distância temporal entre os artigos e desenha um cenário em que o trabalho com a linguagem ganha destaque. Em diferentes contextos, Butler estabelece no âmbito da escrita um movimento análogo àquele dos deslocamentos conceituais; um pensamento em trânsito, e que se dá por meio de deslocamentos, não pode ser acolhido em uma linguagem descritiva. Nesse contexto, valorizar a linguagem ambígua e construções polissemânticas se mostrou inegociável.

O trabalho de tradução foi marcado por essa preocupação, retendo ao máximo a variação de termos e construções, para tornar possível (re)traçar as ambivalências construídas tanto no nível do conceito quanto no nível da escrita. O próprio título do livro apresenta uma ambiguidade indissolúvel, que a tradução buscou sustentar. No original, *Senses of the Subject*, existe uma opacidade em relação àquilo que *"senses"* designa: por um lado, poderia indicar quais significados (*"senses"*) o sujeito assume; por outro, poderia apontar para o que seria ter sensações (*"senses"*) do sujeito, ter a experiência de ser um sujeito. *A priori*, a língua inglesa não oferece ferramentas suficientes para desvendar essa dúvida só pelo título, sendo precisamente esta a intenção da autora: em uma proposição, associar ambiguamente a subjetividade às esferas da significação e da percepção.

À medida que se percorrem os capítulos, a dimensão corpórea e não semântica do "sujeito" ganha destaque, expressando a partir de diferentes perspectivas que não é possível conceber qualquer dimensão de sujeito (e mesmo da linguagem) separada do corpo. Isso não quer dizer que a esfera sensorial se sobreponha àquela da significação, mas que talvez a dimensão corpórea imponha limites semânticos às significações que o sujeito assume (ao mesmo tempo sendo o corpo condição de possibilidade da significação). A opção de traduzir "*senses*" por "sentidos" não consegue transcrever a mesma ideia e o mesmo movimento da construção em inglês, embora consiga, todavia, contornar parcialmente sua intraduzibilidade e expressar a dubiedade da relação entre "corpo" e "significação".

A ambivalência se mantém em português, apesar de "sentido" não ser um sinônimo de "sensação", porque o termo pode designar a esfera em que as sensações acontecem: a dimensão sensorial, a esfera dos sentidos a partir da qual distinguimos as sensações daquilo que é a experiência difusa do corpo (não necessariamente inteligível ou exprimível). Assim, mesmo que *Os sentidos do sujeito* não relacione diretamente "sujeito" e "sensações" como no título original, a relação ambígua e indissociável com a esfera da percepção é garantida de maneira semelhante. Perguntar pelos "sentidos do sujeito" não designa de maneira unívoca as significações que o termo "sujeito" tem; também pode apontar para a percepção, os sentidos por meio dos quais conseguimos registrar a experiência de ser um sujeito. O título do livro e o trabalho de traduzi-lo são um bom exemplo de como Butler trabalha a linguagem em sua polissemia e da necessidade de, no trabalho de tradução, saber onde é e onde não é possível ceder à intraduzibilidade. Nosso trabalho buscou valorizar a escrita particular e ambígua da autora, na perspectiva de uma tradução filosófica cuja tarefa é não apenas encontrar os melhores termos possíveis, mas também traduzir aquilo que o ato da escrita literaliza e não especificamente descreve, transmitir o movimento que o texto expressa em sua performatividade.

Exemplo semelhante que destacamos emergiu da tradução de "*self*" e suas ocorrências como substantivo e prefixo. Butler, em alguns momentos, explora a relação entre "*self*" (substantivo) e "*self-*" (prefixo) como recurso retórico na língua inglesa para argumentar pelo caráter relacional constitutivo do *self*/si mesmo. A tradução de "*self-*", quando aparece como prefixo, foi transportada para o prefixo em português "auto-", enquanto "*self*", substantivo, foi traduzido por "si mesmo", seguindo, por exemplo, a solução de *"soi-même"*, do francês, opção bem estabelecida na língua portuguesa e utilizada em traduções anteriores da obra de Judith Butler. Já a escolha de tradução do termo *"self-"* para "auto-" se funda na relação apresentada pela filósofa Barbara Cassin entre "si mesmo" e os prefixos *"self-"* e "auto-". Cassin explica que muitos termos foram retidos do grego, muitas vezes por meio do latim, utilizando o pronome *"autos"* para se referir a uma ação realizada pelo sujeito em pessoa e, muitas vezes, sobre si mesmo.

> Em grego, então, uma constelação de termos une fortemente os dois aspectos da identidade: ipseidade, ou a constituição de um *self*, e "mesmidade", a construção de uma identidade-para-si ou para outro-além-de-si. Vários idiomas têm procedimentos análogos, de modo que a presença de um artigo faz a diferença no significado: francês *(soi) même / le même (que)*, alemão *Selbst / dasselbe*, em contraste com o latim *ipse / idem* e inglês *self / same*.[1]

O prefixo "auto-", portanto, também em português, preserva em si os significados importados do grego.

A atenção às escolhas textuais exigiu que o esforço de construção de um campo semântico uniforme fosse aberto, em casos específicos, a determinadas variações na tradução. Por esse motivo, ainda que tenhamos privilegiado o recurso às citações diretas e indiretas das traduções já estabelecidas nas edições brasileiras das obras referidas, consideramos necessário modificar pontualmente alguns termos, com o intuito de preservar a construção argumentativa do original em inglês. Nos casos de referências a textos não publicados em português, o recurso aos originais foi comparado às traduções

---

[1] Ver CASSIN, Barbara. To, auto, h(e)auto, to auto: The Construction of Identity in Greek. *In*: CASSIN, Barbara; APTER, Emily; LEZRA, Jacques; WOOD, Michael (Ed.). *Dictionary of Untranslatables: A Philosophical Lexicon*. Princeton: Princeton University Press, 2014. p. 468-469.

norte-americanas utilizadas pela autora, sendo alterados também pontualmente, quando necessário. Todas as generalizações e exceções exigidas por essas mudanças e pelas pesquisas dos/as tradutores/as foram indicadas em notas de tradução, com o objetivo de enriquecer as referências bibliográficas e fazer com que leitores e leitoras conheçam as dificuldades e os impasses implicados nas decisões tomadas.

Somos pesquisadores/as do laboratório Filosofias do Tempo do Agora, cadastrado no Diretório de Núcleo de Pesquisas do CNPq, e temos entre nossas atividades a tradução filosófica, seja de artigos e entrevistas, seja de bibliografia de pesquisa. Estamos engajados em projetos de tradução cujo objetivo é afirmar o que reafirmamos aqui: há na tradução filosófica características específicas de conciliação entre o domínio dos idiomas e o conhecimento do *corpus* teórico a ser traduzido. Este trabalho foi possível graças ao apoio da Faperj, por meio de dois projetos: "Judith Butler: do gênero à crítica à violência de Estado" (E_03/2017/203.162) e "Epistemologias feministas" (E_08/2015/210.078), pelo que agradecemos.

Introdução

Tradução de Luís Felipe Teixeira e
Gabriel Lisboa Ponciano

Este volume representa um arranjo de ensaios filosóficos escritos por mim ao longo de 20 anos (1993-2012), registrando algumas mudanças nas minhas perspectivas nesse período de tempo.[1] Se me pedissem para dizer o que racionaliza esta coletânea, se é que existe alguma coisa, só poderia responder de maneira hesitante. Se há um sentido a ser discernido nessa hesitação, provavelmente seria este: quando falamos sobre a formação do sujeito, invariavelmente presumimos um limiar de suscetibilidade ou de impressionabilidade que, pode-se dizer, precede a formação de um "eu" consciente e deliberado. Isso significa apenas que essa criatura que sou é afetada por algo que está fora de si mesma, entendida como anterior, que ativa e informa o sujeito que sou. Quando faço uso do pronome de primeira pessoa nesse contexto, não estou exatamente falando de mim mesma. É claro que o que tenho a dizer tem implicações pessoais, mas isso opera em um nível relativamente impessoal. Então, não é sempre que vou usar o pronome de primeira pessoa entre aspas, mas é importante que você saiba que quando digo "eu", também me refiro a você e a quem mais vier a usar o pronome ou fale uma linguagem que flexione a primeira pessoa de maneira diferente.

---

[1] Embora a maior parte desses ensaios continue em sua forma original, algumas pequenas mudanças editoriais foram feitas para dar consistência à obra e corrigir erros formais.

Meu ponto é sugerir que já sou afetada antes de poder dizer "eu" e que, de alguma maneira, tenho de ser afetada para poder dizer "eu". Todavia, essas proposições tão diretas falham em descrever o limiar de suscetibilidade que precede qualquer sentido de individuação ou de capacidade linguística para a autorreferência. Pode-se dizer que estou sugerindo simplesmente que os sentidos são primários e que sentimos as coisas, sofremos impressões, antes de formar quaisquer pensamentos, incluindo pensamentos que poderíamos ter sobre nós mesmos. Essa caracterização pode ser verdadeira para o que tenho a dizer, mas ela não é completa o suficiente para explicar o que espero mostrar.

Primeiramente, não estou certa sobre haver certos tipos de "pensamentos" que operem no curso de sentirmos alguma coisa. Em segundo lugar, quero sublinhar o problema metodológico que emerge de qualquer tipo de afirmação sobre a primazia dos sentidos: se digo que já estou afetada antes de poder dizer "eu", estou falando muito depois do processo que busco descrever. Na verdade, minha posição retrospectiva lança dúvidas se posso ou não descrever essa situação, já que, estritamente falando, eu não estava presente no processo, e eu mesma pareço ser um de seus vários efeitos. Além disso, pode ser que, retroativamente, eu reconstitua essa origem de acordo com qualquer que seja o fantasma que me capture, e, dessa maneira, você receberá uma narrativa somente do meu fantasma, e não da minha origem. Dado o quão controversos são esses assuntos, alguém poderia pensar que deveríamos todos calar sobre eles, e que deveríamos evitar completamente a primeira pessoa, já que a função dêitica falha precisamente no momento em que queremos comandar suas forças para nos ajudar a descrever algo difícil. Minha sugestão, então, é que aceitemos esse atraso e procedamos ao estilo de uma narrativa que marque a condição paradoxal de tentar narrar alguma coisa sobre minha formação, que é anterior à minha própria capacidade narrativa, e que isso, de fato, é o que possibilita essa capacidade narrativa.

Vamos seguir a conhecida referência de Nietzsche aos sinos que acabaram de "estrondear [...] as 12 batidas do meio-dia", acordando alguém imerso em si que somente *depois* esfrega seus ouvidos e, "surpreso e perplexo", pergunta: "que foi que vivemos?" (NIETZSCHE, 2008, p. 7). Pode ser que esse tipo de atraso, que Freud chamou de *"Nachträglichkeit"*, seja uma característica inevitável de investigações como estas, flexionando a narração com a perspectiva histórica do presente. Ainda assim, é possível tentar dar uma sequência narrativa ao processo de ser afetado, um limiar de suscetibilidade e de transferência? É possível que eu possa refletir e recontar sobre uma vida que ainda não existe e, em parte, dá conta da emergência desse eu?

Certas ficções literárias se dão nesse tipo de cenários impossíveis. Considere o fantástico início de *David Copperfield*, em que o narrador fala com extraordinária perspicácia sobre os detalhes da vida ordinária que antecede e inclui seu próprio nascimento. Ele menciona entre parênteses que lhe foi contada a história de seu nascimento e que acredita no que lhe foi contado, mas, conforme a narração avança, ele para de recontar a história como se o autor fosse outro que não ele mesmo; ele incluiu a si como um narrador onisciente no princípio de sua própria vida, uma maneira, talvez, de desviar da dificuldade de já ter sido uma criança incapaz de falar, refletir ou pensar como um autor adulto o faz. Certa dose de negação da infância se espraia em sua narrativa cada vez mais autoritária sobre quando ele chorou e o que os outros pensaram e fizeram nessa ocasião.

De fato, o primeiro capítulo é fantasticamente intitulado "Nasço", e a primeira linha lança o desafio: esse narrador será constituído como autor, ou ele será autor de sua própria narrativa? O romance começa: "Se serei o herói de minha própria vida, ou se essa posição será ocupada por alguma outra pessoa, é o que estas páginas devem mostrar". Há, aí, uma dupla ironia, já que o narrador é uma construção ficcional de Charles Dickens e, por isso, já foi e é continuamente criado, mesmo quando ele põe essa questão, sugerindo que pode escapar do texto que sustenta sua existência ficcional. Mesmo nos termos do romance, é óbvio que ele não poderia oferecer uma narrativa de seu próprio nascimento com o mesmo tipo de autoridade de quem o testemunha, e, mesmo assim, ele procede com essa empreitada impossível e sedutora, exatamente como se estivesse lá, observando, por assim dizer, enquanto entra no mundo.

A autoridade narrativa não exige estar em cena. Ela requer somente que se possa, de maneira crível, reconstruir a cena de uma posição de não presença ou que uma narração inacreditável seja convincente por suas próprias razões. A história quer dizer alguma coisa enquanto o personagem a narra, já que somos introduzidos a sua excepcional autocompreensão. O que ele narra pode ou não ser verdade, mas isso quase não importa na medida em que compreendemos que a história que ele almeja quando fala sobre suas ambições e seus desejos autorais claramente visa contrapor e deslocar a passividade infantil e a falta de controle motor; uma forma de resistência, talvez, à necessidade de estar nas mãos daqueles em cujas mãos ele nunca escolheu estar, e que acabaram por cuidar dele mais ou menos bem.

Meu ponto não é dizer que o que acontece em um trabalho literário como esse encontra algum paralelo na teoria da formação do sujeito. Em vez disso, quero sugerir que gestos narrativos como esses encontram seu lugar em quase toda teoria da formação do sujeito. Seria a dimensão narrativa da teoria da formação do sujeito impossível, ainda que necessária, invariavelmente atrasada, especialmente quando sua tarefa consiste em discernir de que maneira o sujeito é inicialmente animado por aquilo que o afeta e como esse processo transitivo é reiterado na vida animada que se segue? Se queremos falar sobre essas questões, temos de concordar em ocupar uma posição impossível, uma que, talvez, repita a impossibilidade da condição que buscamos descrever.

Dizer que isso é impossível não significa dizer que não pode ser feito, mas que não podemos encontrar adequadamente uma saída das restrições da vida adulta exceto questionando sobre como essas passagens incipientes permanecem conosco, retornando vez após outra. Dizer que sou afetada antes mesmo de me tornar um "eu" é dar a notícia usando o próprio pronome que ainda não está posto em jogo, confundindo esta temporalidade com aquela. Eu, pessoalmente, não posso voltar àquele lugar, tampouco posso fazê-lo de maneira impessoal. Ainda assim, parece que há muito que possamos dizer. Por exemplo, pensemos sobre a linguagem pela qual descrevemos a emergência ou a formação do sujeito.

Por um viés teórico, podemos, seguindo uma linha foucaultiana, declarar simplesmente que o sujeito é produzido por meio de normas ou, de forma geral, por um discurso. Se formos mais devagar e perguntarmos o que se quer dizer por "produzido" e a que perspectiva de produção pertence uma forma verbal tão passiva, vamos descobrir que há muito trabalho a ser feito. "Ser produzido" é a mesma coisa que "ser formado"? A locução verbal que usamos é importante? É sempre possível se referir a uma norma como algo singular, mas devemos lembrar que normas tendem a chegar agrupadas, interconectadas, e que elas têm dimensões tanto espaciais quanto temporais inseparáveis do que elas são, de como agem e de como formam aquilo sobre o qual elas agem.

Pode-se dizer que uma norma nos precede, que circula no mundo antes de nos tocar. Quando aterrissa, ela age de muitas maneiras diferentes: normas imprimem a si mesmas em nós, e essa impressão inicia um registro afetivo. As normas nos formam, mas apenas porque já existe uma relação próxima e involuntária com essas impressões; elas requerem e intensificam nossa impressionabilidade. As normas agem em nós por todos os lados, isto é, de maneiras múltiplas e algumas vezes contraditórias; elas agem sobre a sensibilidade ao mesmo tempo que a formam; elas nos fazem sentir de certas maneiras, e esses sentimentos podem entrar em nosso pensamento, já que podemos muito bem acabar pensando sobre eles. Elas nos condicionam e nos formam, e, no momento que começamos a emergir como seres pensantes e falantes, elas ainda estão fazendo esse trabalho, estando longe de terminar. Ou melhor, elas continuam a agir de acordo com uma lógica interativa que, para qualquer um, só termina quando a vida termina, já que a vida das normas, do discurso em geral, continua com uma tenacidade que é bastante indiferente à nossa finitude. Foucault claramente sabia disso quando escreveu que o discurso não é a vida: seu tempo não é o nosso (FOUCAULT, 1991, p. 70-72).

Tendemos a cometer um erro quando, tentando explicar a formação do sujeito, imaginamos uma norma única agindo como uma espécie de "causa" e então imaginamos o "sujeito" como algo formado no rastro da ação dessa norma. Talvez o que estamos tentando descrever não seja exatamente uma série causal. Eu não chego ao mundo separada de um conjunto de normas que estão lá esperando por mim, já orquestrando meu gênero, minha raça e meu estatuto, trabalhando em mim, mesmo que como pura potência, antes do meu primeiro choro. As normas, as convenções, as formas institucionais de poder já estão agindo antes de qualquer ação que eu possa empreender, antes de existir um "eu" que pense em si mesmo de tempos em tempos como lugar ou fonte de sua própria ação. Meu ponto não é zombar de tais momentos, nos quais nos compreendemos como fonte de nossas próprias ações. Temos de fazer isso se quisermos nos entender como agentes. A tarefa é pensar em ser atuado[2] e agir como simultâneos,

---

[2] A expressão não encontra uma tradução direta para o português, ainda mais da forma como é utilizada pela autora, enfatizando o aspecto transitivo da sua argumentação. Butler está construindo uma perspectiva de agência não estabilizável em dois polos, um ativo e outro passivo; mas, precisamente, uma concepção de agência atravessada, simultaneamente, por atividade e passividade. Nesse sentido, *"being acted on"* marca o tipo de ação da norma que tem o "eu" como alvo, porém, não é um agir identificável a partir de um polo ativo e outro passivo (norma e "eu", respectivamente). Ao contrário, representa um tipo de ação que precisa ser sofrida, experienciada, para que o "eu" possa emergir. Assim, passa a compor as condições de possibilidade do "eu", da sua emergência e

e não apenas como uma sequência. Talvez seja um dilema repetido: ser entregue a um mundo no qual se é formado mesmo que se aja ou se busque trazer algo novo à existência. Agir não nos liberta das nossas formações, apesar dos protestos do existencialismo festivo. Nossa formação não desaparece de repente depois de algumas quebras ou rupturas; estas se

---

manutenção; de forma que a própria agência desse "eu" será sempre marcada por alguma passividade, residual de um momento em que já havia corpo e nenhum "eu". Esse "eu" inaugura no corpo uma nova perspectiva, em que aquela existência não é mais compreensível por meio de conceitos, teorias, termos que pressupõem a relação passividade/atividade como uma tensão estável. Considerando a ausência de uma tradução direta e a importância da expressão para a construção da argumentação, bastante complexa, vimo-nos diante da necessidade de escolher (e, consequentemente, correr riscos). Nesse cenário, a escolha foi recorrer à expressão "atuado", todavia acolhida em seu sentido menos formal e mais coloquial, especialmente cunhado e mantido no Brasil. A grande maioria dos dicionários de língua portuguesa indicam que o significante "atuado", para além dos seus sentidos formais, pode indicar a ação de incorporar uma entidade espiritual, estar e agir sob a influência de forças sobrenaturais. Esse sentido informal, mas reconhecido, de atuado surge de contextos religiosos brasileiros, como o espiritismo e, especialmente, as religiões de matriz africana (umbanda e candomblé). Mesmo que o contexto religioso ou espiritual não esteja presente na obra original, acreditamos que o termo possa reter seu sentido de "incorporação". Semelhantemente ao corpo que recebe, incorpora uma entidade espiritual e passa agir ambiguamente, sem distinção clara entre quem recebe e quem é recebido, as normas não apenas agem sob os corpos, mas precisam também ser "incorporadas", recebidas para fazer surgir um "eu". Contudo, após o seu surgimento torna-se impossível discernir, no corpo, o domínio da norma e o domínio do "eu". Dessa forma, "atuado" designa um fenômeno de incorporar outra existência, outro modo de existir, em que a agência de quem é "atuado" está irrevogavelmente marcada pela ambiguidade. "Atuado" contamina os polos do "agir" e do "ser alvo" (da ação), precisamente enfatizando que a diferença entre as duas posições não é suficientemente explicável através de um par passividade/atividade estável. "Atuado" não corresponde a "controle", ser controlado por alguma entidade sobrenatural ou mesmo pelas normas, mas a internalizar outros modos de agir que nem sempre coincidem, ou que são conflitantes com o tipo de agência que surge desse processo contínuo de internalização (processo que nomeamos de "eu"). (N.T.)

tornam importantes para a história que contamos sobre nós mesmos ou para outros modos de autocompreensão. Resta aquela história com a qual eu rompi, e esse rompimento me instalou aqui e agora. E por isso não sou realmente pensável sem essa formação. Ao mesmo tempo, nada me determina antecipadamente — não sou formada de uma vez e definitivamente, mas contínua e repetidamente. Ainda estou sendo formada enquanto me formo aqui e agora. E minha própria atividade autoformativa — o que se poderia chamar "automodelagem" — se torna parte do contínuo processo formativo. Nunca estou simplesmente formada nem nunca estou completamente me autoformando. Essa pode ser outra maneira de dizer que vivemos em um tempo histórico ou que ele vive em nós como a historicidade de qualquer que seja a forma que tomamos como criaturas humanas.

Por fim, meu argumento não estaria completo se eu não dissesse que os contornos de uma relação ética emergem desse contínuo paradoxo da formação do sujeito. Sou afetada não apenas por esse outro ou por um conjunto de outros, mas também por um mundo no qual humanos, instituições e processos orgânicos e inorgânicos imprimem-se sobre esse mim que, no princípio, é suscetível de maneiras que são radicalmente involuntárias. A condição de possibilidade de minha exploração pressupõe que eu seja um ser que necessite de ajuda, dependente, lançado em um mundo infraestrutural para agir, exigindo uma infraestrutura emocional para sobreviver. Não apenas já estou nas mãos de *alguém* antes de começar a trabalhar com minhas próprias mãos, como também estou, por assim dizer, nas "mãos" de instituições, discursos, ambientes, incluindo tecnologias e processos vitais, manipulados por um campo orgânico e inorgânico de objetos que excede o humano. Nesse sentido, "eu" não estou em lugar nenhum e não sou nada sem o não humano.

O caráter involuntário dessa dependência não é a própria exploração, mas um domínio da dependência que está aberto à exploração, como sabemos. E mais: suscetibilidade não é o mesmo que submissão, ainda que possa claramente levar a ela quando a suscetibilidade é explorada (como costuma acontecer quando consideramos a exploração de crianças, que depende de uma exploração da dependência delas e da dimensão relativamente acrítica de sua confiança). A suscetibilidade por si só não explica o apego passional ou estar apaixonado, um sentimento de traição ou de abandono. Ainda assim, todas essas maneiras de sentir podem se dar, dependendo do que aconteceu em relação àqueles que nos movem e nos afetam e àqueles que nos são suscetíveis (mesmo suscetíveis à nossa suscetibilidade, um círculo que leva em conta certas formas de intensidade sexual e afetiva). Em cada um desses casos, trata-se menos de uma série causal do que de uma forma de transitividade operando na delineação de um conjunto de relações; nem sempre sabemos, ou nem sempre podemos dizer, quem tocou quem primeiro, ou qual foi o momento em que fomos tocados e qual foi o momento em que tocamos. Esse é o *insight* memorável de Merleau-Ponty em "O entrelaçamento", de *O visível e o invisível*. Também está relacionado com sua explicação mais geral sobre como viemos a sentir qualquer coisa, quando ele considera, em Malebranche, que ser tocado é o que anima o sujeito senciente[3] em primeiro lugar.

Algo é transmitido ou transferido em relações transitivas como essas? Jean Laplanche argumentaria que há mensagens enigmáticas sendo transmitidas nos primeiros estágios da infância e que elas se instalam com significantes primários que dão início à vida do desejo. As pulsões são despertadas por essas estranhas interpelações iniciais, e essa característica enigmática persiste por toda a trajetória do desejo sexual: "O que é isso que eu quero?"; "O que é isso em mim que quer da maneira como quer?".[4] Para Merleau-Ponty e, de fato, com Malebranche, é

---

[3] Termo forjado pelo filósofo Peter Singer para se referir a seres viventes que sentem dor, em relação aos quais passa a ser preciso estar em uma relação ética. Opõe-se à ideia de reconhecimento apenas de seres viventes dotados de consciência. (N.T.)

[4] Ver "O 'eu' e o 'tu'" (BUTLER, 2015, p. 88-108).

apenas quando se é atuado que se pode agir. E, quando agimos, não superamos precisamente a condição de sermos atuados. Ser tocado ou manipulado ou tratado como criança desperta os sentidos, pavimentando o caminho para uma apreensão senciente do mundo.[5] E então, antes de sentir qualquer coisa, já estou em uma relação não apenas com alguém em particular, mas com muitos, com um campo de alteridade que não é restritivamente humano. Essas relações formam uma matriz para a formação do sujeito, o que significa que alguém precisa primeiramente me sentir antes que eu possa sentir qualquer coisa. Ao ser atuado, quase sem nenhum consentimento, e certamente por uma vontade que não é minha, eu me torno o tipo de ser que tem a capacidade de sentir alguma coisa e de agir. Mesmo quando começo a falar por meio de um discurso que firmemente aloja o "eu" na fonte de sua ação particular, eu vejo que esse "eu" permanece dominado a serviço de uma transitividade anterior, atuado enquanto age. Não consigo ver isso a não ser que minha habilidade de sentir as coisas já tenha sido animada por um conjunto de outros e por condições que enfaticamente não são eu. Isso é só outra maneira de dizer que ninguém transcende a matriz de relações que dá origem ao sujeito; ninguém age sem antes ter sido formado como alguém com a capacidade de agir.

É claro que muitas pessoas agem *como se* não tivessem sido formadas, e essa é uma postura interessante de se observar. Postular a capacidade de agir como uma característica

---

[5] Depois da descoberta de milhares de bebês e crianças sofrendo privação sensorial e negligência generalizada em orfanatos na Romênia, em 1989, ano da queda do regime de Ceaușescu, inúmeros estudos buscaram relacionar privação sensorial e dificuldades cognitivas em crianças. A falta de carinho e acolhimento impede o desenvolvimento em diversos níveis, incluindo o da responsividade primária. Essa linha de pensamento pode ser seguida até o trabalho de John Bowlby e René Spitz sobre crianças negligenciadas e abandonadas nos primeiros anos na teoria psicanalítica do apego, no fim dos anos 1940, mas essas perspectivas assumiram uma forma diferente em estudos mais recentes. Ver McCartney; Phillips (2006) e Frank *et al.* (1996, p. 569-578).

totalmente independente de uma individualidade (sem levar em conta a individuação) é se pôr em uma forma de negação que tenta fazer desaparecerem os modos primários e duradouros de dependência e interdependência, incluindo as confusas condições de abandono ou perda registradas nos primeiros anos de vida que não são exatamente superadas ou transcendidas no decorrer da vida, mas repetidas por meio de diversos tipos de encenação mais ou menos inconscientes. Certas versões da soberania do "eu" se apoiam nessa negação, o que significa, é claro, que elas são completamente quebradiças, por vezes exibindo essa quebradiça insistência de maneiras sintomáticas. Segue-se o enredo: quando é que essa figura quebrará por conta própria, ou o que ela terá de destruir para manter essa imagem de autossoberania?

Então talvez possamos dizer que, por meio destes ensaios, uma luta com aquela forma de individualismo soberano está em andamento. Afirmar que um sujeito age apenas quando é primeiramente formado como sujeito com a capacidade de agir, isto é, como sujeito que sempre já foi atuado, pode parecer uma afirmação relativamente conservadora. Não é possível superar nossa formação, romper com aquela matriz que formou cada um de nós como sujeito?

É claro que é possível romper com certas normas enquanto elas exercitam o poder de nos compor, mas isso só pode acontecer pela intervenção de normas opostas e igualmente poderosas. E se algo assim pode acontecer e de fato acontece, isso significa simplesmente que a "matriz de relações" que forma o sujeito não é uma rede integrada e harmoniosa, mas um campo de potencial desarmonia, antagonismo e disputa. Também quer dizer que, em momentos de deslocamento ou ruptura significativos, podemos não saber precisamente quem somos ou o que entendemos por "eu" quando o falamos. Se o "eu" é separado do "você" ou, na verdade, do "eles", isto é, daqueles sem os quais o "eu" seria impensável, então estamos, sem dúvidas, frente a uma severa desorientação. Quem é esse "eu" na sequência de tal quebra com aquelas relações constituintes, e o que, se alguma coisa, ele ainda pode se tornar?

E pode ser que as relações constituintes tenham em si certo padrão de quebra, que elas efetivamente nos constituam e quebrem ao mesmo tempo. Isso leva, com certeza, a uma forma provisória ou mais definitiva de loucura. O que significa exigir aquilo que te quebra? Se, no passado, depender de outros foi uma questão de sobrevivência, e agora continua funcionando fisicamente como uma condição de sobrevivência (relembrando e reinstituindo aquela condição primária), então certos tipos de quebra vão levantar a questão sobre o "eu" poder sobreviver.

A questão se torna mais complexa se a quebra ocorrer precisamente para fins de sobrevivência (rompendo com aquilo que te quebra). Em tais situações, o "eu" pode experimentar respostas radicalmente conflitantes: como consequência da sua ruptura com as relações formativas, ele não vai sobreviver; apenas com tal ruptura ele agora tem alguma chance de sobreviver. A ambiguidade atesta o fato de que o "eu" não é facilmente separável das relações que fizeram o "eu" possível, mas também a reiteração dessas relações e a possibilidade de uma quebra que se torna parte da sua história, uma que efetivamente abre um futuro vivível. Frantz Fanon interroga esse problema de romper com os termos da interpelação que instituem o "não ser" de alguém para forçar a entrada na categoria de humano, ou mesmo para quebrá-la pela rejeição de seus critérios racializados. Similarmente, Fanon ressalta as condições sob as quais a racialização estabelece um tipo de ser que é destruído antes da própria possibilidade de viver e que precisa, para que possa viver, traçar e desenvolver outro entendimento de liberdade corporificada. Para Fanon, assim como para Espinosa, também emerge a questão: o que destrói uma pessoa quando essa pessoa parece estar destruindo a si mesma? Encontramos o social no psíquico em tais momentos, e, se sim, como? Estritamente falando, Espinosa acredita que uma pessoa não possa tirar a própria vida, mas que alguma coisa externa esteja em operação na pessoa em tais momentos. Isso levanta a questão de como o que é "externo" se torna não apenas "interno", mas também a força motriz da vida psíquica.

Para desenvolver melhor esse argumento, eu teria de incluir um capítulo sobre psicanálise, mas ele não será encontrado neste volume. O ensaio sobre Espinosa, entretanto, permite conjecturar uma troca entre Espinosa e Freud. E muitos problemas levantados pela psicanálise são interrogados nos textos aqui considerados, incluindo as condições de corporificação, as estratégias de negação, a dependência primária, os alvos do desejo, a violência, a importância primária da relacionalidade e o caráter persistentemente controverso dos vínculos sociais e do inconsciente.

Os ensaios incluídos aqui não só abrangem quase 20 anos, mas também representam dimensões menos conhecidas – e menos populares – do meu trabalho filosófico. As articulações entre feminismo e estudos de gênero podem ser encontradas no ensaio sobre Merleau-Ponty e Irigaray, e alguns dos meus compromissos políticos certamente podem ser discernidos no ensaio sobre Sartre e Fanon, e também no sobre Espinosa e a formulação de uma ética sob pressão. Mas, nos trabalhos sobre Malebranche em relação a Merleau-Ponty, Kierkegaard, Descartes e Hegel, eu talvez esteja mais preocupada com as dimensões relacionais da corporificação: paixão, desejo, toque. Estou menos preocupada com entender as atividades do "eu" pensante do que com as condições sensíveis de ser sentido e sentir, uma condição paradoxal transitiva e em andamento que continua mesmo nas posturas de pensamento mais autossuficientes.

Novamente, o ponto não é minar qualquer conceito que possamos ter de que agimos ou desejamos independentemente, para mostrar que somos apenas os efeitos de forças mais poderosas e anteriores. Em vez disso, a tarefa é ver que o que chamamos "independência" é sempre estabelecido através de um conjunto de relações formativas que não desaparece simplesmente quando a ação acontece, mesmo que, algumas vezes, essas relações formativas sejam banidas da consciência, ou ainda que, indiscutivelmente, *precisem*, até certo ponto, ser banidas. Se eu posso vir a tocar e sentir o mundo, é apenas porque esse "eu", antes que ele pudesse ser chamado de "eu", foi entregue e sentido, endereçado e avivado. O "eu" nunca supera de fato aquela impressionabilidade primária, ainda que se possa dizer que seu desfazer é ocasional. Estranhamente, mas ainda assim importante, se a tese estiver correta, então o "eu" vem a ser senciente, passa mesmo a pensar e agir, precisamente por ter sido atuado de formas que, desde o início, presumem aquele campo de impressionabilidade involuntário, todavia volátil. Já desfeitos, ou desfeitos desde o início, somos formados, e, conforme formados, passamos a ser sempre parcialmente desfeitos por aquilo que passamos a sentir e conhecer.

O que se segue é aquela forma de relacionalidade que podemos chamar "ética": certa demanda ou obrigação colide sobre mim, e a resposta depende da minha capacidade de afirmar esse ter sido atuado, formado como alguém que pode responder a este ou aquele chamado. Também se segue uma relacionalidade estética: alguma coisa se imprime sobre mim, e desenvolvo impressões que não podem ser completamente separadas daquilo que age sobre mim. Eu sou movida ou feita imóvel apenas por alguma coisa do lado de fora que colide sobre mim de forma mais ou menos involuntária.

Essa inquietante e promissora relação não pode ser facilmente negada, e, se a negação se provar possível, ela vem ao custo da destruição de um mundo social e relacional. Diria que precisamos afirmar a forma como já e ainda somos atuados para afirmar a nós mesmos, mas a autoafirmação significa afirmar o mundo sem o qual o si mesmo não existiria, e isso significa afirmar o que eu nunca poderia escolher, isto é, o que acontece comigo sem que eu queira e que precipita meu sentir e conhecer o mundo como o sinto e conheço.

O ético não descreve primariamente conduta ou disposição, mas caracteriza uma forma de entender o enquadramento relacional dentro do qual sentido, ação e fala se tornam possíveis. O ético descreve uma estrutura de endereçamento na qual somos chamados a agir ou responder de uma forma específica. Mesmo no nível pré-verbal, a estrutura de endereçamento ainda é operativa, o que significa que a relacionalidade ética convoca esse domínio ou suscetibilidade anterior.[6] Somos chamados por um nome ou endereçados como um "você" antes de qualquer senso de individuação, e esse chamado, especialmente quando é repetido e repassado de formas diferentes, começa a formar um sujeito que chama a si mesmo por esses mesmos termos, aprendendo como deslocar o "você" para um "eu" ou para uma posição em terceira pessoa generificada, um "ele" ou "ela". Sempre existem perturbações nesse deslocamento, que é o porquê de a autorreferência, possibilitada pela cena de endereçamento, poder e de fato tomar significados que excedem os objetivos daqueles que introduziram os termos do discurso através do endereçamento. De forma que se endereçar a alguém como "você" pode muito bem solicitar um reconhecimento de que existe um "eu" que é significado por essa segunda pessoa, mas esse "eu" pode muito bem resistir ou deslocar ou rejeitar as várias semânticas que são associadas com esse "você". Em outras palavras, "Sim, sou eu, mas não sou aquela que você pensa que sou".

Esse reconhecimento errôneo no coração da cena de endereçamento se torna mais categórico quando é uma questão de gênero. Se não me reconheço como "ela", isso significaria que falho em reconhecer que alguém busca me interpelar com esse pronome? Eu poderia agir como se não estivesse sendo endereçada, ou posso me virar e oferecer a explicação de qual pronome prefiro, mas, seja lá o que eu faça, entendo que aquele reconhecimento errôneo em particular me teve como alvo. Em outras palavras, mesmo quando a interpelação é errada, ainda é direcionada para mim. E, às vezes, quando

---

[6] Lévinas diria que a primeira suscetibilidade já é a ética. Ver Lévinas (1998, p. 156-186).

a interpelação é destinada a outra pessoa, e penso que é destinada para mim, pode ser que a cena específica de endereçamento seja erroneamente compreendida apenas porque uma cena de endereçamento mais geral é compreendida. Talvez o assovio na rua fosse destinado a uma mulher, e outra entendeu que era destinado a ela. O fato é que, provavelmente, ele poderia ter sido destinado à segunda mulher, mesmo que ela tenha se enganado nesse caso particular. Tais interpelações são errantes e superinclusivas; elas tomam qualquer número de objetos, mesmo que pareçam estar direcionados a um. O caráter relativamente impessoal da interpelação significa que o reconhecimento errôneo é sempre possível (RILEY, 2005; 2000). Além disso, não são apenas a cantada, ou o insulto, ou a humilhação que constituem uma interpelação dentro da cena de endereçamento; cada pronome tem uma força interpelativa e carrega consigo a possibilidade de reconhecimento errôneo: "Você, você é a pessoa que eu disse que amo?" ou "Eu, eu sou a pessoa que você afirma amar?" (ALTHUSSER, 1980).

Como essa discussão sobre a interpelação se relaciona com os problemas de impressionabilidade primária e formação do sujeito? Na primeira instância, a cena de endereçamento e até mesmo sua estrutura linguística precedem qualquer ato de vocalização. O endereçar pode ocorrer através de outros tipos de ação significante, através do toque, do movimento, do segurar, pelo se virar para um lado ou outro, alcançando e perdendo a conexão visual ou tátil. A questão a respeito de saber quem mais está presente pode levantar a questão de se eu estou presente, como se ausência ou presença fossem espaços transitivos, zonas intermediárias entre indivíduos diferenciados. Um vasto potencial de vacilação emerge em resposta à questão sobre existir um "eu" que pode ser, ao mesmo tempo, diferenciado e dependente ou que está em processo de diferenciação dentro da dependência. O "eu" pode sentir que não é nada sem o "você", e isso pode muito bem indicar uma condição bastante real de dependência primária (uma condição autobiográfica inicial revivida fisicamente).

A diferenciação parece prosperar na possibilidade constitutiva de reconhecimento errôneo que existe dentro de qualquer interpelação. Apesar de um infante pré-verbal não dizer "Sou eu que você está chamando quando diz aquele nome?", mesmo assim existe alguma coisa enigmática em operação quando somos chamados por qualquer nome ou temos um gênero atribuído através de referências pronominais ou de tratamentos e práticas repetidos (RILEY, Denise, 1988). Tanto o nome próprio quanto o gênero precisam certamente chegar como ruído enigmático que exige uma resposta interpretativa, que inclui uma série de erros e reconhecimentos errôneos. Talvez algum sentido desse enigma sobreviva nas interpelações do mundo adulto: "Sou eu a quem você se refere quando afirma que sou isto ou aquilo?". Algumas vezes, a possibilidade de reconhecimento errôneo emerge em meio às mais íntimas relações: "Eu não posso acreditar que você é minha mãe!" ou "É essa a minha criança?" (LAPLANCHE, 1999, 133-137).

Apesar de "sujeito" usualmente se referir a uma criatura linguística já diferenciada dentro da linguagem, capaz até mesmo de se referir a si mesma linguisticamente, ele pressupõe a formação do sujeito, incluindo uma narrativa do vir a ser dentro da linguagem. O fato de que a linguagem precede o sujeito não torna óbvia a necessidade de dar conta de como a linguagem emerge e como dar conta da relação entre corporificação e linguagem na formação do sujeito. No fim das contas, se a cena de endereçamento não é necessariamente verbal, e se não é restritivamente linguística, então ela designa uma operação mais primária do campo discursivo no nível do corpo. Dito isso, não podemos realmente diferenciar entre "níveis" diferentes, como se eles tivessem um status ontológico que excede sua utilidade heurística. O corpo é sempre suportado (ou não suportado) por tecnologias, estruturas, instituições, uma variedade de outros tanto pessoal quanto impessoalmente relacionados, processos orgânicos e vitais, para mencionar apenas algumas das condições de emergência. Esses suportes não são simplesmente estruturas passivas. Um suporte precisa *suportar*, e assim precisa tanto ser quanto agir. Um suporte não pode suportar sem que suporte *alguma coisa*, por isso ele é definido como relacional e agente. Assim, a retransmissão transitiva da agência tem de ser entendida como acontecendo em algum lugar nessa zona em que suportes já estão agindo em um corpo com vários graus de sucesso e fracasso, agindo em um campo localizado de impressionabilidade para o qual a distinção entre passividade e atividade não é tão estável, nem pode ser. Atuado, animado e agindo; endereçado, animado e endereçando; tocado, animado e agora sentindo. Essas tríades são parcialmente sequenciais e parcialmente quiasmáticas. E o mesmo pode ser dito sobre a relação entre corpo e linguagem. Afinal, a garganta e as mãos significam falta, ou frustração, ou prazer antes mesmo que qualquer forma linguística de fala venha a dar alguma expressão a essas disposições. Não é controverso afirmar que, na infância, grande parcela da significação corpórea acontece antes da vocalização e da fala. A emergência da fala não constitui uma substituição e um deslocamento do corpo. Significações corpóreas não são convertidas ou sublimadas com sucesso em fala; a dimensão corporal da significação não desaparece quando a fala começa (nem assombra a fala como presença metafísica). Apesar de corpos poderem significar de um jeito e falar de outro, as duas modalidades permanecem relacionadas entre si, mesmo que de formas sintomáticas. (A histeria é um exemplo paradigmático.) Em um nível mais mundano, um orador precisa encontrar uma forma de animar a garganta, ou a pessoa que usa linguagem de sinais precisa entender a forma certa de mover as mãos. Então, embora possamos dizer que a significação corpórea precede a fala, estaríamos errados em pensar que aquela desaparece com o ato de fala ou, de fato, com o texto escrito. Na sua ausência, o corpo ainda significa. Descartes tentou ignorar isso, mas, segundo Nancy, a sua própria linguagem trabalhou contra aquela recusa.[7]

---

[7] Para um conjunto importante de reflexões sobre filosofia e sua relação ambivalente com o corpo e o toque, em particular, ver Jacques Derrida

Assim como a filosofia se funda de novo e de novo na questão do corpo, ela tende a separar o que é chamado de pensar do que é chamado de sentir, do desejo, da paixão, da sexualidade e das relações de dependência. É uma das grandes contribuições da filosofia feminista colocar em questão essas dicotomias e, assim, perguntar também se, no sentir, alguma coisa chamada de pensar já está em operação, se no agir também somos atuados e se, ao entrarmos na zona do pensar e falar do eu, estamos radicalmente formados e também fazendo com que algo surja em nós ao mesmo tempo. As impressões primárias que recebemos estabelecem uma relação de necessidade animada com o mundo. Falamos como se as impressões fossem recebidas ou formadas, mas, se elas são formadas quando são recebidas, então a impressionabilidade primária nos dá uma forma de repensar atividade e passividade, esse dualismo associado de maneira tão problemática com a diferença de gênero. Mesmo que não possamos retornar à impressionabilidade primária como condição originária, a não ser por narrativas fantásticas, não existe razão para disputar sua importância. Trata-se apenas de afirmar que precisamos de formas de ficção para chegar ao autoentendimento e que a verificação não pode operar em sua forma usual nesse domínio. Se buscamos contar sobre uma condição em que sucessão e sequência seriam elas mesmas um problema bastante categórico, como era a distinção entre ativo e passivo, então é preciso encontrar outros meios ou permitir que uma narrativa indique a sua própria impossibilidade. De qualquer forma, parece que não podemos entender que sentido pode ter o sujeito nem como o sujeito vem a sentir seu mundo se não buscarmos descrever as condições quiasmáticas da sua

---

(2005, p. 36-65) e Jean-Luc Nancy (2008). Em ambos os textos, "sentido" e "sensação" não são dados de forma que permaneçam os mesmos independentemente do contexto, mas são sempre o que não são, reflexivos, intencionais e abertos sobre outras superfícies e sensações e relações, incluindo aquelas infinitas. O trabalho de Nancy é bastante interessante de ler, por ligar as reflexões tardias de Merleau-Ponty sobre o toque com o trabalho de Jacques Derrida.

formação. Essa não é uma questão de descobrir e expor uma origem ou rastrear uma série causal, mas de descrever o que age quando eu ajo, sem precisamente tomar responsabilidade por todo o show. Onde o ético de fato entra, parece, é precisamente naquele encontro que me confronta com um mundo que nunca escolho, ocasionando essa afirmação da exposição involuntária aos outros como condição de relacionalidade, humana e não humana. Atuada, eu ainda ajo, mas dificilmente é esse "eu" que age sozinho, e, mesmo assim, ou precisamente por isso, ele nunca de fato termina de ser desfeito.

Referências

ALTHUSSER, Louis. Ideology and Ideological State Apparatuses (Notes Towards an Investigation). *In: Lenin and Philosophy and Other Essays*. Translated by Ben Brewster. New York: Monthly Review Press, 1971. [Edição portuguesa: *Ideologia e aparelhos ideológicos do Estado*. 3. ed. Lisboa: Presença, 1980.]

BUTLER, Judith. The "I" and the "You". *In: Giving an Account of Oneself*. New York: Fordham University Press, 2005. p. 65-82. [Edição brasileira: O eu e o tu. *In: Relatar a si mesmo: crítica da violência ética*. Tradução de Rogério Bettoni. Belo Horizonte: Autêntica, 2015. p. 88-107.]

DERRIDA, Jacques. *On Touching: Jean-Luc Nancy*. Translated by Christine Irizarry. Palo Alto: Stanford University Press, 2005.

FOUCAULT, Michel. Politics and the Study of Discourse. *In:* BURCHELL, Graham; GORDON, Colin; MILLER, Peter (Ed.). *The Foucault Effect: Studies in Governmentality*. Chicago: The University of Chicago Press, 1991. p. 53-72.

FRANK, Deborah et al. Infants and Young Children Orphanages: One View from Pediatrics and Child Psychiatry. *Pediatrics*, v. 97, n. 4, p. 569-78, Apr. 1996.

LAPLANCHE, Jean. Implantation, Intromission. *In: Essays on Otherness*. Translated by John Fletcher. London: Routledge, 1999.

LÉVINAS, Emmanuel. Sensibility and Proximity. *In: Otherwise Than Being, or Beyond Essence*. Translated by Alphonso Lingis. Pittsburgh: Duquesne University Press, 1998.

McCARTNEY, Kathleen; PHILIPS, Deborah (Ed.). *Blackwell Handbook of Early Childhood Development*. Malden, MA: Blackwell, 2006.

NANCY, Jean-Luc. *Corpus*. Translated by Richard A. Rand. New York: Fordham University Press, 2008.

NIETZSCHE, Friedrich. *On the Genealogy of Morals*. Edited by Walter Kaufmann. New York: Vintage, 1967. [Edição brasileira: *Genealogia da moral: uma polêmica*. Tradução, notas e posfácio de Paulo César de Souza. São Paulo: Companhia das Letras, 2008.]

RILEY, Denise. *Am I That Name? Feminism and the Category of Women in History*. Minneapolis: University of Minnesota Press, 1988.

RILEY, Denise. Malediction. *In: Impersonal Passion: Language as Affect*. Durham: Duke University Press, 2005. p. 9-28.

RILEY, Denise. Self-Description's Linguistic Affect. *In: Words of Selves: Identification, Solidarity, Irony*. Palo Alto: Stanford University Press, 2000. p. 22-55.

"Como posso negar que estas mãos e este corpo sejam meus?"[1]

Tradução de Luís Felipe Teixeira

  Lembro-me de uma noite insone no ano passado quando entrei na sala de estar e liguei a televisão para descobrir que a C-Span exibia uma sessão especial sobre tópicos feministas, e a historiadora Elizabeth Fox-Genovese esclareceu por que pensava que os Estudos da Mulher tinham relevância contínua e por que ela se opunha a certas vertentes radicais dentro do pensamento feminista. Entre as posições que ela mais detestava, incluiu a visão feminista de que nenhuma distinção estável entre os sexos pode ser traçada ou conhecida, uma visão que sugere a diferença entre os sexos como culturalmente variável ou, pior que isso, fabricada discursivamente, como se tudo fosse questão de linguagem. Certamente, isso não ajudou meu projeto de conseguir dormir, e me tornei consciente de ser, por assim dizer, um corpo insone acusado, no mundo, ao menos de forma oblíqua, de ter feito o corpo menos, em vez de mais relevante. Na verdade, eu não estava completamente certa de que o pesadelo do qual tinha acordado algumas horas antes não estava, em algum sentido, sendo reproduzido na tela. Eu estava acordando ou estava sonhando? No final das contas,

---

[1] Este artigo foi primeiramente apresentado como palestra na American Philosophical Association Meetings, em dezembro de 1997, na Filadélfia. Foi reapresentado em uma versão revisada para a conferência "Culture and Materiality", em UC Davis, em abril de 1998, e subsequentemente foi revisado para publicação na revista *Qui Parle*.

era sem dúvida a dimensão persecutória da paranoia que me assombrava da cama. Ainda seria paranoia pensar que ela estava falando de mim? Existiria alguma forma de saber? Se era eu, então como eu iria saber que sou aquela a quem ela se refere?

Narro esse incidente não apenas porque ele prefigura o dilema cartesiano com o qual vou me ocupar no artigo que se segue e também não porque proponho responder à questão de se a diferença sexual é produzida apenas na linguagem. Momentaneamente, vou deixar a questão da diferença sexual, para que retorne em outro momento.[2] O problema que proponho endereçar emerge toda vez que tentamos descrever o *tipo de ação* que a linguagem exerce sobre o corpo ou, na verdade, na produção ou manutenção dos corpos. Tendemos a descrever a linguagem como ativamente produzindo ou construindo um corpo toda vez que usamos, implícita ou explicitamente, a linguagem de construção discursiva.

Na consideração que se segue a respeito das *Meditações*, de Descartes, proponho perguntar se a via pela qual Descartes postula a irrealidade do seu próprio corpo não alegoriza um problema mais geral dessa postulação, que é encontrada em várias formas de construtivismo e em várias réplicas críticas a um construtivismo que algumas vezes é menos compreendido do que deveria ser. O nome deste artigo que já comecei, mas ainda não começou, é: "Como posso negar que estas mãos e este corpo sejam meus?". Essas são, é claro, palavras de Descartes, mas elas poderiam ser nossas ou, na verdade, minhas, dados os dilemas postos pelo construtivismo contemporâneo.

A linguagem da construção discursiva toma várias formas no conhecimento acadêmico contemporâneo, e algumas vezes parece mesmo que o corpo tenha sido criado *ex-nihilo* a partir dos recursos discursivos. Afirmar, por exemplo, que o corpo é fabricado no discurso não é apenas figurar o discurso

---

[2] Trabalhos excelentes que reconsideram o relacionamento entre linguagem e materialidade na diferença sexual têm sido empreendidos por Charles Shephardson, Debra Keates e Katherine Rudolph.

como um tipo fabricante de atividade, mas também se esquivar das importantes questões "de que forma" e "em que medida". Dizer, por exemplo, que a linha entre os sexos precisa ser traçada e traçável é conceder que em algum nível a estabilidade da distinção depende de uma linha sendo traçada. Mas falar que precisamos ser capazes de traçar a linha para estabilizar a distinção entre os sexos pode simplesmente significar que primeiro precisamos alcançar essa distinção, de tal maneira que, então, ela nos permita traçar a linha, e o traçar da linha confirma a distinção que de alguma forma já está à mão. Mas pode significar, controversamente, que existem certas convenções que governam como e onde a linha deve ou não deve ser traçada e que essas convenções, enquanto convenções, mudam através do tempo e produzem uma sensação de angústia e desconhecimento precisamente no momento em que estamos compelidos a traçar uma linha em referência aos sexos. A linha então nos permite conhecer o que vai ou não ser qualificado como "sexo"; a linha trabalha como um ideal regulatório, no sentido de Foucault, ou um critério normativo que permite e controla a aparência e a cognoscibilidade do sexo. Assim, a questão, que não é facilmente assentada, torna-se: as convenções que demarcam a diferença sexual determinam em parte o que "vemos" e "compreendemos" enquanto diferença sexual? Não é, se poderia sumarizar, um grande salto dessa afirmação para a noção de que a diferença sexual é fabricada na linguagem. Porém, penso que talvez possamos nos mover mais cautelosamente antes de defender ou criticar essa conclusão.

A linguagem da construção arrisca certa forma de linguisticismo, a suposição de que o que é construído pela linguagem é, portanto, também linguagem, que o objeto da construção linguística é nada mais que a linguagem ela mesma. Além disso, a ação dessa construção é transmitida por expressões verbais que certas vezes implicam uma criação simples e unilateral em construção. Diz-se que a linguagem fabrica ou figura o corpo, para produzi-lo ou construí-lo, para constituí-lo ou fazê-lo. Assim, diz-se que a linguagem age, o que envolve um entendimento tropológico da linguagem como performática e performativa. Existe, é claro, alguma coisa bastante escandalosa envolvida na versão forte da construção que funciona às vezes quando, por exemplo, a doutrina da construção implica que o corpo não é apenas feito *pela* linguagem, mas é feito *de* linguagem, ou que o corpo é de alguma forma redutível às coordenadas linguísticas pelas quais é identificado e identificável, como se não houvesse coisas não linguísticas em questão. O resultado não é apenas um domínio ontológico entendido como vários efeitos do monismo linguístico, mas o funcionamento tropológico da linguagem enquanto ação se torna estranhamente literalizado na descrição do que ela faz e como ela faz o que faz. E apesar de Paul de Man ter frequentemente argumentado que a dimensão tropológica do discurso funciona contra a performativa, parece que vemos aqui, como acredito que vejamos na discussão feita por De Man sobre Nietzsche, a literalização do tropo performativo.

Quero sugerir outra forma de abordar essa questão, que recusa a redução da construção linguística ao monismo linguístico e põe em questão a figura da linguagem agindo unilateral e inequivocamente sobre o objeto da construção. Pode ser que o próprio termo "construção" não faça mais sentido nesse contexto, que o termo "desconstrução" seja mais adequado para o que proponho descrever, mas confesso não estar me preocupando muito com se ou como esses termos são estabilizados um em relação ao outro, ou, de fato, em relação a mim. Minhas preocupações são de outra ordem, talvez na própria tensão que emerge quando o problema da construção discursiva entra em diálogo com a desconstrução.

Para os meus propósitos, penso que tenha de ser possível afirmar que o corpo não é conhecido ou identificável de modo apartado das coordenadas linguísticas que estabelecem os limites do corpo – *sem* com isso afirmar que o corpo seja nada mais que a linguagem por meio da qual ele é conhecido. Esta última afirmação procura fazer do corpo um efeito ontológico da linguagem que governa a sua cognoscibilidade.

No entanto, essa visão falha em notar a incomensurabilidade entre os dois domínios, uma incomensurabilidade que não é precisamente uma oposição. Ainda que se possa aceitar a proposição de que o corpo é cognoscível apenas por meio da linguagem, que *o corpo é dado por meio da linguagem*, ele não é nunca completamente dado dessa forma, e dizer que ele é parcialmente dado só pode ser entendido se também admitirmos que ele é dado, quando é dado, em partes – ele é, como se fosse, dado e retido ao mesmo tempo, e a linguagem pode ser dita performando ambas as operações. Apesar de o corpo depender da linguagem para ser conhecido, o corpo também excede cada esforço linguístico possível de captura. Seria tentador concluir que isso significa que o corpo existe fora da linguagem, que ele tem uma ontologia separável de qualquer dimensionalidade linguística, e que podemos ser capazes de descrever essa ontologia separável.

Mas é aqui que eu hesitaria, talvez permanentemente, porque, à medida que começamos a descrição do que está fora da linguagem, o quiasma reaparece: embora não tenhamos contido, já contaminamos o próprio corpo que buscamos estabelecer em sua pureza ontológica. O corpo escapa a sua compreensão linguística, mas também escapa ao esforço subsequente de determinar ontologicamente essa mesma fuga. A própria descrição do corpo extralinguístico alegoriza o problema da relação quiasmática entre linguagem e corpo, e, portanto, falha em fornecer a distinção que procura articular.

Dizer que o corpo é figurado de forma quiasmática é supor que as seguintes relações lógicas se mantenham simultaneamente: o corpo é dado pela linguagem, mas não é, por essa razão, redutível à linguagem. A linguagem pela qual o corpo emerge ajuda a formar e estabelecer aquele corpo em sua cognoscibilidade, mas a linguagem que forma o corpo não o faz completa ou exclusivamente. De fato, o movimento da linguagem que parece criar aquilo que ela nomeia, sua operação como um efeito performativo perfeito do tipo ilocucionário, encobre ou dissimula a substituição, o tropo, por meio da qual a linguagem aparece como um ato transitivo, isto é, por meio da qual a linguagem é mobilizada como um performativo que simultaneamente faz aquilo que fala. Se a linguagem age sobre o corpo em algum sentido – se queremos falar, por exemplo, a respeito de uma inscrição corpórea, da forma como a teoria cultural faz –, pode valer a pena a consideração sobre se a linguagem literalmente age sobre o corpo e se esse corpo é uma superfície para tal ação, ou se essas são figuras que mobilizamos quando buscamos estabelecer a eficácia da linguagem.

Isso leva a um problema de inversão, ou seja, o caso no qual a linguagem intenta negar sua própria implicação no corpo, em que a desincorporação radical da alma é feita no interior da linguagem. Há, aqui, uma questão sobre a maneira como o corpo emerge na própria linguagem que tenta negá-lo, o que sugere que nenhuma operação da linguagem possa apartar-se completamente da operação do corpo. A própria linguagem não pode proceder sem postular o corpo, e quando tenta proceder como se o corpo não fosse essencial para a sua própria operação, figuras do corpo reaparecem em formas espectrais e parciais dentro da mesma linguagem que busca performar a negação delas. Então, a linguagem não pode escapar da forma como está implicada na vida corpórea, e, quando tenta realizar tal fuga, o corpo retorna na forma de figuras espectrais cujas implicações semânticas minam as afirmações explícitas de desincorporação feitas no interior da própria linguagem. Então, assim como o esforço de determinar linguisticamente o corpo falha em agarrar aquilo que nomeia, também o esforço de estabelecer aquela falha como definitiva é minado pela persistência figural do corpo.

Essa relação quiasmática se torna clara por uma reconsideração da abertura das *Meditações*, de Descartes, em que ele põe em dúvida a realidade de seu corpo.[3] Por enquanto,

---

[3] De maneira interessante, e não sem razão, membros suspensos e inescrutáveis reemergem no artigo de De Man, "Phenomenality and Materiality in Kant", de formas que sugerem uma relação metonímica com o

contudo, quero sugerir que a habilidade de Descartes para duvidar do corpo parece prefigurar a postura cética em relação à realidade corpórea que é recorrentemente associada com as posições construtivistas contemporâneas. O que acontece no caminho da fabulosa trajetória da dúvida de Descartes é que a mesma linguagem por meio da qual ele põe o corpo em dúvida acaba por reafirmar o corpo enquanto condição de sua própria escrita. Assim, o corpo que adentra a questão como um "objeto" que pode ser colocado em dúvida vem à tona no texto enquanto precondição figural da sua escrita.

Mas qual é o estatuto da dúvida cartesiana, entendida como algo que acontece na escrita, em uma escrita que lemos e que, na leitura, somos compelidos a performar? Derrida levanta a questão de se o "eu" cartesiano é compatível com o método da dúvida, se esse método é entendido como transponível, aquele que qualquer um poderia performar. Um método precisa ser repetível ou iterável; a intuição (ou introspecção de si mesmo) requer a singularidade da mente sob inspeção. Como um método pode ser feito compatível com os requerimentos da introspecção? Apesar de o método meditativo de Descartes ser introspectivo, no qual ele busca uma forma não mediada de conhecer a si mesmo, também é aquele que está escrito e que aparentemente é performado na mesma temporalidade da escrita. Significativamente, ele não reporta na linguagem os vários atos introspectivos que realizou antes de escrever: a escrita aparece como contemporânea à introspecção, implicando, ao contrário das suas afirmações explícitas, que a meditação não é de forma alguma uma relação não mediada, mas aquilo que acontece e tem de acontecer por meio da linguagem.

---

problema que Descartes aponta. Para De Man, o corpo dentro da *Crítica da faculdade de julgar* é entendido, se podemos usar essa palavra, como sendo anterior à figuração e à cognição. Em Descartes, ele emerge como um tipo particular de figura, uma que suspende o estatuto ontológico do termo e, então, coloca a questão sobre qualquer separabilidade absoluta entre materialidade e figuração, uma distinção que De Man em algumas ocasiões tentou fazer a mais absoluta possível.

Como é bem sabido, Descartes começa as suas *Meditações* procurando erradicar a dúvida. Na verdade, ele começa, de modo autobiográfico, perguntando há quanto tempo sente que várias de suas crenças eram falsas, crenças estas que ele mantinha no passado, que pareciam ser parte da sua juventude, que eram parte da sua história. Ele busca, então, "livrar-se" de suas crenças anteriores ou "desfazê-las" ("*défaire de toutes les opinion que j'avais reçues*").[4] Primeiramente, afirma: "livrei

---

[4] "*Il me fallait entreprendre serieusement une fois en ma vie de me défaire de toutes les opinions que j'avais reçues [...] me défaire de toutes les opinions.*" O texto foi originalmente publicado em latim, em 1641, na França, ainda que Descartes estivesse vivendo na Holanda durante aquele período. Descartes, aparentemente, tinha razões para temer que ministros holandeses lessem o texto, e por isso tinha um amigo conduzindo a publicação na França. O texto, no entanto, apareceu no ano seguinte, 1642, em Amsterdã, e a segunda edição incluía objeções e respostas. Essa segunda edição é usualmente referida como a versão Adam e Tannery, que foi a base para as traduções francesas. Uma dessas traduções, feita pelo duque de Luynes, aconteceu no mesmo ano e foi aprovada por Descartes, o que representa dizer que ele a sujeitou a várias correções e revisões. Assim, podemos considerar, até certo ponto, o texto em francês um dos que Descartes aprovou e, em alguns casos, escreveu, mas, de qualquer maneira, um texto ao qual ele estava disposto a assinar. Praticamente todas as versões em inglês de Descartes serão uma tradução da segunda versão das *Meditações*. Havia duas traduções em francês oferecidas a Descartes para aprovação, uma do duque de Luynes e outra de Clerselier; ele escolhe a versão do duque de Luynes para as *Meditações* elas mesmas, e a tradução das "objeções e respostas" de Clerselier. Em 1661, Clerselier republicou a sua tradução, fazendo correções e abandonando a tradução do duque de Luynes que Descartes havia aprovado. Muitas edições acadêmicas tomam essa tradução como sendo a mais exata e literal, utilizando-a como texto primário. Alguns deles reclamaram que a versão do duque de Luynes era uma tradução muito liberal, carecendo da exatidão de Descartes. E eles inventaram desculpas para por que Descartes teria aceitado aquela tradução – polidez, política e coisa do tipo. O francês que sigo aqui é aquele oferecido pelo duque de Luynes. A versão em inglês é de René Descartes, em "Meditations on First Philosophy", em *The Philosophical Works of Descartes* (Translated by Elizabeth Haldane and G. R. T. Ross. Cambridge, MA: Cambridge University Press, 1973. v. I. p. 144-145). O francês é de René Descartes, em *Méditations métaphysiques* (Edité par Florence Khodoss. Paris: Presses Universitaires de France, 1996. p. 26). [Dada a história conturbada das traduções que se seguiram do original

minha mente de todo cuidado", e é, aparentemente com sorte, "agitado por nenhuma paixão", livre para "endereçar a si mesmo ao cataclismo (*destruição*) de todas as minhas antigas opiniões". (Sua tarefa é a destruição desapaixonada da sua própria opinião, todavia também do seu passado, e logo podemos entender o início das *Meditações* como a exigência de que se realize a destruição do próprio passado, da memória.) Portanto, um "eu" emerge, narrativamente, à distância das suas opiniões anteriores, aparando sua historicidade e inspecionando e adjudicando suas crenças a partir de uma posição despreocupada. O que quer que seja o "eu", não é desde o início o mesmo que as crenças que ele detém e escrutina; ou melhor, o "eu" aparenta ser capaz de manter a si mesmo, no nível da gramática, enquanto questiona tais crenças. Questionar tais crenças aparentemente não é questionar o "eu". O "eu" é manifestamente distinto das crenças que esse "eu" tem mantido.

Para seguirmos lendo esse texto, temos então de imaginar um "eu" que seja desacoplado da história das suas crenças. E a gramática nos pede para fazer isso antes do começo oficial do método da dúvida. Além do mais, o próprio termo geralmente traduzido como "crença" é *opinions* e implica, assim, um tipo de conhecer não fundamentado desde o início, uma forma de conhecer cuja ausência de fundamentação será exposta.

---

em latim até os dias de hoje, mais o fato de lidarmos com três tradições de tradução diferentes (para o francês, para o inglês e, agora, para o português), optamos por manter no corpo do texto os trechos que Butler deixa em francês e fazer a tradução livre dos trechos que a autora apresenta em inglês. Acreditamos não haver grandes perdas com a escolha, principalmente porque a argumentação da autora não depende de uma arqueologia precisa dos termos debatidos ao longo do texto, deixando ambas as referências (em inglês e francês) para facilitar a orientação a partir de diferentes traduções. A tradução direta do inglês e os trechos mantidos em francês permitem rastrear o movimento retórico de Butler, que busca delinear e problematizar a divisão cartesiana entre *res extensa* e *res cogitans*. (N.T.)]

Descartes busca os princípios das suas crenças anteriores, descobre que contar com os sentidos produz engano e argumenta que tudo aquilo que uma vez produziu engano não deve ser confiado novamente, no futuro, para prover qualquer outra coisa que não o engano. E, ainda, algumas vezes os sentidos proveem certa indubitabilidade, como quando o narrador transmite a famosa cena seguinte: existe o fato que leva Descartes a falar: "eu estou aqui, sentado ao lado do fogo, vestido com um roupão, tendo estes papéis nas minhas mãos e outras coisas semelhantes". Deixe-me chamar a atenção para o fato de que o "eu" está "aqui", *ici*, porque esse termo nessa sentença é um termo dêitico; é um deslocador, apontando para um "aqui" que pode ser qualquer aqui, mas parece ser o termo que talvez ajude a ancorar as coordenadas espaciais da cena e assim fundamentar, finalmente, o terreno da sua indubitabilidade. Quando Descartes escreve "aqui", ele aparenta se referir a um lugar em que ele está, mas esse é um termo que pode se referir a qualquer "aqui", e então falha em ancorar Descartes ao seu lugar da forma como podemos esperar que o termo o faça. O que a escrita do seu lugar faz à referencialidade indubitável daquele "aqui"? Claramente, não está aqui; o "aqui" funciona como dêitico que só se refere permanecendo indiferente à sua ocasião. Portanto, a palavra, precisamente porque pode se referir promiscuamente, introduz um equívoco e, de fato, a dubitabilidade que torna praticamente impossível dizer se ele está "aqui" é ou não um fato como ele afirma ser. Na verdade, o próprio uso de um termo tão ambíguo faz com que pareça ser possivelmente falso.

 O que procuro sublinhar "aqui", por assim dizer, é que a própria linguagem cartesiana excede a perspectiva que busca afirmar, permitindo uma narração de si e uma referencialidade reflexiva que distancia aquele que narra do "eu" por quem é narrado. A emergência de um "eu" narrativo nas *Meditações* tem consequências para o argumento filosófico que Descartes procura fazer. O estatuto escrito do "eu" parte o narrador do mesmo si mesmo que ele busca conhecer e *não* duvidar. O "eu" saiu do seu controle em virtude de se tornar escrito. Filosoficamente, pede-se que aceitemos um "eu" que não é o mesmo que a história das suas opiniões, que pode "desfazer" e "destruir" tais opiniões e ainda sim permanecer intacto. Narrativamente, temos um "eu" que é um fenômeno textual, excedendo o lugar e o tempo nos quais ele procura se fundamentar, cujo próprio caráter escrito depende de sua capacidade de ser transponível de um contexto para outro.

Mas as coisas já se tornaram estranhas, pois deveríamos ter começado com razões, aquelas que persuadem e que nos dão uma ideia clara e distinta daquilo que não pode ser duvidado, como Descartes sustenta no seu "Prefácio". Estávamos prestes a desconfiar dos sentidos, mas, ao contrário, somos atraídos para as certezas de que eles provêm, o fato de que estou sentada aqui, estou vestida, seguro o papel que estou segurando, ao lado do fogo que também está aqui.

A partir dessa cena, na qual a indubitabilidade é afirmada e retirada ao mesmo tempo, emerge a questão do corpo. Descartes pergunta: "como eu poderia negar que estas mãos e este corpo aqui pertençam a mim?". Considere a própria forma como ele formula a questão, a forma como a questão se torna formulável dentro da linguagem. A questão toma, acredito, uma gramática estranha, que afirma a separabilidade daquilo que busca estabelecer como necessariamente unido. Se alguém pode formular a questão sobre se as mãos e o corpo não são seus, então o que aconteceu de tal forma que a questão se tornou formulável? Em outras palavras, como é que minhas mãos e meu corpo se tornaram algo diferente de mim, ou ao menos pareciam ser diferentes de mim, de tal forma que até poderia ser questionado se eles pertencem ou não a mim? Qual é o estatuto dessa questão, tal que ela possa postular uma distinção entre o "eu" que questiona e o "eu" corporal que ele interroga e, portanto, performe gramaticalmente aquilo que precisamente busca mostrar que *não pode* ser performado?

De fato, Descartes começa a fazer um conjunto de questões que performam aquilo que elas reivindicam não poder ser performado: "como eu posso negar que estas mãos e este corpo sejam meus..." é uma delas, e é estranha, uma questão paralíptica, porque nos dá o contorno gráfico de tal dúvida e, assim, mostra que tal dúvida é possível. Isso não é, com certeza, dizer que a dúvida seja finalmente sustentável ou que nenhuma indubitabilidade emerja para pôr um fim a tal dúvida. Para Descartes, afirmar que o corpo é a base da indubitabilidade, como ele faz, é uma consequência estranha, até porque parece apelar a um empirismo que sustenta uma incômoda compatibilidade com o projeto teológico em questão. Esses exemplos também parecem se relacionar com o problema do vestuário, sabendo que está vestido, porque ele afirma ter certeza de que estava vestido em sua camisola ao lado do fogo.

A certeza dessa afirmação é seguida por uma série de especulações que, entretanto, ele imagina que outros possam fazer, mas que, na imaginação dele, ele mesmo faz: realmente, a escrita se torna a ocasião de colocar ou adotar perspectivas narrativas sobre si que ele afirma não serem dele mesmo, mas que, ao adotá-las, são suas no próprio modo de sua projeção e seu deslocamento. O outro que aparece é desse modo o "eu" que, na paranoia, é circuitado e defletido pela alteridade: e aqueles que pensam estar vestidos de roxo, mas na realidade estão sem roupas, aqueles outros que são como eu, que pensam estar vestidos, mas cujo pensamento acaba sendo um imaginar infundado? Descartes, no final das contas, é aquele que está ativamente imaginando os outros nus, implicando, mas não perseguindo a implicação de que eles possam muito bem pensá-lo nu também. Mas por quê? Sem dúvida, ele quer chegar abaixo das camadas que cobrem o corpo, mas essa mesma ocasião de exposição radical em direção à qual as *Meditações* se movem é precisamente aquilo que o ameaça com uma perda alucinatória da certeza de si.

Na verdade, parece que a certeza do corpo que ele persegue o leva à proliferação de dúvidas. Ele está certo de estar sentado ali e vestido: a sua perspectiva, enquanto percepção dos sentidos e não pura intelecção, está, nesse sentido, vestida ou travestida, portanto, essa certeza depende de certa dissimulação. A nudez que ele atribui à certeza alucinatória dos outros constantemente ameaça retornar sobre ele, tornar-se a sua própria certeza alucinatória. De fato, precisamente como um sinal de certeza radical, aquela nudez erode a sua certeza. Se ele está vestido, está certo daquilo que é verdade, mas, se ele não está, então a verdade foi exposta, o corpo sem dissimulação, o que leva à conclusão paradoxal de que suas sentenças podem ser tomadas como indubitáveis apenas se ele estiver enganado sobre estar vestido, caso em que alucinação e certeza não se distinguem mais radicalmente uma da outra.

Esse não é qualquer corpo nu, mas um corpo que pertence a alguém que está enganado sobre a sua própria nudez, que os outros veem em sua nudez e ilusão. E esse não é simplesmente qualquer "um" com alguma singularidade caracterológica, mas "um" que é produzido precisamente pela heurística da dúvida. Esse é aquele que traz a realidade do seu corpo para o questionamento, apenas para sofrer a espectralidade alucinatória da sua ação. Quando ele vê outros em tal estado, nus e pensando em si mesmos vestidos, sabe que eles estão enganados, e por isso, se outros fossem vê-lo em tal estado, saberiam que ele está enganado, da mesma forma; portanto, a exposição do seu corpo seria a ocasião para uma perda da certeza de si. Assim, a insistência no corpo exposto como um fato final e indubitável, por sua vez, expõe as alucinações daquele que está nu, nu e alucinando que ele ou ela esteja completamente vestido. Essa figura do corpo indubitável, um de que apenas os loucos poderiam duvidar, é feita para representar o caso-limite da *res extensa*, um corpo que não pode ser colocado em dúvida, mas que, composto pelas sensações, será mantido para ser destacável da alma e a sua busca por certeza.

Se se fosse imaginar o corpo como uma cabeça de barro ou feito de vidro, como faz Descartes, poderíamos duvidar do que é verdade. Mas note aqui que o próprio ato de duvidar parece ligado com a possibilidade de substituições figurais, nas quais o corpo vivo é feito sinônimo, com a sua simulação artificial ou, na verdade, com o vidro, uma figura de transparência em si. Se o corpo é certo como *res extensa*, o que distingue o corpo humano como *res extensa* de outras instâncias da substância? Se ele tem, por definição, de ser separável da alma, o que garante a sua humanidade? Aparentemente, nada pode ser capaz de fazê-lo.

No final das contas, Descartes não apenas reporta que outros performem tais alucinações, mas o relato constitui também a textualização da alucinação: os seus escritos performam-nas para nós, por meio de uma alienação de perspectiva que é e não é exclusivamente sua. Portanto, ele invoca tais possibilidades precisamente no momento em que também renuncia a tais possibilidades como louco, levantando a questão de se existe uma diferença entre o tipo de invocação que é parte constitutiva do método meditativo e aquelas alucinações em que o método é supostamente refutado. Ele observa: "Eu não deveria ser nada menos que louco se seguisse exemplos tão extravagantes [*si je me reglais sur leurs examples*]". Mas e se ele já se decidiu sobre esses exemplos, seguiu esses exemplos, pediu-nos para segui-los, no sentido de que escrevê-los é segui-los, e nós também os estamos claramente seguindo, como fazemos ao lermos? A dúvida que ele quer superar pode ser reencenada apenas dentro do tratado, que produz a ocasião textual para uma identificação com aqueles de quem ele busca se diferenciar. Essas são as mãos dele, não? Mas onde estão as mãos que escrevem o próprio texto, e não é o caso de que elas nunca efetivamente se mostram à medida que lemos as marcas que elas deixam? Pode o texto fornecer certo sentido das mãos que escrevem o texto, ou a escrita eclipsa as mãos que a tornam possível, tal que as marcas nas páginas apagam as origens corporais das quais elas aparentemente emergem, para emergir como restos esfarrapados e ontologicamente suspensos? Não é esse o difícil dilema de toda escrita em relação às suas origens corporais? Não existe escrita sem o corpo, mas nenhum corpo aparece completamente ao longo da escrita que ele produz. Onde está o traço do corpo de Descartes no texto? Ele não reaparece precisamente enquanto figura da sua própria dubitabilidade, uma escrita que deve, por assim dizer, fazer o corpo estranho, se não alucinatório, cuja condição é uma alienação da perspectiva corporal em um circuito textual do qual não se pode ser entregue ou devolvido? Afinal, o texto quase que literalmente deixa o corpo autoral para trás, e ainda assim existe um, na página, estranho para si mesmo.

Ao final da "Meditação I", ele resolve supor que Deus não é bom nem a fonte da verdade, mas algum tipo de gênio maligno, e que as coisas externas são ilusões e sonhos. Consequentemente, escreve: "devo considerar a mim mesmo como não tendo mãos, olhos nem qualquer sentido, mas falsamente acreditando que possuo todas essas coisas". Ao que parece, então, a tarefa da meditação é superar essa dúvida em seu próprio corpo, mas também é aquela dúvida que ele busca radicalizar. Afinal de contas, o projeto final de Descartes é entender a si mesmo enquanto alma, como uma *res cogitans*, e não como um corpo; dessa forma, ele busca estabelecer de forma final a dubitabilidade do corpo e, assim, aliar-se àqueles que sonham e alucinam quando tomam o corpo enquanto base de certo conhecimento. Então, o seu esforço para estabelecer a certeza de si radical como um ser racional leva a uma identificação com o irracional dentro do texto. De fato, tais sonhos e alucinações devem ser ilimitáveis se ele entende que aquela certeza de si mesmo como sujeito pensante nunca vai ser fornecida pelo corpo.

Ele escreve que "o conhecimento de mim mesmo não depende de coisas ainda não conhecidas por mim". E isso não depende de "coisas que estão *fingidas* ou *inventadas* pela minha imaginação [*celles qui sont feintes et inventées par l'imagination*]" (DESCARTES, 1973, p. 42; 1996, p. 152).[5] O termo em Latim – *effingo* – pode significar, ambiguamente, "formar uma

---

[5] Em francês, ele se refere ao que é "*feintes et inventée par l'imagination*", e essa noção de "inventado" é traduzida do latim: *effingo*. O conhecimento de si mesmo não depende do que é fingindo ou inventado, mas o termo

imagem", mas também "fazer um fato", e isso significa que o conhecimento de si não depende de formar uma imagem nem de fazer um fato. Inadvertidamente, Descartes introduz uma equivocação entre imaginar aquilo que não é um fato e imaginar ou fazer aquilo que é um fato. A mesma imaginação vagou por meio da divisão entre ilusão e realidade, de tal modo que ao mesmo tempo é aquilo que Descartes precisa excluir como base do conhecimento de si e aquilo que ele também precisa acomodar?

Se o conhecimento *não* depende de coisas que são fingidas ou imaginadas ou fatos que são feitos, então depende de quê? E a sua exoneração do imaginar, inventar e fazer factualmente não erode o próprio procedimento da dúvida que ele utiliza para mensurar a falseabilidade das suas teses? Na verdade, em outro momento do texto, ele insiste que a imaginação, até mesmo a inventividade, cumpre função cognitiva, e esta pode ser usada como base para fazer inferências sobre a indubitabilidade da própria substância: "Eu inventaria, efetivamente, quando estou imaginando algo, desde que imaginar nada mais seja que contemplar a figura ou imagem de uma coisa corporal" (DESCARTES, 1973, p. 42; 1996, p. 152).[6]

A imaginação nada mais é que a contemplação da figura ou imagem de uma coisa corporal. A proposição prefigura a afirmação que Husserl fará sobre a intencionalidade do ato de imaginar, sugerindo que os objetos aparecem para a imaginação em uma modalidade específica das suas essências. Se isso é verdade, então a imaginação não apenas inventa os corpos, mas a sua inventividade é também uma forma de referencialidade, isto é, de contemplar a figura ou imagem de corpos em suas possibilidades essenciais. O sentido em que a imaginação é inventiva não é o de produzir corpos onde

---

em latim que Descartes usa para o segundo, *"effingo"*, lança dúvida sobre a própria negação que ele performatiza.

[6] *"Je feindrais em effet, si j'imaginais être quelque chose, puisque imaginer n'est autre chose que contempler la figure ou l'image d'une chose corporelle."*

não existe nenhum. Assim como a sugestão referencial do termo *"effingo"* complica o problema, amarrando o imaginar à produção de fatos, também a noção de Descartes da imagem como retransmissão do objeto em uma forma específica amarra o imaginar aos objetos da percepção. Em ambos os casos, porém, a ligação é feita não conceitualmente, mas por uma equivocação semântica. De fato, se o método da dúvida envolve supor ou colocar um conjunto de condições como sendo verdadeiras que ele, então, busca pôr em dúvida, isso envolve conjecturar o que é contraintuitivo e, portanto, engaja a imaginação de maneira central.

Je supposerai – eu suponho, vou supor, iria supor – esse é o estranho modo como Descartes expressa sua dúvida na linguagem, em que o termo *"supposer"* carrega a ambiguidade referencial que atormenta sua discussão. Afinal, *"supposer"* significa tomar como certo, aceitar como uma premissa, mas também postular ou estabelecer, fazer ou produzir. Se o "eu" não é uma coisa corporal, então ele não pode ser imaginado.

Quando escreve "eu suponho", ele oferece aposições que sugerem sua intercambialidade com as seguintes formulações: eu persuado a mim mesmo, eu suponho, eu penso, eu acredito. O objeto dessa suposição e desse pensamento toma a forma de uma ficção diferente daquela que ele acabou de performar: aquilo que ele supõe ou acredita é que "corpo, figura, extensão... não são nada mais que ficções do meu próprio espírito". Aqui parece acontecer uma duplicação do ficcional, porque ele está supondo que o corpo, entre outras coisas, é uma ficção da sua própria mente. Mas isso não é, em si, uma espécie de ficcionalização? Se sim, está ele produzindo uma ficção em que o seu corpo é a criação de uma ficção? O método não alegoriza o mesmo problema de criação fictícia que ele busca entender e disputar, e ele pode entender essa criação fictícia se continua fazendo a pergunta a partir dos termos da ficção da qual ele, também, busca escapar?

Supor, persuadir a si mesmo, pensar, acreditar funcionam pela forma de postular ou, de fato, fabular – mas o que é isso que é fabulado? Se o corpo é uma ficção do próprio espírito de alguém, então isso sugere que ele é feito ou composto por esse mesmo espírito. Assim, postular não é meramente conjecturar ou criar um mundo falso, mas inventar e se referir ao mesmo tempo, portanto confundindo a possibilidade de uma distinção estrita entre os dois. Nesse sentido, para Descartes, "as ficções do espírito" não estão em oposição aos atos de pensar ou persuadir, mas são os próprios meios pelos quais eles operam. "Postular" é uma ficção do espírito que, por isso, não é falsa ou sem referencialidade. Negar o aspecto fictício de postular ou supor é postular a negação, e nesse sentido reiterar a forma como o fictício é implicado no próprio ato de postular. Os próprios meios pelos quais Descartes busca falsificar as crenças envolvem a postulação ou ficcionalização que, homeopaticamente, contrai novamente a doença que buscava curar. Se a falsificação do não verdadeiro tem de tomar lugar por meio de uma postulação contrafactual, que é ela mesma uma forma de ficção, então a falsificação reintroduz a ficção no exato momento em que busca refutá-la. Com certeza, se pudéssemos estabelecer que o que é ficcional na suposição não é o mesmo que é ficcional no que está sendo suposto, então evitaríamos essa contradição, mas o texto de Descartes não nos oferece forma alguma de fazer precisamente isso.

Espero ter começado a mostrar que, ao imaginar o corpo, Descartes está de uma só vez se referindo ao corpo por meio de uma imagem ou figura – palavras dele – e também conjurando ou inventando aquele corpo ao mesmo tempo, e os termos que ele usa para descrever esse ato de supor ou imaginar carregam importante duplo sentido. Por isso, para Descartes, a linguagem em que o corpo é conjecturado não implica totalmente que o corpo não seja outra coisa além de um efeito da linguagem; isso significa que conjecturar e supor têm de ser entendidos como exercícios ficcionais que não são desprovidos de referencialidade.

Quando consideramos os esforços de Descartes para pensar a mente apartada do corpo, vemos que ele não consegue evitar o uso de certas figuras corporais ao descrever a mente. O esforço para extirpar o corpo falha, porque ele retorna, espectralmente, como uma dimensão figural do texto. Por exemplo, Descartes se refere a Deus como aquele que inscreve ou grava em sua alma, quando ele escreve que nunca irá se esquecer de abster do julgamento tudo aquilo que ele não entende clara e distintamente, "simplesmente por [Deus] gravar profundamente na minha memória a resolução de nunca formar um julgamento" em tais questões. A mente de Descartes é figurada aqui enquanto uma espécie de tábula ou página em branco, e Deus é figurado como um gravador. "Deus grava [*gravé*] profundamente uma resolução na minha memória para não formar juízo."

De maneira semelhante, Descartes parece imprimir um pensamento em sua memória da mesma forma como Deus grava uma resolução na vontade: ele se refere à sua própria capacidade frágil e humana de "forçosamente imprimir [*imprimer*]" um pensamento em sua memória, e assim ajuda no processo de construção de uma nova memória, em substituição à antiga, que foi destruída.[7] A meditação agora aparece como um tipo particular de ação, que, ele afirma, tem de ser repetida e que tem como objetivo imprimir (*imprimer*) forçosamente esse mesmo pensamento na memória, uma impressão que é aparentemente forte como a gravura de Deus é profunda: na verdade, ambas comunicam, como efeito da escrita, certa violência formativa, uma ruptura da superfície.

De fato, "gravar" é, portanto, o meio pelo qual a vontade de Deus é transferida para Descartes, uma forma peculiar

---

[7] Descartes escreve: "Ele pelo menos deixou ao meu poder [...] firmemente para aderir à resolução de nunca oferecer um juízo em questões cuja verdade não é claramente conhecida para mim; por enquanto noto certa fraqueza em minha natureza na qual não posso continuamente concentrar minha mente em apenas um pensamento [*je ne puis pas attacher continuellement mon esprit à une même pensée*], não posso continuamente vincular meu espírito ao mesmo pensamento, posso ainda, por meditação atenta e frequente, imprimi-lo [*imprimer*] tão forçosamente em minha memória que nunca irei falhar em recordá-lo quando precisar dele, e então adquirir o hábito de nunca me extraviar."

de transitividade que o tropo da escrita ajuda a efetivar. A sua memória se torna o objeto no qual Deus grava uma resolução, como se a memória de Descartes fosse uma página, uma superfície, uma substância estendida. Mas isso é claramente um problema, desde que a mente supostamente é, como sabemos, *res cogitans*, em vez de *res extensa*, aqui figurada precisamente como superfície e substância estendidas. Consequentemente, a memória de algumas formas se torna figurada como um tipo de corpo, substância e superfície estendidas, e podemos muito bem ler aqui o vir à tona do corpo perdido e repudiado dentro do texto de Descartes, no qual Deus agora grava profundamente uma resolução; de fato, o estágio metafórico é agora o cenário para *Na colônia penal*, de Kafka.

Certamente, faz sentido questionar se a escrita das *Meditações* é precisamente o que garante essa soldagem da memória à vontade. A escrita estendida das *Meditações* age para imprimir um novo conhecimento na sua memória. Na medida em que a página substitui a memória ou se torna a figura pela qual a memória é entendida, essa figura não tem, então, consequências filosóficas, nomeadamente, que a introspecção enquanto método só tenha sucesso quando é performada no ato de escrever em uma página? Escrever não é precisamente o esforço de soldar uma nova memória à vontade, e, se sim, não requer então a própria superfície material e, de fato, a materialidade da linguagem ela mesma, que dificilmente são compatíveis com o que Descartes busca separar do ato introspectivo da mente? E essa escrita não requer implicitamente a mão daquele que grava e o corpo como superfície sobre a qual se escreve, dispersando figuras corporais ao longo da explicação da alma?

Se parece que o texto de Descartes não pode deixar de figurar o corpo, isso não reduz o corpo a sua figuração, e se essa figuração acaba por ser referencial, isso não significa que o referente possa de alguma forma ser extraído da sua figuração. O ato pelo qual o corpo é suposto é precisamente o ato que postula e suspende o estatuto ontológico do corpo, um ato que não cria ou forma esse corpo unilateralmente (e desse modo não é um ato em serviço do linguisticismo ou do monismo linguístico), mas um que postula e figura, para o qual postular e figurar não são definitivamente distinguíveis.

Se não existe ato de postular que não se torne implicado em figuração, então se segue que a heurística da dúvida não apenas envolve figuração, mas também trabalha fundamentalmente por meio de figuras que comprometem as suas próprias aspirações epistemológicas. Mas essa conclusão é imediatamente prejudicada por outra, a saber, que a figuração do corpo encontra seu limite necessário na materialidade que não pode ser capturada definitivamente pela figura. Aqui é onde se vacila em proceder por ambos os caminhos, da gramática e da figuração, embora seja uma vacilação reveladora. Se o corpo não é redutível a sua figuração ou, na verdade, a sua conceitualização, e ele não pode ser dito um mero efeito do discurso, então o que ele é definitivamente? A questão permanece, mas, apenas porque existe uma gramática da pergunta em que o estatuto ontológico do corpo é questionado, isso não significa que a resposta, se existir uma, possa ser acomodada dentro dos termos gramaticais que esperam por aquela resposta. Nesse caso, a possibilidade de fazer a pergunta não implica que seja possível respondê-la a partir dos termos nos quais ela é feita. O corpo escapa aos termos da pergunta pela qual é abordado. E até mesmo fazer tal afirmação básica, baseando-se no "corpo" como sujeito substantivo da sentença, domestica precisamente o que busca liberar. De fato, a gramática, ela mesma, expõe os limites da sua própria presunção mimética, afirmando uma realidade que é necessariamente distorcida pelos termos da afirmação, uma realidade que apenas pode aparecer, por assim dizer, por meio da distorção.[8]

Descartes enfatiza esse ponto talvez involuntariamente enquanto procede desmembrando seu próprio corpo, ao longo

---

[8] Esta visão corresponde à visão de Lacan sobre o estádio do espelho como aquilo que permite uma versão especular do corpo sob a condição da distorção.

do percurso da sua meditação escrita. Podemos nos apressar em dizer que esse "desmembramento" é meramente figural, mas talvez, como Paul de Man sugere em outro contexto, ele marca os próprios limites da figuração – seus limites inquietantes.[9] Em referência a Kant, De Man aponta que o corpo em pedaços não é figurativo nem literal, mas material, assim sugerindo que a materialidade estabelece os limites para cognição. Segue-se da sua visão que a única maneira de comunicar essa materialidade é precisamente através da catacrese – que é o que De Man efetivamente faz – e, portanto, por meio de uma figura.

Então, esse corpo é figurável ou não? Depende, eu sugeriria, de como se aborda a questão da figuralidade. Se o corpo de Descartes não é literalmente desmembrado, apesar de a linguagem figurar isso como seu efeito, em qual sentido ele ainda é desmembrado? E se o desmembramento é apenas sinal de uma materialidade anterior à figuração, então essa materialidade tem sido convertida em um tropo pelo próprio exemplo que ilustra essa inconversibilidade. O corpo, portanto, não implica a destruição da figuralidade, apenas porque uma figura pode funcionar como substituição para o que é fundamentalmente irrecuperável dentro ou pela figura em si.[10] Tal figura é, entretanto, não menos que uma figura mimética, e uma figura não precisa ser mimética para sustentar seu estatuto figural.

Claramente, no entanto, aqui a questão final tem de ser considerar essa estranha separação entre membros e o corpo, essa cena de castração repetida, aquela que Descartes põe em ato pela gramática que condiciona a questão sobre seu corpo; em que o corpo já está separado daquilo que ele questiona, uma separação no nível da gramática que prepara a pergunta filosófica em si; em que a mão que escreve a dúvida e a mão

---

[9] Para uma discussão sobre desmembramento e os limites da figuração, ver Paul De Man (1997).

[10] Pode ser bastante útil consultar Walter Benjamin sobre o estatuto da alegoria precisamente por essa abordagem da figura.

que é posta em dúvida – ela é minha? – é ao mesmo tempo a mão que é deixada para trás à medida que a escrita emerge, podemos dizer, em seu efeito de desmembramento.[11]

Não há dúvida de que uma mão escreve o texto de Descartes, uma mão figurada dentro do texto como aparecendo à distância de quem olha sobre ela e pergunta pela sua realidade. A mão é reflexivamente espectralizada ao decorrer da escrita performada. A mão desfaz sua realidade precisamente no momento em que atua, ou melhor, torna-se desfeita precisamente pelos traços do ato de escrita que performa. Se o corpo é o que inaugura o processo da sua própria espectralização pela escrita, então ele é e não é determinado pelo discurso que ele produz. Se existe uma materialidade do corpo que escapa da figura que ele condiciona e pela qual ele é corroído e assombrado, então esse corpo não é nem uma superfície nem uma substância, mas a ocasião linguística da separação do corpo de si mesmo, que se esquiva da captura pela figura compelida por ela.

Referências

DE MAN, Paul. Materiality and Phenomenality in Kant. *In: Aesthetic Ideology*. Edited by Andrzej Warminski. Minneapolis: University of Minnesota Press, 1997.

DESCARTES, René. Meditations on First Philosophy. *In: The Philosophical Works of Descartes*. Translated by Elizabeth Haldane and G. T. Ross. Cambridge, MA: Cambridge University Press, 1973. [Edição francesa: *In: Méditations métaphysiques*. Edité par Florence Khodoss. Paris: Presses Universitaries de France, 1996.]

GOLDBERG, Jonathan. *Writing Matter: From the Hands of the English Reinassaince*. Stanford: Stanford University Press, 1990.

---

[11] Ver Jonathan Goldberg (1990).

Merleau-Ponty e o toque de Malebranche

Tradução de Nathan Teixeira e
Luís Felipe Teixeira

A recepção da fenomenologia do corpo de Merleau-Ponty na língua inglesa enfoca principalmente dois textos, *A fenomenologia da percepção* e o póstumo *O visível e o invisível*. No primeiro, ele interroga o corpo enquanto um lugar de mobilidade e espacialidade, argumentando que essas vias fundamentalmente corpóreas de relação com o mundo subtendem e estruturam a intencionalidade da consciência. No trabalho posterior, a doutrina da intencionalidade é ainda mais deslocada pelo conceito de carne, entendido como a relação de tatilidade que precede e informa as relações intersubjetivas, necessariamente desorientando a narrativa centrada no sujeito. A carne não é algo que uma pessoa tem, mas a trama em que vive; não é simplesmente o que eu toco do outro, ou de mim mesma, mas a condição de possibilidade do toque, a tatilidade que excede qualquer toque dado e não pode ser redutível à ação unilateral performada por um sujeito. A discussão mais extensa e controversa sobre o toque acontece no capítulo final de *O visível e o invisível*, "O entrelaçamento", apesar de esse texto, postumamente publicado e inacabado de várias formas, poder apenas sugerir o desafio radical a uma concepção de intencionalidade centrada no sujeito. Algo é anterior ao sujeito, mas esse "algo" não é para ser entendido ao modo de uma substância. A gramática que iria colocar um ser anterior ao sujeito opera conjuntamente na presunção de que o sujeito já está formado, meramente situado depois desse ser, e assim falha ao não questionar a temporalidade implícita na sua própria apresentação. O que Merleau-Ponty questiona nesse último trabalho e, de fato, o que ele começou a traçar mais de uma década antes é a pergunta a respeito de como um sujeito é formado a partir da tatilidade, ou, talvez, colocado mais precisamente, como um sujeito é formado por um toque que não pertence a nenhum sujeito.

Falar sobre um toque fundante é sem dúvida um conceito romântico e, como vamos ver, possui precedentes teológicos. Falar dessa maneira faz sentido apenas se entendermos que o "toque" em questão não é o ato singular de tocar, mas a condição em função da qual uma existência corpórea é assumida. Aqui seria um erro imaginar a tatilidade como uma esfera subterrânea de existência, autossuficiente ou contínua através do tempo. O termo "tatilidade" se refere à condição de possibilidade de tocar e ser tocado, uma condição que ativamente estrutura o que ela também faz possível. Não podemos localizar essa condição independentemente, como se ela existisse em algum lugar anterior e apartado da troca de toque que ela faz possível. Por outro lado, ela não é redutível aos atos de tocar que condiciona. Como, então, vamos encontrá-la? O que significa ela poder ser nomeada, mas não encontrada, que ela escape ao nosso toque, por assim dizer, quando tentamos agarrá-la? O que acontece com o toque que escapa ao nosso toque, que permanece fora de alcance?

No que se segue, retornamos a uma consideração do engajamento de Merleau-Ponty no trabalho de Nicolas Malebranche (1638-1715), um conjunto de aulas ministradas em 1947-1948 e transcritas por Jean Deprun como *A união da alma e do corpo em Malebranche, Biran e Bergson* (2016).[1] Malebranche foi um filósofo especulativo e teológico cujos trabalhos

---

[1] Todas as citações desse texto são traduções minhas, embora já exista, sem o apêndice, uma edição em inglês sob o título *The Incarnate Subject: Malebranche, Biran, and Bergson on the Union of Body and Soul*, ed. Andrew

sobre metafísica e ética foram publicados no final do século XVII. O seu trabalho teve um efeito importante sobre o bispo Berkeley e era considerado de várias formas uma resposta séria a Descartes, que procurou mostrar os ancoramentos teológicos e inteligíveis de qualquer explicação da senciência e do que concerne à dimensão sensível. Malebranche abraça uma visão cartesiana da natureza, ele procurou retificar o entendimento de Descartes sobre a mente, argumentando que a ordem ideal da inteligibilidade é desdobrada pela experiência senciente. Ao passo que uma pessoa pode ter ideias "claras e distintas" de verdades *a priori*, semelhantes àquelas matemáticas, não é possível ter a mesma clareza e distinção em relação ao próprio si mesmo, considerado um *sentiment intérieur*. Contra o argumento de Descartes nas *Meditações*, em que a introspecção é o método pelo qual as verdades da experiência podem ser discernidas, Malebranche argumenta por uma abordagem experimental, em vez da intuitiva, para a ideia do nosso próprio ser. Adquirimos tal sentido de nós mesmos através do tempo e sempre com algum grau de falta de clareza e imperfeição. Esse *sentiment intérieur* é ocasionado pela ordem divina, que, estritamente falando, não pode ser sentida; é derivada de uma ordem que permanece opaca e irrecuperável. Apesar de Malebranche aceitar a postulação de Descartes "penso, logo existo", ele o faz por razões que estão em desacordo em relação àquelas fornecidas por Descartes. Para Malebranche, a proposição não é uma inferência direta, mas a manifestação da "palavra" divina à medida que ela se faz presente na própria experiência. E apesar de Malebranche separar o "puro" pensamento de Deus das suas manifestações sensíveis, não existe manifestação sensível que não seja derivável de Deus e que não indique, de alguma forma, a presença e atividade divina. (Apenas uma passividade completa e final iria retirar a demonstração do divino.)

J. Bjelland, Jr. e Patrick Burke, trad. Paul B. Milan (Amherst, NY: Humanity Books, 2001).

Embora, em sua *A busca da verdade*, Malebranche deixe claro que saber o que se sente não é o mesmo que saber o que se é (MALEBRANCHE, 1977, p. 633-638), ele também argumenta que a sensação oferece uma demonstração de Deus, precisamente porque não pode, por si mesma, ser a causa do que se sente. Essa causa vem de outro lugar, e nenhum modo de ser separado ou independente é a sua própria causa.[2] Apesar de a experiência dos sentidos não nos dar um conhecimento adequado sobre nós mesmos ou sobre a ordem a partir da qual somos criados (e pode nos desencaminhar), ainda assim ela indica essa ordem em virtude de seu caráter enigmático e parcial. Somos causados por Deus, mas não totalmente determinados por ele: nossas ações se tornam "ocasiões" por meio das quais o modo como ele age em nós (pelo divino) é transformado (ou falha em ser transformado) em nosso próprio agir ético. A vida moral é aquela que sustenta uma relação próxima (*rapport*) com o divino, tentando estabelecer um modo de conduta humana em paralelo ao agir divino pelo qual nossa conduta é motivada (MALEBRANCHE, 1992, p. 51-55, p. 169-194).

Ainda que não seja um filósofo sistemático, Malebranche oferece uma resposta especulativa recorrente ao cartesianismo, adaptando Agostinho aos seus próprios propósitos e perseguindo um empirismo paradoxalmente aterrado em premissas teológicas. Os sentimentos da alma não puderam ser dispensados enquanto contaminações corpóreas, mas tiveram de ser reconsiderados como experiências criadas que, através do seu próprio movimento, dão alguma indicação – na presunção de paralelismo – de uma originação divina. Então, Malebranche disputou a distinção cartesiana entre corpo e alma, argumentando não só que a própria capacidade de sentir é inaugurada por um ato

---

[2] Ver "Translator's Introduction", em *Treatise on Ethics* (1648) (Boston: Kluwer, 1993), de Craig Walton, para uma discussão sobre a oposição de Malebranche aos relatos neoaristotélicos sobre o poder causal das existências. Para Malebranche, todas as coisas criadas são causadas pela ordem divina e só exercem o poder de uma forma derivativa. Esse é o sentido do seu "ocasionalismo".

de "graça", mas também que a senciência, ela mesma, mantém uma conexão referencial a uma ordem espiritual definida pela atividade incessante de encarnar a si mesmo.

As considerações de Merleau-Ponty nessas aulas se movem de Malebranche para Maine de Biran e Henri Bergson, reconsiderando a relação do corpo com o pensamento em cada instância e elaborando os contornos de uma possível psicologia filosófica que insiste na centralidade do corpo para o ato de conhecer e nos limites impostos ao conhecimento de si mesmo pelo corpo. As notas dessas aulas foram editadas em livro na França, em 1978, apesar de aparecerem em inglês apenas em 2001. Uma razão, conjecturam os editores da versão em inglês, é que elas não são precisamente as palavras de Merleau-Ponty, apesar de várias poderem muito bem ser citações textuais.[3] Além disso, Merleau-Ponty está provendo uma *explication de texte*, mas está ele oferecendo a sua interpretação da importância desses pensadores para sua própria filosofia? Minha sugestão é que ele está fazendo ambos, derivando recursos da tradição que ele explica e, ao fazer isso, desdobrando sua própria relação com a tradição de teologia sensível. No primeiro momento pode não parecer fácil reconciliar o foco na "corporificação", recorrentemente concebido enquanto um antídoto a todas

---

[3] Jean Deprun explica em sua introdução que ele consultou os cadernos de estudantes das duas versões desse curso que Merleau-Ponty ofereceu no mesmo ano e escolheu entre relatos divergentes com base em qual formulação parecia mais clara e explícita. Ele descreve a sua experiência como editor desse volume como sendo "fácil", argumentando que as decisões editoriais não alteraram substancialmente as visões de Merleau-Ponty de nenhuma forma. Apesar de Jacques Taminiaux observar em seu prefácio à versão em inglês que essas são matérias obrigatórias e mantêm uma relação tangencial com as visões explicitamente filosóficas de Merleau-Ponty, difiro das suas conclusões, porque a preocupação com o toque, com a alteridade e com uma ordem de inteligibilidade exposta por meio da senciência parecem cruciais para as explicações em desenvolvimento por Merleau-Ponty sobre a experiência corpórea e a sua relação com o conhecimento.

as formas de idealismo religioso que postulam uma "alma" separável, com trabalhos teológicos como os de Malebranche.

Em seu ensaio "Por toda parte e em parte alguma" (1991), Merleau-Ponty situa Malebranche como precursor da filosofia francesa do século XX, notando que o influente Léon Brunschvicg compreendeu que Malebranche, entre outros, estabeleceu "a possibilidade de uma filosofia que confirma a discordância entre existência e ideia (e assim a sua própria insuficiência)". Merleau-Ponty compara isso com a visão de Maurice Blondel, "para quem a filosofia *era* o pensamento apercebendo-se de que não pode 'concluir', observando e tateando em nós e fora de nós uma realidade cuja fonte não é a consciência filosófica" (MERLEAU-PONTY, 1991, p. 154). Elaborando a respeito da filosofia cristã legada à filosofia contemporânea, Merleau-Ponty se apropria livremente da doutrina para mostrar a sua verdade, da perspectiva do autor: "Uma vez que ele não considera as suas 'essências', exatamente como a medida de todas as coisas, uma vez que não crê tanto em essências quanto em nós de significações [*nœuds de significations*] que serão desfeitos e refeitos de outra maneira numa nova rede do saber e da experiência" (MERLEAU-PONTY, 1991, p. 155). Merleau-Ponty deixa claro que Malebranche não só mostra como a ordem religiosa, a ordem da inteligibilidade, ou "a Palavra divina", intersecciona-se com a experiência vivida, de fato, com as sensações elas mesmas, mas também vem a entender o sujeito humano enquanto o lugar dessa intersecção ética consequente. "Se realmente o homem está inserido nas duas ordens, a conexão delas faz-se nele também, e ele deve saber algo sobre ela. [...] Tal é, a nosso ver, o significado da filosofia de Malebranche. O homem não pode ser de um lado 'autômato espiritual', de outro sujeito religioso que recebe a luz sobrenatural. Em seu entendimento, reencontram-se as estruturas e as descontinuidades da vida religiosa." Ele continua: "Somos a nossa alma, mas não temos a ideia dela; temos com ela apenas o contato obscuro do sentimento" (*le contact obscur du sentiment*). É nesse sentido, ele escreve, que "[a] menor percepção sensível é, pois, uma 'revelação natural'" (MERLEAU-PONTY, 1991, p. 157-158). O divino não aparece enquanto ele mesmo no sensível, nem o sensível pode ser dito como "participando" no divino de acordo com a noção platônica de *mathesis*. Em vez disso, existe certa divisão ou discordância (*un clivage transversal*) que se dá junto da percepção dos sentidos, e, por isso, sua origem divina é sentida obscuramente, mesmo que não possa ser apreendida.

> É essa mesma discordância que será preciso tomar por tema se quisermos fazer uma filosofia cristã; é nela que será preciso procurar a articulação entre a fé e a razão. Nisso nos afastaríamos de [*s'éloignerait*] Malebranche, mas também nos inspiraríamos nele pois se ele transmite à religião algo da luz racional, e no limite as identifica num único universo de pensamento, se estende à religião a positividade do entendimento, anuncia também a invasão das inversões religiosas no nosso ser racional; introduz nele o pensamento paradoxal de uma loucura que é sabedoria, de um escândalo que é paz, de uma dádiva que é ganho (MERLEAU-PONTY, 1991, p. 159).

Inicialmente, se um ceticismo em relação ao papel de Malebranche no pensamento de Merleau-Ponty nos contém de considerar a utilidade dessas aulas, a dúvida é amenizada rapidamente, eu argumentaria, quando entendemos até que ponto Malebranche buscou fundamentar a teologia em uma nova concepção de corpo e, em particular, na função formativa e fundante do toque. De fato, Malebranche oferece a Merleau-Ponty a oportunidade de considerar como o corpo em sua impressionabilidade pressupõe um conjunto de impressões que atuam no corpo e forma a base da senciência, do sentir, da cognição e o começo da agência ela mesma. Essas impressões são, significativamente, táteis, sugerindo que é apenas na condição de que o corpo já esteja exposto a algo diferente dele mesmo, algo por meio do qual ele possa ser afetado, que se torna possível um si mesmo senciente emergir.

Acredito ter me movido rápido demais ao falar de um "si mesmo" dessa maneira: a impressionabilidade ou receptividade primária forma a condição da experiência ela mesma para Malebranche, então, estritamente falando, não se tem experiência de um toque primário, mas um toque primário inaugura a experiência. Isso faz do "toque" uma noção especulativa, na verdade, inverificável em bases empíricas, isto é, em bases de uma "experiência" já conhecível. Em outro sentido, no entanto, o toque reabre o domínio da especulação enquanto precondição necessária para a teorização da corporificação e da tatilidade. Essa observação é feita de uma forma diferente quando consideramos que a "tatilidade", a partir da qual tanto tocar quanto ser tocado são traçados, não é discernível como substância discreta ontológica de algum tipo. Outra maneira de colocar a questão é simplesmente dizer que o toque traça algo que ele não pode conhecer ou dominar completamente. Aquela condição fugidia da sua própria emergência continua a informar cada e todo toque enquanto sua inefabilidade constitutiva. Na verdade, o toque – não entendido simplesmente como tocar ou ser tocado – não apenas é a condição que anima a senciência, mas também continua enquanto o princípio animante ativo das ações de sentir e conhecer. O que inicialmente é ao menos modelado como impressões corpóreas acaba por vir a ser a condição para o conhecer cognitivo e dessa maneira vem para animar a alma.

    Deixe-me oferecer uma sentença de Malebranche que se torna crucial para a própria meditação de Merleau-Ponty sobre a unidade da alma e do corpo. Malebranche escreve: "é necessário que eu me sinta apenas em mim mesmo, quando me toco" (Merleau-Ponty, 2016, p. 29). Merleau-Ponty cita essas palavras para mostrar que o "eu" que sente vêm à tona apenas em consequência do toque, assim afirmando a primazia do toque que já está acontecendo para a formação do si mesmo que sente. A reivindicação de Malebranche é, apesar de sua simplicidade e, de fato, sua beleza, uma reivindicação bastante desarmadora e consequente. Primeiro, ela postula as origens de como eu venho a sentir, do que eu posso vir a sentir e da senciência ela mesma. Ainda que ele não afirme aqui que não existe "eu" anterior ao sentir ou apartado do sentir, torna-se claro a partir de seu argumento em favor da unidade da alma e do corpo que o sentir, precipitado pelo toque, inicia o "eu", ou melhor, institui sua representação de si mesmo. Afinal, o que Merleau-Ponty cita de Malebranche é uma narrativa autobiográfica, que então levanta a questão: sob quais condições o "eu" se torna capaz de reportar aquilo que sente? Somos então solicitados a fazer perguntas mais fundamentais: seria o sentir a condição sob a qual reportar a si mesmo acontece primeiro na linguagem? Nessa citação, oferecida em uma narrativa em primeira pessoa, o sentir não aparece fora da narrativa sobre o sentir, o que sugere que sentir ganha forma por meio de uma narrativa autobiográfica. O "eu" não é simplesmente um si mesmo que vem a ser anterior à linguagem, mas é designado primariamente, na citação que temos em mãos, enquanto um ato de referência a si mesmo dentro da linguagem, uma referência a si mesmo não só causada pelo afeto, mas também animando o afeto no ato.

Entendendo que o "eu" sente apenas sob a condição de ser tocado, e que sentir é o que inaugura minha capacidade de narrar a mim mesma, então poderia parecer se seguir disso que o sentir se tornaria meu enquanto uma capacidade distintivamente linguística. Mas se o sentir se torna meu sob a condição de uma narrativa autobiográfica na linguagem, e se o sentir se segue de um toque que não é meu, então eu sou, por assim dizer, fundamentada ou animado por um toque que consigo conhecer apenas sob a condição de que eu cubra as impressões primárias enquanto entrego uma narrativa de mim mesma. "Posso sentir apenas o que me toca" configura em uma forma gramatical uma impossibilidade gramatical na medida em que o toque precede a possibilidade de me reportar a mim mesma, provê sua condição, e constitui aquilo do que eu não posso dar uma explicação completa ou adequada.

Não podendo existir "eu" sem o sentir, sem senciência, e se o "eu" que fala sobre o sentir é ao mesmo tempo o eu que sente, então sentir vai ser parte do "eu" inteligível, parte do que o "eu" pode fazer e faz inteligível sobre ele mesmo. De fato, a citação oferecida por Merleau-Ponty é um exemplo do "eu" tentando se fazer inteligível para ele mesmo, considerando os pré-requisitos da sua própria possibilidade, e os comunicando na linguagem a uma audiência que, presumivelmente, compartilha dos mesmos pré-requisitos. No entanto, como iríamos saber se compartilhamos esses pré-requisitos? O "nós" parece ter sido varrido para fora da cena, e em seu lugar, escutamos outro modo de representar a si mesmo e habitar o "eu" vicariamente à distância. Por um lado, o enunciado é um endereçamento, entregando um desafio a Descartes e, de fato, à noção de que o "eu", aquele que fala e conhece, é composto de substância pensante que é, estritamente falando, distinta de toda e qualquer extensão corpórea – res *cogitans*, ao contrário de *res extensa*.

No entanto, Malebranche *não* fala: "eu posso sentir apenas o que me toca, e o mesmo vale para você". Ele é forçado por uma forma autobiográfica que é ao mesmo tempo citacional, isto é, uma citação de Descartes, com o intuito de expor a impossibilidade da própria posição de Descartes. A autobiografia marcadamente citacional dá uma mentira parcial sobre si mesma, porque ela é a história daquele que a conta e ao mesmo tempo a história de outra pessoa – com uma torção. Com Descartes, existe algo da ameaça de solipsismo, porque não sabemos se existe um "você" na cena. "Penso, logo existo" claramente não é o mesmo que "Sinto apenas o que me toca". Em nenhum dos casos, entretanto, sabemos a quem a declaração é endereçada ou se posso reportar aquilo que outra pessoa sente, pensa ou é.

Posso eu falar de alguma coisa que não seja minha, que não se torne minha em virtude de ser o meu sentir? Portanto existe, podemos dizer, no início dessa sentença, certo escândalo, certo desafio, aquele que junta o "eu" com o sentir, aquele em que o "eu" se afirma enquanto ser que sente. E não é que o "eu", na ocasião, sinta. Não, o caso é que, independentemente do que o "eu" venha a ser, ele será um ser que sente. Então o "eu" não está reportando este ou aquele sentir desgarrado, mas afirmando a si mesmo na condição de sentir, o que é dizer que o sentir condiciona o "eu" e que não pode haver "eu" sem o sentir. Ainda que exista um toque que não seja meu, não é certo se ele parte de alguém que é como eu para além do toque. Parece que não. Para Malebranche, o toque não é provido por um outro si mesmo, então alguma coisa do toque nos leva a indagar: onde está o outro? Se é o toque de Deus que me anima, sou eu assim animado apenas em relação a uma origem irrecuperável e inefável?

Se eu só posso sentir o que me toca, isso significa que existe uma restrição em relação ao que posso sentir. Várias consequências se seguem dessa afirmação: eu não posso sentir se nada me toca, e a única coisa que posso sentir é o que me toca. Tenho de ser tocada para sentir, e se não sou tocada, logo não vou sentir. Se eu não vou sentir, então não há como reportar aquilo que sinto, assim há relatar a si mesmo, dado que sentir é o que parece animar minha entrada na autorrepresentação linguística. Apesar de essa não ser uma afirmação que Malebranche faz explicitamente, é um ato que ele ainda assim performa para nós, ao (a) afirmar a primazia do sentir em relação ao que eu sou e ao (b) performar a narrativa autobiográfica como consequência da primazia do sentir. Se não existe "eu" fora do sentir, e se o "eu" faz isso por meio da narrativa daquilo que ele sente, então *o "eu" narrativo se torna o ponto de transferência pelo qual o "eu" animado lança uma construção autobiográfica.* Pois o "eu" é aquele que é capaz e que de fato sente, e se não existir toque, não existe "eu" que sente, e isso significa que não existe "eu", ambos considerados como efeito animado do sentir e sujeito de uma narrativa autobiográfica. Ser tocado é, sem dúvida, padecer de algo que vem de fora, então eu sou, de forma bastante fundamental, ocasionada por aquilo que está fora de mim, do qual eu padeço, e esse padecer designa certa passividade, mas ninguém é entendido como o oposto de "atividade". Padecer a esse toque significa que precisa existir certa abertura para o lado de fora que postergue a plausibilidade de qualquer afirmação de identidade de si mesmo. O "eu" é ocasionado pela alteridade, e essa ocasião persiste enquanto estrutura necessária e animante. De fato, se houver autorrepresentação, se eu preciso dizer o "eu" na linguagem, então essa referência autobiográfica foi habilitada de outro lugar, padeceu daquilo que não é ela mesma. Através desse padecimento, um "eu" emergiu.

Note-se também, no entanto, que a sentença implica que só posso sentir o que me toca, o que significa que não posso sentir nenhuma outra coisa. Nenhuma outra coisa pode ser sentida por mim além daquilo que me toca. O meu sentir é solicitado, ocasionado, inaugurado pelo seu objeto, e o sentir vai ser, de forma bastante fundamental, em relação àquele objeto, estruturado por aquele objeto, ou, colocado em termos fenomenológicos, passivamente estruturado em uma relação intencional com aquele objeto. Eu não constituo aquele objeto por meio do meu sentir, mas a minha capacidade de sentir e, de fato, consequentemente, de anunciar a mim mesma enquanto um "eu" e, assim, ser capaz de agir vão se dar apenas nesse padecimento mais fundamental, esse ser tocado por algo, alguém. Pareceria se seguir, também, que se eu não posso ser tocada, então não há nenhum objeto, nenhum outro lugar, nenhum fora, e me tornei indizível com a ausência do toque. E se não posso ser tocada, então não existe nenhum sentir, e sem o sentir não existe "eu"; o "eu" se torna indizível, algo indizível a ele mesmo, indizível aos outros. Se o toque inaugura o sentir que anima à autorrepresentação, e se a autorrepresentação nunca pode dar uma narrativa completa ou adequada daquilo que a anima, então existe sempre uma opacidade em relação a toda narrativa de mim mesma que eu possa dar. Porém, se não há toque, não há narrativa. Talvez essa seja a diferença entre uma narrativa parcial, ocasionada pelo toque, e a impossibilidade radical de narrativa, se não afasia, ocasionado por uma destituição primária.

Então, o que podemos concluir até agora? Que existe na emergência do "eu" certa constituição passiva vinda de fora e que essa senciência é referencial: faz referência, ainda que só indiretamente, ao fora por meio do qual ela é induzida. Isso seria uma passividade anterior à emergência do "eu", uma relação que é, estritamente falando, não narrável pelo "eu", que pode começar a contar a sua história apenas depois de essa inauguração ter ocorrido. Contudo, pode alguém entender essa "passividade" ou a própria frase, e a própria inflexão gramatical que usamos, "ser tocada", já seria uma ficção retroativamente imposta em uma condição, por assim dizer, anterior ao ativo e ao passivo, que não conhece nem pode conhecer essa distinção?

Quando consideramos que, para Merleau-Ponty, em seu escrito tardio "O entrelaçamento", não haverá nenhuma disposição de ser tocado que não seja ao mesmo tempo a de tocar, que as duas estarão implicadas uma na outra, constituindo os *entrelacs* da carne ela mesma, de que maneira devemos entender essa consideração, 12 anos antes, sobre a condição constitutiva do "eu"? Se ser tocado precede e condiciona a emergência do "eu", então não será um "eu" que é tocado – não, será algo anterior ao "eu", um estado em que tocado e tocante são obscurecidos um pelo outro, mas não redutíveis um ao outro, no qual a distinção se torna próxima do impossível, mas em que a distinção ainda se mantém, e essa obscuridade, não narrável, constitui a pré-história irrecuperável do sujeito. Se o toque não apenas atua no "eu", mas também anima esse "eu", provendo a condição para a sua própria senciência e o início da agência, então se segue que o "eu" não é exclusivamente passivo nem completamente ativo em relação àquele toque. Vemos que agir em e agir já estão entrelaçados na própria formação do sujeito. Além disso, essa condição em que passivo e ativo são cofundados, a condição, colocado de maneira mais precisa, em que os dois ainda não foram desarticulados, é ela mesma feita possível por uma exterioridade animante. A condição não é um estado autossuficiente do sujeito, mas induzido por algo anterior e externo. Isso significa que esse sentir que se segue do ser tocado é implicitamente referencial, uma situação que, por sua vez, torna-se a base para a afirmação do conhecer como o ser encontrado enquanto dimensão incipiente do sentir.

Para Merleau-Ponty lendo Malebranche, a senciência não só precondiciona o conhecer, mas também ganha sua certeza do lado de fora no próprio momento em que ela sente. Essa senciência está desde o início sem conhecer a si mesma; sua origem na passividade do toque não é conhecível. Se eu sinto, deve haver um lado de fora e anterior ao meu sentir. O meu sentir não é um mero dado; é dado a partir de algum outro lugar. As experiências espaciais e temporais efetivamente se seguem do toque, são induzidas a partir do toque retrospectivamente como suas condições animantes. Se eu sinto, então fui tocada, e fui tocada por algo fora de mim. Portanto, se eu sinto, eu me refiro a um lado de fora, mas não sei precisamente a que me refiro. Malebranche disputa, contra Descartes, que "nada é mais certo que o sentimento [o sentir] interior para provar que uma coisa é" (MERLEAU-PONTY, 2016, p. 20), mas não há forma de o sentimento ele mesmo fornecer as bases para a existência de qualquer coisa; isso atesta uma existência que é trazida ao nível da existência por outro lugar, uma alteridade constitutiva. O que Malebranche chama de "sentimento" é o que "pode nos revelar toda uma dimensão da vida divina; essa vida profunda de Deus só é acessível pela graça" (MERLEAU-PONTY, 2016, p. 44). Portanto, vemos que a graça, entendida como o momento em que se é tocado por Deus e como a ruptura que tal toque performa, revela a nós a vida divina, em que essa vida é entendida, se "entendimento" é a palavra, como a interrupção do entendimento, interrupção repentina do nosso tempo e nossa perspectiva por aqueles de outro. Se permanecêssemos com os termos da explicação temporal que Malebranche oferece, entretanto, estaríamos compelidos a dizer que aquela ruptura, ou interrupção, é inaugural; ela não intervém em um campo pré-constituído, mas estabelece o campo da experiência através de uma inauguração traumática, isto é, na forma de uma quebra, discordância ou clivagem de temporalidades.

Essa desorientação dentro da perspectiva humana, entretanto, não é meramente ocasional. Ela acontece dentro de todo pensar. Merleau-Ponty parafraseia Malebranche: "A ideia não é inteligível por si. É 'representativa de ...', 'remetendo a...'" (MERLEAU-PONTY, 2016, p. 22). Assim, toda ideia é nascida, por assim dizer, dentro e através da relação senciente com uma alteridade animante. Assim, Malebranche, para Merleau-Ponty, antecipa a doutrina husserliana da intencionalidade, ou assim pareceria à luz da linguagem que Merleau-Ponty utiliza para explicar a visão de Malebranche. Enquanto Husserl estava sempre em discordância com a *hulê*, a *matéria* do ego e de seus objetos, Malebranche parece ao menos ocasionalmente deixar claro que o corpo oferece a fórmula para as ideias, que o corpo não é tempo e espaço discretos, mas existe dentro e enquanto um "relacionamento secreto" com a consciência, sendo assim claramente relacional e referencial. Nesse sentido, também, o corpo carrega consigo o que permanece enigmático à consciência e, dessa maneira, expõe a insuficiência da consciência: ela *não* é um termo ao qual o corpo corresponde, mas a forma que o corpo toma quando se torna ideacional.

Assim, não devemos esperar que o *cogito* seja discreto e conhecedor de si mesmo. Existem, de fato, três partes do *cogito* na maneira como Malebranche o entende: a primeira é o conhecimento de si mesmo, que é, por definição, obscuro; a segunda é um conhecimento sobre ideias visíveis de mim mesma, o que envolve um entendimento de mim mesma enquanto existência corpórea; e a terceira é o conhecimento de Deus. O conhecimento de Deus existe em mim quando entendo a iluminação que Deus provê, uma iluminação que subsequentemente informa minhas ideias, uma "luz" que é ao mesmo tempo um "toque" que Deus entrega (e, dessa forma, uma sinestesia), o que me dá minha senciência em geral e, portanto, minha relação com uma ordem de inteligibilidade. Podemos ficar tentados a entender que o toque é ele mesmo altamente figural aqui, elencado como luz, emanando de uma divindade que, estritamente falando, não tem corpo. No entanto, não fica claro, como vamos ver, se o corpo é abstraído e rendido figural nessa explicação ou se a teologia está concedendo suas bases em um materialismo corpóreo. Se houver uma unidade entre corpo e alma em Malebranche, ela não será simples conjunção de entidades discretas, mas uma dinâmica na qual a ideação se segue de uma impressionabilidade tátil; nesse sentido, estamos trabalhando com um empirismo teológico de um tipo bastante singular.

Apesar de a ideação se seguir do corpo, a experiência corpórea não é primária. Ela é animada por aquilo que não é completamente recuperável através do pensamento reflexivo. Quando Malebranche observa que "Não sou minha própria luz" (MERLEAU-PONTY, 2016, p. 21) e se refere a uma "razão criada", ele entende o "eu" como necessariamente derivativo, privado fundamentalmente da possibilidade de ser seu próprio fundamento. Eu penso, mas o referente do meu pensamento transcende a ideia que tenho, porque minha ideia nunca é suficiente em si mesma. Minha ideia é derivada e implicitamente se refere àquilo que me é dado. Ao ponto de que tenho ideias, elas vêm a mim não como meros presentes, mas enquanto milagres, eventos aos quais não posso dar uma explicação completa, certamente não uma causal. Merleau-Ponty entende que Malebranche esteja oferecendo uma teoria sobre um conhecimento de si mesmo obscuro, obscuro, mas não por isso ilegítimo. Ele é obscuro precisamente porque não consigo capturar a alma que sou através de qualquer ideia que eu possa ter dela. "Posso concluir uma 'pseudoideia' da alma a partir da ideia de extensão" (MERLEAU-PONTY, 2016, p. 24). Extensão não vai se referir, transparentemente, ao tipo de existência que eu sou. Ela não é um conceito metafísico que corresponde a uma realidade, mas uma metáfora necessariamente errante que busca capturar em termos conceituais o que tem de resistir à conceitualização ela mesma. Na linguagem de Merleau-Ponty, "[a] alma permanecerá, até o fim, indeterminada, e a ideia que dela teremos permanecerá um semipensamento" (MERLEAU-PONTY, 2016, p. 24). A alma não é algo com o qual eu possa ter uma relação transparente de conhecimento: ela é parcialmente exposta, ou obscura, precisamente porque suas origens se assentam em outro lugar.

Qual é a relação entre essa metáfora errante, esse semipensamento, e a obscuridade que acompanha a obscuridade originária do toque? Para Merleau-Ponty, há em Malebranche um esforço para ingressar deliberadamente em uma *filosofia do irrefletido*, para a qual nenhuma reflexão é possível. Merleau-Ponty escreve:

> Estou orientado naturalmente para o mundo, ignorante de mim mesmo. Não sei, senão por experiência, que posso pensar o passado; minha memória não me é conhecida por apreensão direta de uma operação. Minha referência ao passado não é obra minha. Eu a obtenho: certas lembranças me são dadas. Não sou, portanto, um espírito que domina e desdobra o tempo, mas um espírito que dispõe de alguns poderes cuja natureza ele desconhece. Não sei jamais o que valho. Se sou justo ou injusto. Há, portanto, um aspecto pelo qual eu sou dado verdadeiramente a mim mesmo, e não princípio de mim mesmo (MERLEAU-PONTY, 2016, p. 25).

Na medida em que sou entregue a mim mesma, mas não sou princípio de mim mesma, como poderia pensar essa entrega, se é que o posso? Tal como nós já estabelecemos, ela será uma entrega que nunca será capturada por uma ideia ou princípio, na medida em que será uma entrega não narrável e não conceituável (e nesse sentido um *irrefletido* [*irréflechi*]), o que vou tentar apontar com a ajuda daquilo que Merleau-Ponty chama de *"entrelacs"* ou "entrelaçamento", em que qualquer palavra será repelida, indiferentemente, por aquilo que pretende nomear.

O que Merleau-Ponty está fazendo aqui na medida em que lê e relê essa teologia especulativa do final do século XVII? A obra final e extremamente provocativa de Merleau-Ponty, *O visível e o invisível*, contém algumas das passagens mais belas que temos dele, um escrito que não somente é sobre a visão e o toque, mas que também busca, em seus próprios ritmos e aberturas, colocar a linguagem nos moldes das relações que busca descrever. Apostaria que esse capítulo é a obra mais importante para a maioria das feministas, não apenas pelo fato de que antecipa o que Luce Irigaray vai fazer quando imagina dois lábios se tocando (os *deux lèvres* foram, de fato, introduzidos pela primeira vez de modo explícito nesse mesmo capítulo por Merleau-Ponty, apesar de ter sido tragicamente perdido na tradução para o inglês), mas sobretudo porque tenta, de certo modo, oferecer uma alternativa ao erotismo da simples dominação. Ele torna o pensamento passional, pois supera, na sua linguagem e no seu argumento, a distinção entre o sujeito que olha e aquele que é olhado, o sujeito que toca e aquele que é tocado. Entretanto, ele não supera essa distinção colapsando-a. Não é como se agora todos estivessem engajados no mesmo ato ou como se não houvesse nenhuma dinâmica ou diferença. Não, e é aqui que a distinção entre ativo e passivo é, poderíamos dizer, confundida sem ser negada em nome de uma semelhança.

Esse projeto final de Merleau-Ponty é datado de 1959, dois anos antes de ele morrer, e assim vemos o que ele estava tentando compreender por mais de 10 anos, desde que ofereceu suas conferências sobre a teologia especulativa de Malebranche. Deixe-me estabelecer o que penso que esteja em jogo nessa mudança, de modo que meu propósito aqui não seja mal compreendido. Há um tipo de contribuição filosófica que consiste em afirmar que o modelo sartreano do toque ou do olhar depende de uma relação sujeito-objeto insustentável, e oferecer uma alternativa que mostre o meio pelo qual os atos de ver e ser visto, tocar e ser tocado, recaem um sobre o outro, implicam um ao outro, tornam-se quiasmaticamente relacionados um ao outro. É uma contribuição brilhante, pela qual Merleau-Ponty é bastante conhecido. Entretanto, há uma contribuição filosófica diferente, atribuída a Malebranche, que é afirmar que todo conhecimento é senciente e que essa senciência possui dignidade referencial, por assim dizer, e que é um modo de conhecimento, que ela transmite o inteligível. Por consequência, é uma afirmação forte e importante marcar que essa senciência é o fundamento para todo conhecimento. Mas ainda estamos, em cada uma dessas contribuições, preocupados com um sujeito cognoscente, um ponto de partida epistemológico, um "eu" que é estabelecido e cujos modos de conhecer, sentir, tocar e ver estão em discussão. Como eles podem ser descritos e redescritos? Como eles podem adquirir uma dignidade filosófica maior do que aquela que possuíam previamente? Consideremos que o que está ocorrendo nas leituras sobre Malebranche seja um movimento filosófico diferente e, gostaria de dizer, mais fundamental, na medida em que lá o propósito *não é oferecer uma explicação da senciência como o fundamento do conhecimento*, mas investigar o ponto de partida da própria senciência, a obscuridade e prioridade da sua condição animante. Então a questão não é sobre como conceber a senciência como ponto de partida para o conhecimento, mas *como conceber, se possível, o ponto de partida para a senciência*. Como podemos compreender, se for possível, a emergência do sujeito a partir da condição do toque em que a agência não possa ser completamente conhecida, um toque que chega de outro lugar, sem nome e incognoscível?

Por um lado, essa é uma investigação teológica para Malebranche. Não se trata apenas do fato de que não posso sentir nada a não ser aquilo que me toca, mas sim que não posso amar sem ser amada antes, não posso ver sem ser vista, e que, de um modo fundamental, os atos de ver e amar são tornados possíveis a partir do – e são coextensivos ao – ser visto e ser amado. Malebranche escreve, em *A busca da verdade*, que "pode ser dito que em certa medida, se não vemos Deus, não vemos nada, assim como se não amamos Deus, ou seja, se Deus não estivesse continuamente imprimindo em nós o amor do bem em geral, não poderíamos amar nada" (MALEBRANCHE, 1977, p. 233). Assim, amar a Deus é ter Deus continuamente imprimindo seu amor sobre nós, de modo que o momento exato no qual agimos, no qual somos posicionados como sujeitos da ação, é o mesmo momento no qual estamos padecendo por outro amor, e sem esse movimento simultâneo e duplo não pode haver amor. O amor vai ser a confusão de posições gramaticais, confundindo a própria distinção entre as disposições ativas e passivas. Porém, Malebranche nas mãos de Merleau-Ponty – Malebranche, por assim dizer, transformado pelo toque de Merleau-Ponty – torna-se algo diferente, algo a mais. Pois aqui Merleau-Ponty questiona sobre as condições por meio das quais o sujeito é animado para o ser, e, apesar de Merleau-Ponty escrever sobre o toque em "O entrelaçamento", não é claro se há ali uma investigação fundamental sobre as condições animantes da ontologia humana. Estaria esse pensamento no plano de fundo de seu escrito? A confusão entre as formas verbais ativa e passiva, que advém da inauguração teológica da senciência humana em Malebranche, não prefiguraria o quiasma que vem a ser fundamental para o retorno de Merleau-Ponty à questão do toque em seus escritos póstumos? Ler Merleau-Ponty sobre Malebranche recoloca a investigação inacabada que constitui "O entrelaçamento", seu ensaio postumamente publicado, sugerindo não somente que essa investigação é uma ontologia localizada do toque, mas também que ela apresenta o toque como o nome de uma emergência mais fundamental, a emergência do "eu" a partir desse quiasma.

Para revermos brevemente, então, o que seria esse quiasma? Em "O entrelaçamento", Merleau-Ponty escreve:

> a carne é uma noção última [...] não é a união de duas substâncias, mas pensável de per si, se há uma relação do

>visível consigo mesmo que me atravessa e me transforma em vidente, esse círculo que eu não faço mas que me faz, esse enrolamento [*enroulement*] do visível no visível pode atravessar e animar tanto os outros corpos como o meu (MERLEAU-PONTY, 2003, p. 136-137).

Posteriormente, "a carne de que falamos não é matéria. Consiste no enrolamento do visível sobre o corpo vidente, do tangível sobre o corpo tangente, atestado sobretudo quando o corpo se vê, se toca vendo e tocando as coisas, de forma que, *como* tangível, desce entre elas" (MERLEAU-PONTY, 2003, p. 141).

Então, já podemos ver que o corpo é um conjunto de relações, descrito através de uma imagem, aquela que indica um enrolamento ou retração, e então novamente, juntamente às sentenças, como uma "dobra", antecipando Deleuze. Assim, ser tocado e tocar não são relações recíprocas; elas não espelham uma a outra; elas não formam uma circularidade ou uma relação de reciprocidade. Não sou tocada tal como eu toco, e essa não coincidência é essencial para mim e para o toque, mas o que isso significa? Significa que nem sempre posso separar o ser tocado do tocar, mas também que uma coisa não pode colapsar na outra. Não há imagem espelhada, assim como não há reflexividade, mas há enrolamento e dobramento, sugerindo que existem momentos de contato, de proximidade não conceitualizável, proximidade que não é uma identidade e não conhece fechamento. Em outro momento, ele chama a carne de "textura que regressa a si e convém a si mesma" (MERLEAU-PONTY, 2003, p. 142). Essa frase que eu estava lendo continua. É uma longa frase, e ela se enrola sobre si mesma, recusando-se a terminar, tocando seus próprios momentos gramaticais, recusando-se a deixar qualquer um deles se colocar como final. Merleau-Ponty então procura finalizar a frase deste modo: "*como* tangente [o corpo] domina a todas elas e extrai de si próprio essa relação, e mesmo essa dupla relação, por deiscência ou por fissão de sua massa" (MERLEAU-PONTY, 2003, p. 141). A carne não é minha ou de vocês, mas também não é alguma terceira coisa. É o nome para uma relação de proximidade e ruptura. Considerando-se que a carne domina, ela não domina tal como o sujeito domina. A carne certamente não é um sujeito, e apesar de nossa gramática colocá-la em uma posição de sujeito, a carne desafia a gramática por meio da qual ela é disponibilizada a nós pela linguagem. Por algum motivo, a dominação que a carne põe em ato é obtida através da deiscência ou fissão de sua própria massa. Ela domina, em outras palavras, por uma desagregação: a carne é aquilo que está sempre se desagregando e voltando a si, para o qual, porém, nenhuma coincidência consigo mesmo é possível. Assim, quando alguém toca um ser vivo e senciente, nunca toca uma massa, pois o momento do toque é aquele no qual algo se desagrega, a massa se divide, e a noção de substância não é e não pode ser sustentada. Isso significa que nem o sujeito que toca nem aquele que é tocado permanecem discretos e intactos nesse exato momento: não estamos falando de massas, mas de passagens, divisões e proximidades. Ele escreve:

> Minha mão esquerda está sempre em vias de tocar a direita no ato de tocar as coisas, mas nunca chego à coincidência; eclipsa-se no momento de produzir-se, cabendo sempre a seguinte alternativa: ou verdadeiramente minha mão direita passa para o lado do que é palpado mas então interrompe sua apreensão do mundo – ou ela a conserva mas então não a toco verdadeiramente, *dela* apenas apalpo, com minha mão esquerda, o invólucro exterior (MERLEAU-PONTY, 2003, p. 143).

Por que seria o caso de minha tomada do mundo ser interrompida caso a mão pela qual busco tocar o mundo passe para a categoria de ser tocada? O que significa passar para a categoria de ser tocado? Acredito que aqui Merleau-Ponty esteja nos dizendo que uma pura passividade, compreendida como inércia, a inércia da massa, não pode ser a condição de um toque referencial, toque que nos dá acesso à ordem do inteligível. Isso faz sentido, parece, se reconsideramos que, para Malebranche, ser tocado por Deus já é estar, no momento do toque, animado para o mundo e assim conduzido para além da posição de ser meramente ou apenas tocado, de ser matéria, como se estivesse à mercê de um outro e, entretanto, tornando-se senciente. Gostaria de adicionar a isso o que aqui se segue, agora que nós compreendemos a relação quiasmática na qual o toque deve ser figurado: ser tocado por Deus é desse modo ter sido feito capaz de tocar, mas seria errado dizer que o toque de Deus precede o toque do qual me torno capaz. Na medida em que continuo sendo capaz de tocar, estou sendo tocada, estou, por assim dizer, tendo impresso em mim o toque de Deus, e isso pelo qual eu passo é coextensivo ao ato que performo. Então, no exato momento dessa passividade ostensiva, que só podemos chamar inadequadamente de "passividade", o que Lévinas em um movimento paralelo, porém não idêntico, teve de chamar de a passividade antes da passividade, nós somos ativados, porém não de um modo que supere a passividade pela qual somos ativados: estamos sofrendo uma ação e agindo no mesmo instante, e essas duas dimensões do toque não são nem opostas nem iguais. Evidentemente, não podemos, por assim dizer, inverter a direção e tocar Deus na perspectiva de Malebranche, pois existe uma assimetria estrita nessa relação inaugural, mas a assimetria não leva a uma distinção absoluta entre tocar e ser tocado. Ela implica apenas que eles não são a mesma coisa. Assim, estamos aqui em proximidade a uma relação que é retransmitida pela voz do meio ou por uma ação contínua, porém, é o lugar no qual aquele que age e o que sofre a ação podem sempre e somente ser figurados, mas não rigorosamente conceitualizados, onde o transformar-se de um no outro desafia a conceitualização, faz-nos nos agarrar às palavras, conduz-nos à metáfora, ao erro, a um quase pensamento, e nos faz ver e saber que quaisquer palavras que utilizemos nesse momento serão inadequadas e falharão em capturar isso para o qual elas apontam. Portanto, não é a partir do nosso ser tocado que começamos a conhecer o mundo. É a partir do ser tocado de tal modo que tocado e tocar formam uma relação quiasmática e irredutível. É com base nessa figura irredutível e não conceituável que, podemos dizer, nós apreendemos o mundo.

Esse quiasma, esse enrolamento, essa dobra é o nome para a base obscura de nossa autocompreensão, e a base obscura para nossa compreensão de tudo que difere de nós mesmos. Na verdade, não há claridade para mim que não esteja implicada na obscuridade, e essa obscuridade sou eu mesma. "Se a minha alma fosse conhecida pela ideia, ser-me-ia necessária uma segunda alma para ter dela uma ideia. É essencial para uma consciência ser obscura a si mesma, se frente a si tiver uma ideia luminosa" (MERLEAU-PONTY, 2016, p. 26). Aqui nós vemos que essa obscuridade originária é a verdadeira condição da luminosidade. Ela não é aquilo que leva a luminosidade adiante, pois a luminosidade é divina e precede a emergência de todas as coisas humanas. Quando nos questionamos sobre o acesso humano a essa luz, entretanto, ele vem a ser possível através de sua própria obscuridade, certo escurecimento contra o qual emerge a claridade. Dar conta dessa obscuridade significa considerar aquilo que é dado a mim, aquilo pelo qual sou tocada, vindo irredutivelmente de fora e que, estritamente falando, ocasiona-me. Assim, chegamos ao problema da passividade: "Herdamos poderes que não são nossos imediatamente; registro os resultados de uma atividade com a qual não me confundo" (*confond*) (MERLEAU-PONTY, 2016, p. 26). Portanto, minha passividade indica a presença e a paixão daquilo que não sou eu e que é situado no coração do que sou como uma cisão fundamental. Não estamos longe de Lévinas nesse momento, na divisão que não apenas é fundamental para o sujeito, mas que também indica a operação da alteridade em meio àquilo que sou.

Para Merleau-Ponty, seguindo Malebranche, nenhuma união resolve a tensão dessa relação interna, e essa relação não é suportada por um espaço comum ou um abrigo comum nomeado de sujeito. Na verdade, a relação se encontra em uma desunião sem nenhuma promessa de reconciliação. Essa é uma cisão inevitável em uma filosofia na qual é preciso haver um desvio para ir de si para si mesmo, uma passagem pela alteridade que faz com que todo e qualquer contato da alma consigo mesma seja necessariamente obscuro. Essa obscuridade é vivida não somente como passividade, porém, mais especificamente, como um sentir, um sentimento de si. Essa sensação interior de mim mesma – um sentir obscuro, passivo – é o modo pelo qual Deus, por assim dizer, manifesta-se na alma humana. É por conta dessa conexão, que não posso conhecer plenamente, entre senciência e Deus, que compreendo a mim mesma como um modo de ser livre, cujas ações não são plenamente determinadas antes, para o qual a ação aparece como prospecto vacilante. A sensação interior de liberdade é o poder que o homem tem de seguir ou não seguir o caminho que leva a Deus. De fato, o sentido interior de mim mesma é suficiente para reafirmar minha liberdade, mas esse mesmo sentido de mim mesma é insuficiente para conhecê-la (MERLEAU-PONTY, 2016, p. 26).

Na verdade, não há exame de mim mesma que possa fornecer algum acesso claro à inteligibilidade, pois esse exame de mim mesma irá necessariamente me referir a outro lugar, lá fora. Por sua vez, para que haja alguma iluminação necessária à compreensão, na leitura de Merleau-Ponty, "é preciso que eu tenha diante de mim um ser representativo [...] se não, minha alma estaria dispersa e à mercê de seus estados" (MERLEAU-PONTY, 2016, p. 38). Desse modo, um sujeito que tenha apenas seu próprio sentimento para se apoiar, sentimento ao qual não é dado nenhum rosto encontrado por meio de um "ser" representativo, é alguém que sofre a própria dispersão, vivendo à mercê de seu próprio sentimento aleatório. O que sustenta esses estados e sentimentos juntos não é uma unidade a ser encontrada no nível do sujeito, mas uma que é conferida apenas pelo objeto em sua idealidade. É aquela endereçada por esse sentimento e que confere inteligibilidade ao próprio desejo. Esse outro, aquele para o qual o sentimento é endereçado, aquele que solicita o sentir, o faz precisamente na medida em que o Outro representa ser. Esse Outro que representa ser não o faz para ser ele próprio, mas para ser seu signo, seu substituto, sua ocasião, seu desvio. O coração humano é vazio e transitório sem esse ser. Então, dizer que a senciência é referencial nesse contexto é dizer, com Merleau-Ponty, que "é preciso um ser [...] que remeta à realidade, pois a alma humana não tem por si mesma essa agilidade e essa transparência que são as únicas a torná-la capaz de conhecer" (MERLEAU-PONTY, 2016, p. 39). Assim, a despeito do que seja essa referência, ela não será o mesmo que aquilo que a representa, e isso significa, para Malebranche, que Deus não é o mesmo que seus objetos. Para Merleau-Ponty, essa afirmação é tomada de tal modo que podemos ver sua ressonância na afirmação fenomenológica de que existe um ponto ideal segundo o qual variações nas perspectivas tornam-se possíveis e de que os seres que nós chegamos a conhecer são as várias perspectivas desse ideal.

Em certo sentido, Malebranche prefigura a concepção do núcleo noemático da fenomenologia em sua descrição de Deus como aquele que "vê" e concede todas as coisas com sua perspectiva. Isso permite a Merleau-Ponty distinguir a ordem da inteligibilidade da ordem da sua significação. A "extensão inteligível" que caracteriza vários tipos de ser, significativamente, "não está nem do lado do sujeito (não é um fato de conhecimento) nem do lado do objeto (não é um em-si): é o núcleo ideal pelo qual a extensão real se oferece ao conhecimento" (MERLEAU-PONTY, 2016, p. 39). Desse modo, aquilo que alguém sente, se é um sentimento, se é um sentido, amor, ou até mesmo se é um toque, por exemplo, é sustentado pela idealidade do seu endereçamento, pela impossibilidade do referente de ser capturado, pela irredutibilidade do ideal a qualquer uma de suas adumbrações de perspectiva.

Então, quando Merleau-Ponty escreve sobre Malebranche que ele "não pensa que a consciência esteja fechada: suas significações não são suas" (MERLEAU-PONTY, 2016, p. 41), ele pretende mostrar como essa consciência está entregue desde o início, anterior a qualquer decisão de se entregar, anterior à emergência de uma relação reflexiva pela qual ela poderia, por conta própria, entregar-se. Ela está entregue para uma infinidade que não pode ser propriamente conceitualizada e que marca os limites da própria conceitualização. "Uma propriedade do infinito que eu acho incompreensível", escreve Malebranche, "é como o verbo divino encerra [*renferme*] o corpo em seu próprio modo inteligível" (MERLEAU-PONTY, 2016, p. 41).[4] O verbo divino, a ação linguística que o divino empreende, não é tornada conhecida através de um verbo que poderia ser compreendido. Não, tal verbo é escondido, silenciado, ocultado, *renfermer*, oferecido em uma forma enigmática, ilegível através da gramática que conhecemos. Nos termos da linguagem convencional, o verbo é ininteligível, porém, sua ininteligibilidade, da perspectiva humana, é um sinal da inteligibilidade divina que ela encerra. O verbo divino torna o corpo enigmático precisamente como meio para que o corpo entre no modo inteligível: "*le Verb divin renfermes les corps d'une manière intelligible*". Assim, o verbo envolve aquele corpo em um modo inteligível, mas o que desse corpo excede esse envolvimento? E o verbo divino, o que ele seria? O verbo nos é dado por meio daquilo que o verbo divino faz, embora este não seja, devemos supor, o verbo divino em si mesmo. A palavra que nos é dada é "*renfermer*": para ser fechado ou trancado; para encerrar, conter, incluir. "*Renfermer*" sustenta o verbo divino, e nós poderíamos até mesmo dizer que é o

---

[4] Essa é uma citação de Malebranche utilizada por Merleau-Ponty em seu texto, e Butler faz referência a ela alterando a ordem das frases. O trecho original é "Se me pedirem para explicar claramente como o Verbo divino encerra os corpos de uma maneira inteligível, ou como ele pode fazer que a substância divina, embora perfeitamente simples, seja representativa das criaturas ou participável pelas criaturas, eu responderei que é uma propriedade do infinito que me parece incompreensível, e não me demorarei aqui" (MERLEAU-PONTY, 2016, p. 41-42). (N.T.)

verbo "*qui renferme le Verb divin*", aquele que possui o verbo divino enigmaticamente contido nele, onde aquilo que é contido – e, portanto, não contido de forma alguma – é "um pensamento incompreensível da infinitude".[5]

A infinitude enigmática, entretanto, pertence aos corpos e ao modo pelo qual eles são incluídos no reino da inteligibilidade. Existe ali algo enigmático e infinito, algo cujo começo não podemos encontrar, algo que resiste à possibilidade de ser narrado. É difícil saber como o verbo divino é instanciado nos corpos, mas também como os corpos vêm a participar no divino. Através de qual passagem enigmática os corpos passam de tal modo que alcancem certa idealidade, de maneira que se tornem, por assim dizer, um representante de uma idealidade que é inesgotável, infinita, algo sobre o qual não posso fornecer uma narrativa, para o qual nenhuma narrativa seria finalmente suficiente?

Na edição das leituras de 1947-1948 que citei aqui, é incluído um apêndice chamado "Les sens et l'inconscient" (Os sentidos e o inconsciente), uma breve conferência que Merleau-Ponty entregou nesse mesmo ano acadêmico, mas que não foi formalmente vinculada às conferências reunidas no livro. Pode-se ver de pronto por que ela foi incluída, porque precisava ser.[6] Merleau-Ponty escreve: "o inconsciente [...] é apenas um apelo à inteligência, ao qual a inteligência não obedece, pois ela é de outra ordem. Nada há a explicar fora da inteligência, e não há por que explicar esta última: há de constatá-la somente" (MERLEAU-PONTY, 2016, p. 148). Aqui, Merleau-Ponty esclarece o sentido de "inconsciente" que ele aceita, e isso se relaciona com o modo como o desconhecido, e o incognoscível, impregnam o horizonte da consciência. Nesse sentido, ele está preocupado, assim como

---

[5] Essa expressão também é uma paráfrase que Butler faz da citação de Malebranche extraída do texto de Merleau-Ponty, tal como indicado na nota anterior. (N.T.)

[6] Esse apêndice não está incluído na versão em inglês que citei.

estava Malebranche, em como uma ordem de inteligibilidade que não é totalmente recuperável pela consciência faz a si mesma conhecida, parcial e enigmaticamente, no nível da corporeidade e do afeto. Na sua visão, seria um erro afirmar, por exemplo, que quando me apaixono, e estou consciente de cada fase do sentir que atravesso, então compreendo algo sobre a forma e o significado que cada uma dessas imagens lúcidas possui para mim, como elas trabalham em conjunto e qual enigma da inteligibilidade elas oferecem a mim. É preciso, ele escreve, distinguir entre estar apaixonado e saber que se está apaixonado. "O fato de que estou apaixonado é uma razão para não conhecer que eu esteja apaixonado, visto que eu me empenho em viver este amor, no lugar de colocá-lo diante de meus olhos" (Merleau-Ponty, 2016, p. 150). Mesmo que eu tente vê-lo, Merleau-Ponty insiste, "meus olhos, minha visão, me aparecem como pré-pessoais [...] meu campo visual é limitado, mas de maneira imprecisa e variável; [...] minha visão não é uma operação da qual eu seja o mestre" (Merleau-Ponty, 2016, p. 150-151). Algo vê através de mim à medida que vejo. Eu vejo a partir de uma visão que não é somente minha. Eu vejo, e à medida que vejo, o eu que eu sou é colocado em risco, descobre a sua derivação daquilo que é permanentemente enigmático para si mesmo.

Que nossas origens sejam permanentemente enigmáticas para nós e que esse enigma forme a condição de nosso entendimento de si mesmo claramente ressoam com a noção malebranchiana de que nosso entendimento de si mesmo está alicerçado em uma obscuridade necessária. Conclui-se que não deveríamos pensar que seremos capazes de agarrar a nós mesmos ou, inclusive, qualquer objeto do conhecimento, sem certa falha no entendimento, uma que faz a mão que tateia desesperadamente, a figura de diversas apreensões filosóficas, uma deformação derivativa do toque originário. Caso pensemos ser capazes de retornar a um toque originário, entretanto, e consultá-lo como modelo, estaríamos sem dúvidas radicalmente errados. Pois o que é original é justamente aquilo que é irrecuperável, de modo que ficamos com uma sensação pervasiva de humildade quando buscamos apreender essa origem, uma humildade que desmente o projeto de dominação que subjaz à figura da mente "tateando" suas origens. "Seria possível uma análise", Merleau-Ponty escreve, "que definisse o pensamento, não pela plenitude de sua captação do objeto, mas por esse tipo de cessação da atividade do espírito que constitui certezas, das quais se sabe que terão de ser revisadas, mas que não são nada. Seria preciso introduzir, desde o princípio, uma inadequação do pensamento a si mesmo" (MERLEAU-PONTY, 2016, p. 151). Não é o caso de que ao pensamento falte alguma coisa, mas de que nos falta algo em relação a todo o campo de inteligibilidade dentro do qual operamos. Não podemos conhecê-lo completamente, mesmo que seja ele que nos dê nossa capacidade de conhecer.

Não se trata aqui de reduzir a fenomenologia de Merleau-Ponty sobre o toque a uma perspectiva psicanalítica, mas talvez de sugerir que Merleau-Ponty relance a psicanálise como uma teologia do século XVII, trazendo as duas juntas em uma revisão tátil da fenomenologia. "É preciso", ele afirma, "reconhecer desde a origem um princípio de passividade na liberdade" (MERLEAU-PONTY, 2016, p. 151). A passividade à qual ele se refere é um tipo de experiência primária da qual possuímos sempre e apenas um conhecimento obscuro e parcial. Reconhecer a origem de um princípio de passividade na liberdade não é compreender a passividade como derivada da liberdade, mas admitir certa passividade como condição da liberdade, fornecendo um limite para o modelo de liberdade como atividade que gera a si mesma.

Segue-se que qualquer ação da qual somos capazes é uma ação que, por assim dizer, já está em andamento, não só e plenamente nossa ação, mas uma ação que já paira sobre nós na medida em que assumimos alguma coisa chamada ação em nosso nome e para nós mesmos. Algo já está em andamento no momento em que agimos, e não podemos agir sem, em certo sentido, sermos atuados. Essa atuação que se dá sobre nós constitui a esfera da impressionabilidade primária de tal maneira que, quando agimos, entramos na ação, damos continuidade a ela em nosso nome, é uma ação que possui sua origem apenas parcial e tardiamente em algo chamado sujeito. Essa ação que não é plenamente derivada de um sujeito excede qualquer reivindicação que poder-se-ia fazer para "possuí-la" ou para dar uma narrativa de si mesmo. Ainda, nossa incapacidade de fundamentarmos a nós mesmos é baseada no fato de que somos animados pelos outros em cujas mãos nascemos e, com esperança, somos sustentados. Somos então sempre, de certo modo, feitos na medida em que estamos fazendo, estamos padecendo assim como agindo, somos, tal como Merleau-Ponty insiste, tocados, invariavelmente, no ato de tocar. Evidentemente, é possível posicionar a si mesmo de tal modo que poder-se-ia considerar a si como apenas tocado, ou apenas tocando, e perseguir posições de domínio ou de perda de si que tentam acabar com esse entrelaçamento, mas essas buscas são sempre parcialmente frustradas ou lutam constantemente contra a possibilidade de serem frustradas. De modo semelhante, pode ser que alguns humanos nasçam destituídos e fracassem em se tornar humanos em virtude de serem fisicamente desprovidos ou fisicamente incapacitados, de modo que não há uma inevitabilidade vinculada a sermos animados por um toque anterior e externo. As necessidades materiais da infância não são exatamente as mesmas da cena que Malebranche desenha para nós como o toque primário do divino, mas podemos ver que sua teologia nos fornece um modo de considerar não apenas as condições primárias para o emergir humano, mas também uma demanda pela alteridade, cuja satisfação pavimenta o caminho para o emergir do próprio humano. Isso não significa que todos nós sejamos tocados satisfatoriamente ou que saibamos como tocar de volta, mas apenas que nossa própria capacidade de sentir e nosso emergir como ser que conhece e age está em jogo na troca.

Referências

MALEBRANCHE, Nicolas. *The Search after Truth*. Cambridge: Cambridge University Press, 1997.

MALEBRANCHE, Nicolas. *Treatise on Ethics*. Boston: Klumer, 1993.

MALEBRANCHE, Nicolas. *Treatise on Nature and Grace*. New York: Oxford University Press, 1992.

MERLEAU-PONTY, Maurice. Everywhere and Nowhere. *In: Signs*. Evanston, Northwestern University Press, 1964. [Edição francesa: MERLEAU-PONTY, Maurice. Partout et nulle part. *In: Signes*. Paris: Gallimard, 1960.] [Edição brasileira: MERLEAU-PONTY, Maurice. Por toda parte e em parte alguma. *In: Signos*. São Paulo: Martins Fontes, 1991. p. 137-174.]

MERLEAU-PONTY, Maurice. *The incarnate subject: Malebranche, Biran, Bergson*. New York: Humanity Books, 2001. [Edição francesa: MERLEAU-PONTY, Maurice. *L'union de l'âme et du corps chez Malebranche, Biran et Bergson*. Paris: Vrin, 2002.] [Edição brasileira: MERLEAU-PONTY, Maurice. *A união da alma e do corpo em Malebranche, Biran e Bergson*. Belo Horizonte: Autêntica, 2016].

MERLEAU-PONTY, Maurice. *The Visible and the Invisible: Followed by Working Notes*. Evanston: Northwestern University Press, 1968. [Edição francesa: MERLEAU-PONTY, Maurice. *Le visible et l'invisible: Suivi de notes de travail*. Paris: Gallimard, 1964.] [Edição brasileira: MERLEAU-PONTY, Maurice. *O visível e o invisível*. São Paulo: Perspectiva, 2003.]

O desejo de viver:
a *Ética* de Espinosa sob pressão

Tradução de Ana Luiza Gussen e
Petra Bastone

O desejo de viver não é uma questão fácil de perseguir. Por um lado, ele parece básico demais para ser tematizado; por outro lado, é um tópico controverso o suficiente para que fiquemos em dúvida sobre a possibilidade de responder à pergunta sobre o que essa expressão quer dizer. O desejo de viver não é igual à autopreservação,[1] embora ambos possam ser entendidos como interpretações do desejo "de

---

[1] A tradução de *"self-"*, quando aparece enquanto prefixo, foi transportada para o prefixo em português "auto-", enquanto *"self"*, substantivo, foi traduzido por "si mesmo", seguindo, por exemplo, a solução de *"soi-même"*, do francês, opção bem estabelecida na língua portuguesa e utilizada em traduções anteriores da obra da Judith Butler. Entretanto, é importante ressaltar que Judith Butler, em alguns momentos, explora a relação entre *"self"* (substantivo) e *"self-"* (prefixo) enquanto recurso retórico na língua inglesa para referenciar o problema que decorre de seus argumentos que apontam para o caráter relacional constitutivo do *self*/si mesmo. A escolha de tradução, especialmente para o termo *"self-preservation"*/"autopreservação" – cuja temática é central para este capítulo – também se funda na relação apresentada pela filósofa Barbara Cassin entre "si mesmo" e os prefixos *"self-"* e "auto-". Ver CASSIN, Barbara. To, auto, h(e)auto, to auto: The Construction of Identity in Greek. *In*: CASSIN, Barbara; APTER, Emily; LEZRA, Jacques; WOOD, Michael (Ed.). *Dictionary of Untranslatables: A Philosophical Lexicon*. Princeton: Princeton University Press, 2014. p. 468-469. (N.T.)

perseverar em seu ser"[2] (SPINOZA, 2013, p. 173),[3] célebre frase de Espinosa. Apesar de a autopreservação estar amplamente associada às formas de interesse próprio individual ligadas aos filósofos políticos contratualistas tardios, a filosofia de Espinosa estabelece outra base para a ética, uma que tem implicações para a solidariedade social e envolve uma crítica do individualismo. O si mesmo que se empenha para perseverar no seu próprio ser nem sempre é um si singular para Espinosa nem necessariamente consegue aumentar ou fortalecer[4] sua vida sem ao mesmo tempo fortalecer outras

---

[2] *"To persevere in its being"*: optamos, aqui, por manter o termo "perseverar", seguindo a escolha de tradução da *Ética*, de Espinosa, utilizada. Outras edições brasileiras da obra de Butler, como *Relatar a si mesmo: crítica da violência ética* (Autêntica, 2015) e *A vida psíquica do poder: teorias da sujeição* (Autêntica, 2017) fazem uso do termo "persistir". (N.T.)

[3] Originalmente a autora utilizou neste capítulo a tradução da obra de Espinosa para o inglês feita por Edwin Curley em SPINOZA, Benedict de. *A Spinoza Reader: The "Ethics" and Other Works*. Edited and translated by Edwin Curley. Princeton: Princeton University Press, 1994. Para esta tradução foi utilizada a edição brasileira com tradução de Tomaz Tadeu em SPINOZA. *Ética*. Tradução de Tomaz Tadeu. Belo Horizonte: Autêntica, 2013. Edição bilíngue. As citações a este texto incluem uma referência ao texto de Espinosa como geralmente é citado, seguido pelo número da página da edição brasileira. (N.T.)

[4] Nesse texto, Butler faz uso dos verbos *"to enhance"/"to diminish"* e *"to augment"/"to diminish"* para descrever os processos próprios ao *conatus* na filosofia de Espinosa. Embora esses termos sejam frequentemente traduzidos, na *Ética*, por "aumentar" e "diminuir", optamos por utilizar as variações "fortalecer" e "enfraquecer" a potência em determinados contextos. Essa escolha de tradução segue as indicações de Marilena Chaui, que, em *Política em Espinosa* (Companhia das Letras, 2003), afirma haver uma importante distinção entre potência (*potentia*) e força (*vis*) na filosofia espinosana: "Todo *conatus*, por ser parte da Natureza, é uma potência de agir atual; a força (*vis*) define a intensidade dessa potência, que, sem jamais desaparecer (a não ser na morte), pode sofrer variações, aumentando ou diminuindo. Uma potência de agir [...] pode ser fraca ou forte e todo indivíduo é constituído por partes que [...] podem ser ou tornar-se fracas ou fortes" (p. 310). Acreditamos que a incorporação das variações "fortalecer" e "enfraquecer" a potência, por estabelecer uma relação direta com o núcleo ético e político da filosofia de Espinosa,

vidas. De fato, no que se segue, espero não apenas estabelecer em Espinosa uma perspectiva crítica sobre o individualismo, mas também reconhecer a autodestruição como possibilidade. Ambas as percepções adquirem implicações políticas quando são reformuladas como parte de uma concepção dinâmica da solidariedade política na qual não se pode presumir a semelhança. O fato de que Espinosa tome como essencial certa versão da autopreservação para sua concepção do humano é incontroverso, mas não fica claro o que é aquele si mesmo e o que ele exatamente conserva. Espinosa foi criticado por psicanalistas que argumentam que ele não deixa espaço para a pulsão de morte, e foi apropriado por deleuzianos que, em sua maioria, desejam remover a negatividade de sua concepção de individualidade e de sociabilidade. Ele também foi severamente criticado por autores como Lévinas, por adotar uma forma de individualismo que erradicaria a própria relacionalidade ética. Proponho testar essas visões e considerar de maneira razoavelmente detalhada a visão de Espinosa sobre o desejo de viver – não para estabelecer uma leitura definitiva, mas para entender quais possibilidades para uma ética social emergem de sua visão.

Quando Espinosa afirma que um ser humano busca perseverar em seu próprio ser, ele presume que o desejo de viver seja uma forma de autopreservação? Além disso, quais concepções de "si mesmo" e de "vida" são pressupostos por essa visão? Espinosa escreve que "o esforço pelo qual cada coisa se esforça por perseverar em seu ser nada mais é do que a sua essência atual" (Spinoza, 2013, IIIP7, p. 175). Parece que o que quer que o ser esteja fazendo, está perseverando em seu próprio ser, e, a princípio, isso significaria que mesmo atos autodestrutivos variados carregam algo, em si, que persiste e que é, no mínimo, potencialmente afirmativo de vida.

---

implica um ganho à leitura de Butler, assim como ao tema da força trabalhado pela filósofa, por exemplo, em seu livro mais recente *A força da não violência: um vínculo ético-político* (BUTLER, 2021). (N.T.)

Comecei então a questionar essa ideia, e parte do propósito deste ensaio será investigar o que se opõe à própria força da perseverança, se é que alguma coisa o faz. A formulação é problemática, também, por outra razão, uma vez que não está inteiramente claro no que consiste o "seu próprio ser", ou seja, onde e quando começa e termina o próprio ser. Na *Ética*, de Espinosa, um ser consciente e perseverante não persevera em seu próprio ser de modo pura ou exclusivamente autorreferencial; esse ser é fundamentalmente responsivo, e de maneiras emocionais, o que sugere que, implicitamente, na própria prática de perseverar esteja um movimento referencial direcionado ao mundo. Dependendo do tipo de resposta a que o ser é submetido, esse ser tem chance de enfraquecer ou fortalecer sua própria possibilidade de perseverança futura e de vida. Esse ser deseja não apenas perseverar em *seu próprio* ser, mas também viver em um mundo que reflete e promove a possibilidade dessa perseverança; de fato, perseverar em seu próprio ser demanda esse reflexo do mundo, de tal forma que perseverar e modular a referência ao mundo estão interligados. Finalmente, ainda que possa parecer que o desejo de perseverar seja um desejo individual, ele acaba exigindo e adquirindo uma sociabilidade que é essencial para o que significa perseverança; assim, "perseverar em seu próprio ser" é viver em um mundo que não apenas reflete, mas que também promove o valor da vida dos outros, bem como o de sua própria vida.

Na quarta parte da *Ética*, intitulada "A servidão humana ou a força dos afetos", Espinosa escreve: "ninguém pode desejar ser feliz, agir e viver bem sem, ao mesmo tempo, desejar ser, agir e viver, isto é, existir em ato" (Spinoza, 2013, IVP21, p. 189). O desejo de viver bem pressupõe o desejo de viver, ou assim ele sugere. Perseverar em seu ser significa perseverar na vida e ter como objetivo a autopreservação. A categoria da vida parece, contudo, atravessar ao mesmo tempo aquilo que nos é "próprio" e o que claramente não é próprio apenas ou meramente a nós. O si mesmo preservado não é uma entidade monádica, e a vida conservada não deve apenas ser entendida como vida singular ou limitada. É importante que, na disposição para com os outros, em que o si mesmo faz seu encontro com o outro, o *conatus* é fortalecido ou enfraquecido, de modo que não é possível, estritamente falando, referir-se a *sua própria* potência sem se referir e responder a outras potências – isto é, as potências que pertencem aos outros. Similarmente, não podemos nos referir a nossa própria singularidade sem entender a forma como essa singularidade se torna implicada nas singularidades dos outros, em que, como veremos, essa implicação produz um modo de ser para além da singularidade em si.

Para Espinosa, a autopreservação é fortalecida ou enfraquecida dependendo da forma como os outros aparecem; eles chegam, fisicamente, e exercem a potência de refletir. Mais precisamente, eles refletem de volta algo sobre a própria vida, e o fazem de formas variadas. Muito da segunda parte da *Ética* é dedicado a elencar esses tipos de experiência. O *conatus* é aumentado ou diminuído, a depender de se a pessoa sente ódio ou amor, se convive com quem é possível um consenso ou se convive com quem é difícil, senão impossível, chegar a um consenso. Ao que parece, a autopreservação é, em quase todas as instâncias, interligada à questão sobre o que uma pessoa sente em relação a outra ou como uma é atuada por outra. Se quiséssemos chamar esse ser que se é de "si mesmo", então seria possível dizer que o si mesmo representa a si para si, é representado por outros, e que, nessa complexa interação de refletir,[5] a vida é variavelmente aumentada ou diminuída. Na verdade, o que o si mesmo faz, constantemente, é imaginar o que o corpo faria ou faz de fato, e essa imaginação se torna

---

[5] "[...] in this complex interplay of reflection [...]" – o termo *reflection*", traduzido do latim "*reflectionis*", encontra na edição brasileira da *Ética* o correspondente "rebatimento" (SPINOZA, 2013, IIP13, axioma 2, p. 93). Mantivemos os termos "refletir" e "reflexo" por preservarem o sentido ótico e visual da física espinosana. (N.T.)

essencial para sua relação com os outros. Essas conjecturas imaginárias não são meros reflexos, mas ações de certo tipo, expressões da *potentia* e, nesse sentido, da própria vida. *Isso significa que a forma como representamos os outros para nós mesmos ou os meios pelos quais somos representados para nós mesmos pelos outros ou por meio deles constituem ações expressivas pelas quais a própria vida é aumentada ou diminuída.* Ao representar os outros como o fazemos, estamos postulando possibilidades e imaginando sua realização. A vida tem a chance de se tornar fortalecida através desse processo em que a *potentia* da vida é expressa.

Se quisermos entender essa formulação, essa que claramente foi facilitada por Deleuze em suas leituras iniciais de Espinosa, devemos ficar desorientados pela própria formulação. Pois acontece que perseverar em seu próprio ser significa que não se pode perseverar nesse ser que é entendido como radicalmente singular e destacado de uma vida comum. Ser separado dessa interação entre si mesmos e de seus poderes reflexivos significa ser privado do aparato representacional e expressivo por meio do qual a própria vida é fortalecida ou enfraquecida. Na verdade, o sentido mesmo dessa vida que, por fim, é a vida na qual se persevera se torna equívoco nessa formulação. Portanto, se quisermos falar sobre desejar viver, pode parecer que, em primeira instância, trata-se enfaticamente de um desejo pessoal, que pertence a minha vida ou a sua. Acontece, contudo, que viver significa participar da vida, e a própria vida se tornará um termo que oscila entre o "eu" e o "você", capturando a nós dois em seu movimento e sua dispersão. Desejar a vida produz uma *ek-stasis* no meio do desejo, dependência de uma externalização, de algo que palpavelmente não sou eu, sem o qual nenhuma perseverança é possível. O que isso significa é que começo com um desejo pela vida, mas essa vida que eu desejo coloca a singularidade desse "eu" em questão. Certamente, nenhum eu pode emergir fora dessa matriz específica do desejo. Assim, estritamente falando, dever-se-ia dizer que *ao desejar, eu começo – esse desejo me inaugura como um "eu" –* e também que *a força do desejo, quando é desejo de viver, torna esse "eu" equívoco*. Desse modo, a *Ética* não pode e não permanece com a questão da perseverança e da sobrevivência individuais, uma vez que se constata que os meios pelos quais a autopreservação se dá são precisamente os de um reflexo ou expressão que não apenas vincula o indivíduo aos outros, mas que também expressa esse vínculo como algo que já está aí, como um vínculo em muitos sentidos: um laço, uma tensão ou um nó, algo constitutivo que nos mantém juntos. Então, por um lado, a problemática da vida nos vincula com os outros de maneiras que se tornam constitutivas de quem cada um de nós, isoladamente, é. Por outro lado, essa singularidade nunca é inteiramente subsumida àquela forma controversa de sociabilidade; para Espinosa, o corpo estabelece uma singularidade que não pode ser abandonada em nome de uma totalidade maior, seja ela dada por uma concepção de vida comum ou por um entendimento político da *civitas*, ou, de fato, da multidão (*multitudo*),[6] termo que se torna importante, muito brevemente, no *Tratado Teológico-Político*, obra que permaneceu incompleta com sua morte.[7]

Retornarei à questão dessa relação entre singularidade e comunalidade numa seção posterior deste ensaio, especialmente quando considerar a crítica que Lévinas fez sobre Espinosa, mas, antes disso, voltaremos à outra citação de Espinosa com a qual comecei. À primeira vista, ela parece ser relativamente direta, ou seja, que "ninguém pode desejar viver bem sem, ao mesmo tempo, desejar ser, agir e viver". Ao que parece, o significado dessa frase deve ser entendido da seguinte forma: o desejo de viver bem convoca o desejo

---

[6] A variação do latim *"multitudo"* é brevemente utilizado por Espinosa na *Ética* (V, P20, p. 387): *"In multituldine causarum* [...]" – traduzido, nesse contexto, por "multiplicidade". Mas o termo tem papel fundamental na teoria de Antonio Negri, para quem a *multitudo* é o sujeito da política democrática. Pelas referências de Butler ao conceito de Negri neste texto, mantivemos o termo em latim nas páginas seguintes. (N.T.)

[7] O *Tratado Teológico-Político* foi publicado por Espinosa em vida. É provável que Butler esteja fazendo referência, aqui, ao *Tratado Político*. (N.T.)

de ser e de viver, e esse desejo de viver deve estar presente, em primeiro lugar, para que entre em cena o desejo de viver bem. Segundo essa visão, o desejo de viver bem é uma forma de qualificar o desejo anterior de viver, e viver bem é apenas uma permutação do viver. Essa leitura fica abalada, entretanto, porque Espinosa não diz exatamente que o desejo de viver bem pressupõe o desejo de viver. Ele escreve que os dois desejos são engajados simultaneamente. Ambos surgem "ao mesmo tempo". É como se, ao desejar viver bem, uma pessoa se descobrisse engajada no desejo de viver. Ou, talvez, o desejo de viver seja encontrado apenas tardiamente, apenas depois que se fez saber como a parte não reconhecida do desejo de viver bem. Essa formulação também deixa em aberto a possibilidade de que viver da maneira errada possa induzir o desejo de não viver, ou, de fato, enfraquecer o organismo no sentido de Espinosa. Esse parece ser o sentido do que ele está sustentando quando faz o seguinte tipo de afirmação: "A inveja é o próprio ódio, ou seja, uma tristeza, isto é, uma afecção pela qual a potência de agir do homem – ou o seu esforço (persistência) – é refreada" (SPINOZA, 2013, IIIP55D, p. 229).

A afirmação de Espinosa é controversa, caso esteja afirmando, como parece estar, que a vida virtuosa funciona *com*, em vez de contra o desejo de viver. É claro, pode ser que o desejo de viver seja precondição necessária para o desejo de viver bem, e que este também assegure o desejo de viver incorretamente, e que, finalmente, o desejo de viver seja em si mesmo neutro a respeito da questão sobre viver de maneira correta ou incorreta. Mas, mesmo essa interpretação minimalista deixa intocada a questão de saber se viver corretamente pode, às vezes, acarretar uma restrição ao próprio desejo de viver. Não há lei repressiva que ataque uma força de vida, seja essa vida concebida como a vontade de poder nietzschiana ou como as pulsões libidinais freudianas. E não há sentido em que a vida correta possa demandar que nos privemos de força em nome da moralidade, como Nietzsche e Freud sugeriram. A explicação de Freud em *O mal-estar na cultura* (2020b), nomeadamente, de que viver bem pode custar às próprias pulsões de vida, não se prenuncia nas reflexões éticas de Espinosa. Pode-se argumentar, numa corrente psicanalítica, que o desejo de viver o modo certo de vida pode comprometer o desejo de viver, e que a moralidade exige a ativação de uma tendência suicida. Isso pareceria contraditório com as visões explícitas de Espinosa. Na verdade, o filósofo rejeita a noção de que uma pessoa poderia cometer suicídio "pela necessidade de sua natureza" e sugere que o desejo suicida possa ser "coagido" apenas "por outro" (Spinoza, 2013, IVP20S, p. 291). É claro que Espinosa faz uma distinção entre formas de prazer que enfraquecem o desejo de viver e aquelas que fortalecem ou aumentam esse desejo, localizando, assim, a possibilidade de exaurimento da vida alcançável por meio do prazer e, de maneira mais geral, da paixão. Ele também relaciona as emoções à servidão humana; há a possibilidade de passividade e servidão na paixão, algo que, para ele, sabota tanto a possibilidade de perseverar no desejo de viver quanto a de viver virtuosamente.

Dito isso, contudo, Espinosa contesta que o desejo de não existir possa realmente derivar do desejo humano, algo que ele já definiu consistentemente como o desejo de perseverar em seu ser. Quando ele imagina como o suicídio pode ser conduzido, escreve: "assim, alguém se suicida coagido por outro, que lhe torce a mão direita, a qual, por acaso, segurava uma espada" (Spinoza, 2013, IVP20S, p. 291). Ele também cita o exemplo de Sêneca no qual um suicídio é coagido por um tirano como uma forma obrigatória de ação política. A terceira conjectura oferecida por ele é enigmática, uma vez que se promete uma análise que não é desenvolvida. Ali, Espinosa sugere que um homem possa cometer suicídio "porque causas exteriores ocultas dispõem sua imaginação [*causae latentes externae*] e afetam seu corpo de tal maneira que este assume uma segunda natureza" (Spinoza, 2013, IVP20S, p. 291). Essa, certamente, é uma afirmação paradoxal, visto que Espinosa reconhece que o suicídio pode acontecer, que o si mesmo pode tirar sua própria vida, mas que o si mesmo se apropriou de uma forma externa, ou, na verdade, que uma causa externa abriu caminho para dentro de sua estrutura. Isso lhe permite continuar no argumento de que só se tira a própria vida em virtude de causas externas, e não em função de qualquer tendência interior ao próprio desejo humano, vinculado à vida, ostensivamente, como se é.

Essa causa externa que se abriga no eu é algo do qual não posso ter uma "ideia" e, portanto, é um tipo inconsciente de operação, que não posso compreender como própria a mim mesma, algo que, para mim, é um objeto, ou, de fato, uma intromissão externa. O eu, diz-se que assumiu ou contraiu tal externalidade, absorvendo-a por meios dos quais não tem nem pode ter representação. Na verdade, o eu se torna uma coisa outra para ele mesmo ao assimilar essa externalidade; torna-se, francamente, outro para ele mesmo: obstinado, externo, oculto, uma causa para a qual nenhuma ideia é suficiente.

Nesse ponto, pode ser que o próprio Espinosa tenha permitido, em sua teoria, algo que ameaça a consistência da sua narrativa do desejo e que, momentaneamente, assumiu a forma de alguma outra concepção de desejo, que orientaria o desejo contra a vida. E ainda que eu pense que aqui possamos perceber certa prefiguração da pulsão de morte – aquela invocada no comentário à proposição, apenas para ser muito rapidamente descartada –, sugiro que haja formas de entender a relação instável de Espinosa com a psicanálise que ele jamais poderia ter previsto. Há desde já, além de sua introdução dessa causa externa oculta na vida do desejo, uma maneira na qual a externalidade realiza um trabalho sobre o desejo que modula sua relação com a vida. No que se segue, espero mostrar algumas dessas formas e sugerir que, por mais improvável que pareça, sua visão prefigura algumas das contínuas dificuldades que cerceiam essas discussões no pensamento contemporâneo sobre as pulsões ou sobre desejo em geral.

A ética de Espinosa não fornece um conjunto de prescrições, mas oferece uma explicação de como certas disposições expressam ou falham em expressar a essência da humanidade como o desejo de perseverar em seu ser. A frase "cada coisa se esforça para perseverar em seu ser" funciona como descrição da ontologia humana, mas também como exortação e aspiração. Não é uma moralidade no sentido convencional, se por moralidade queremos dizer um conjunto mais ou menos codificado de normas que governam a ação. Mas se, para Espinosa, qualquer moralidade deve ser chamada de virtude, e se entendemos a virtude, a vida virtuosa, como governada pela razão, como ele afirma que devemos, então se segue que o *conatus* será reforçado pela vida virtuosa, e não haverá nenhum custo para a vida, devidamente entendida, se vivermos bem.

A psicanálise aborda essa questão de outro ângulo, desde o começo dos escritos de Freud, pois a autopreservação chega para representar uma das pulsões básicas. Mas a autopreservação é uma pulsão que é eventualmente complementada e contrariada pela pulsão de morte. Isso traz consequências para o modo como Freud pensa a moralidade. Na verdade, a consciência domina a pulsão de morte até certo ponto, de modo que a moralidade fique sempre podando a pulsão de vida. Para Freud, parece que, por vezes, os ditames da moralidade requerem que a autopreservação seja suspensa ou posta em questão. E, nesse sentido, a moralidade pode ser assassina, se não suicida. Para Espinosa, contudo, a autopreservação, entendida como perseverança ou empenho no próprio desejo, fornece a base para a virtude ou para o viver bem, e ele assume ainda que o viver bem melhora a vida e a capacidade de perseverança nela. Não apenas o viver bem pressupõe o desejo de viver, mas, além disso, segue-se que pessoas suicidas estão em risco por conta de algum mau comportamento. Para Espinosa, o viver bem pode aliviar o senso decrescente de vida que podemos considerar uma espécie de suicídio lento.

Esse otimismo ético não é contrariado apenas pela explicação de Freud sobre as pulsões, mas, de uma direção diferente, pela concepção de ética de Lévinas. Para Lévinas, a autopreservação não pode ser a base da ética, o que não quer dizer que a autoaniquilação deva ocupar esse lugar. Ambas as relações são problemáticas, porque estabelecem uma relação com o si mesmo como anterior à relação com o outro. É esta última relação que, em sua opinião, forma a base da ética. Gostaria primeiramente de conjecturar a réplica da psicanálise para Espinosa e depois voltar a Lévinas a fim de compreender por que ele explicitamente censura Espinosa por postular a autopreservação como precondição da conduta virtuosa. No fim das contas, para Lévinas, não há "outro" para Espinosa, mas apenas e sempre o si mesmo. Mas pode ser que, ao nos reaproximarmos de Espinosa através das lentes da psicanálise, encontremos uma maneira de julgar essa disputa sobre quanta violência estamos compelidos a cometer contra nós mesmos e, ainda, contra os outros, em nome da moralidade.

A tese de Freud em *O mal-estar na cultura* (2020b) é de que a moralidade, centralizada e institucionalizada como consciência, demanda a renúncia da pulsão de vida. De fato, o próprio processo em que a consciência é formada é o processo no qual a renúncia e a transformação da pulsão em consciência acontecem. Nesse texto, ele retoma seu argumento de *Além do princípio do prazer* (2020a), no qual distingue os instintos de autopreservação, ou, mais corretamente, as pulsões (*Triebe*), da pulsão de morte. Ele escreve:

> Partindo de especulações sobre o início da vida, bem como de paralelos biológicos, extraí a conclusão de que seria necessário que houvesse, além da pulsão de conservar a substância vivente e de aglomerá-la em unidades cada vez maiores, outra pulsão, oposta a ela, que ansiaria por dissolver essas unidades e por reconduzi-las ao estado primordial, inorgânico. Portanto, além de Eros, haveria uma pulsão de morte; e, a partir da ação conjunta e mutuamente contraposta de ambas, foi possível explicar os fenômenos da vida. Mas naquele momento não era fácil demonstrar a atividade dessa suposta pulsão de morte. As manifestações de Eros eram suficientemente evidentes e ruidosas; podíamos supor que a pulsão de morte trabalhava em silêncio, no interior do ser vivente, pela

sua dissolução, mas evidentemente isso não constituía nenhuma prova. O que nos levou mais longe foi a ideia de que uma parte da pulsão se voltaria contra o mundo exterior e daí viria à luz como pulsão para a agressão e para a destruição (FREUD, 2020b, p. 371).

Freud faz duas afirmações sobre a vida ao longo de sua discussão sobre a pulsão de morte que não são precisamente compatíveis entre si. Por um lado, ele distingue pulsões de vida e pulsões de morte e afirma, em termos abrangentes: "o sentido do desenvolvimento cultural não é mais obscuro para nós. Esse desenvolvimento tem necessariamente de nos mostrar a luta entre Eros e morte, pulsão de vida e pulsão de destruição, tal como ela se consuma na espécie humana" (FREUD, 2020b, p. 376). Mas, imediatamente depois dessa declaração, ele sugere que a luta em si *é* vida, e que a vida não é redutível à pulsão de vida. Ele afirma: "Essa luta é, sobretudo, o conteúdo essencial da vida, e por isso o desenvolvimento da cultura pode ser caracterizado, sem mais delongas, como a luta da espécie humana pela vida" (FREUD, 2020b, p. 376). A luta à qual ele se refere é a luta *entre* as duas pulsões, uma delas sendo a pulsão de vida, mas que é também uma luta *pela vida*, implicando que a vida é a luta composta pela interação das pulsões de vida e de morte. A própria vida parece ser um termo que comuta entre esses dois significados, excedendo sua base nas pulsões, podemos dizer, por meio de um deslocamento que incessantemente acomoda o que lhe é aparentemente oposto. Inclusive, uma razão para o uso do termo "pulsão", em vez de "instinto", é que, como argumenta Freud, a noção de "pulsão" é um conceito fronteiriço, vacilando entre o domínio do somático e da representação mental (FREUD, 2017). No texto de Freud, a pulsão não fica imóvel (como aponta Laplanche em seu *Vida e morte em psicanálise*). A luta pela vida não é a mesma coisa que a simples operação da pulsão de vida; o que quer que afirmemos como aquilo ao qual a "vida" adere, a pulsão sozinha não é a mesma coisa que a vida, entendida como uma luta contínua. Não há luta e, consequentemente, não há vida sem pulsão de morte (*Todestribe*). Nesse sentido, sem pulsão de morte, não há luta pela vida. Se a vida *é* em si a luta, então não há vida sem pulsão de morte. Podemos ainda extrapolar logicamente e dizer que a vida sem a luta propiciada pela pulsão de morte seria ela mesma morte. Tal vida não seria vida, e assim, paradoxalmente, seria o triunfo da pulsão de morte sobre a vida.

Então, parece que a vida requer a pulsão de morte para que seja a luta que é. A vida requer a pulsão de morte, mas também requer que ela não triunfe. Mas parece também que a pulsão de morte desempenha um papel específico no surgimento e na manutenção da moralidade, especialmente no funcionamento da consciência. Para Freud, a moralidade corre o risco de podar a própria a vida.

Em *Luto e melancolia* (2016a), Freud narra que o sofrimento do melancólico é enigmático: o melancólico sofre de uma perda, mas não sabe precisamente o que perdeu. A clínica vê o melancólico absorvido em algo e, ao mesmo tempo, perdendo autoestima. Sabe-se que alguém ou algo foi perdido, mas parece não se conseguir encontrar "o que" está perdido naquele que está perdido ou "que" tipo de ideal é perdido, quando, digamos, a circunstância histórica muda a situação política, quando exige um deslocamento geográfico ou introduz uma incerteza na própria concepção de onde se pertence ou como se nomear. Não se pode vê-la completamente, mas ainda assim é possível conhecer; a perda aparece de formas desviadas, como diminuição da autoestima e agravamento da autocrítica. No luto, Freud notoriamente nos conta, o mundo se empobrece, mas, na melancolia, é o próprio ego.[8] O ego não se encontra simplesmente empobrecido, desprovido de alguma estima de que antes desfrutava, mas começa a se despojar de sua autoestima, como se fosse habitado por uma

---

[8] Apesar de preferirmos a tradução para o português da palavra em alemão "*ich*" por "eu", optamos por manter o uso de "ego" para diferenciar dos demais usos da palavra "eu". (N.T.)

causa externa. Freud descreve isso como um ato violento de autorrepreensão, achar-se moralmente desprezível, difamar e castigar a si mesmo. De fato, a perda de autoestima pode conduzir ao suicídio, porque, de acordo com Freud, o processo de melancolia desenfreada pode terminar com "uma superação da pulsão – extremamente peculiar do ponto de vista psicológico – que obriga todo ser vivo a se apegar à vida" (FREUD, 2016a, p. 103).[9]

Enquanto o luto parece ser sobre a perda de um objeto – a perda consciente de um objeto –, os melancólicos não sabem o que lamentam. Eles também, em algum lugar, parecem resistir ao conhecimento dessa perda. Como resultado, sofrem a perda como perda da consciência e, portanto, de um si mesmo que conhece. Na medida em que esse conhecimento protege o ego, o ego também está perdido, e a melancolia se torna uma maneira lenta de morrer, um exaurimento potencialmente suicida. Esse exaurimento ocorre por meio da autorrepreensão e da autocrítica e pode tomar a forma do suicídio, isto é, da tentativa de se tirar a própria vida com base no seu próprio sentimento de desprezo.

Freud retoma esse tema no ensaio *O problema econômico do masoquismo* (2016b), no qual tenta explicar o fenômeno do masoquismo moral e compreender seu papel de fornecer evidências para a pulsão de morte. No masoquismo moral, ele afirma, vemos a quantidade mínima de prazer trabalhando para o organismo psíquico, e não está claro se há qualquer prazer nesse estado. Essa forma de masoquismo não usa os recursos do prazer, ou, na verdade, da pulsão de vida, e também corre o risco de evoluir para um suicídio. A pulsão de morte, deixada sozinha, procura "desintegrar esse ser celular" (FREUD, 2016b, p. 292), ele escreve, e então funciona como um princípio que *d*esconstitui o ego. Embora Freud geralmente entenda o sadismo como um ato de agressão dirigido

---

[9] Em alemão: *"eine psychologische höchst merkwürdige Überwindung des Triebes, der alles Lebende am Leben festzuhalten zwingt"*. Ver Freud (2016a, p. 103).

para fora, acompanhado da pulsão de vida, o masoquismo moral não apenas volta a agressão contra o próprio ego, mas também o dissocia do prazer e consequentemente da vida, colocando em perigo a própria perseverança do organismo.

Isso leva Freud a concluir que o masoquismo é a expressão primária da pulsão de morte, e o sadismo seria sua forma derivada, a forma que mistura pulsão de morte com prazer e, assim, com a vida. Ele escreve, de maneira espetacular, que "podemos dizer que a pulsão de morte atuante no organismo – o sadismo originário [*Ursadismus*] – seria idêntica ao masoquismo" (Freud, 2016b, p. 293). O masoquismo moral, "livre" da sexualidade, busca o sofrimento e não obtém ganho nenhum com esse sofrimento. Freud postula que um sentimento de culpa inconsciente está em operação aqui, sentimento de culpa que busca "satisfação", mas não uma satisfação prazerosa, e sim a remissão da culpa e morte do próprio prazer. Freud explica: "O super-eu [super-ego] – a consciência moral ativa dentro dele – só pode ser duro, cruel, inclemente contra o Eu [ego] pelo qual zela. A consciência moral e a moral nasceram da superação, da dessexualização do complexo de Édipo e o suicídio se torna precisamente uma tentação quando esta dessexualização se torna completa" (Freud, 2016b, p. 297-299).

O masoquismo moral se aproxima do suicídio, mas na medida em que a autorrepreensão é erotizada, ela mantém o organismo que busca decompor. Estranhamente, nesse sentido, a moralidade atua contra a libido, mas pode controlá-la para seus próprios fins e assim manter viva a luta entre vida e morte. Nas palavras de Freud: "por meio do masoquismo moral, a moral será novamente sexualizada" (Freud, 2016b, p. 299). Apenas quando a moralidade cessa o seu uso da libido é que ela se torna explicitamente suicida. É claro que podemos querer questionar essa afirmação nos lembrando do momento final no "Veredicto", de Kafka, em que o aparente assassinato/suicídio de George, que se joga da ponte, é comparado por Kafka, em seus diários, à própria ejaculação.

Então, para Freud, a moralidade, que não é o mesmo que a ética, faz uso da pulsão de morte; em virtude de se tornar sexualizada como masoquismo, ela também anima o desejo de viver. A moralidade teria de ser entendida com um desejo de viver perpetuamente comprometido, se não permanentemente, e, nesse sentido, um movimento para além ou para longe da afirmação de Espinosa de que o desejo de viver bem surge imediatamente com o desejo de viver. Ou melhor, com Freud, deveríamos dizer que o desejo de viver bem emerge junto do desejo de viver, mas também, e sempre, junto do desejo de morrer, se não mais explicitamente com o desejo de assassinato. Dessa forma, podemos entender a observação de Freud, nesse contexto, sobre o imperativo categórico ser derivado do complexo de Édipo. Se sou obrigada a tratar cada ser humano como fim em si mesmo, é apenas porque desejo alguns deles mortos e assim devo militar contra esse desejo para manter uma atitude ética. Essa é uma formulação que não está tão longe da insistência de Nietzsche, em *Genealogia da moral*, sobre o imperativo categórico estar encharcado de sangue.

A visão de Freud certamente parece contrariar a de Espinosa, uma vez que, para Espinosa, a autopreservação parece sempre coincidir com a virtude. Embora Espinosa abra espaço para a desconstituição do eu, ou melhor, para um exaurimento de seu desejo de viver, ele certamente contestaria a afirmação de que a virtude faz parte do que *des*constitui o si mesmo; a medida da virtude é precisamente o quanto o si mesmo é preservado e até onde se dá a perseverança e o fortalecimento do *conatus*. E, no entanto, essa posição razoavelmente clara já está confusa por conta de duas outras proposições. A primeira é que o desejo de viver implica o desejo no interior de uma matriz da vida que pode, pelo menos parcialmente, desconstituir o "eu" que se esforça para viver. Iniciei este ensaio perguntando se está claro em que consiste a autopreservação espinosista, uma vez que a perseverança não parece ser definida exclusivamente como a preservação *desse* si mesmo singular; pode muito bem haver um princípio de desconstituição da singularidade em operação. Pode não ser possível dizer que essa desconstituição da singularidade seja paralela ao funcionamento da pulsão de morte, mas se torna mais fácil acolher essa ideia quando consideramos a segunda proposição em questão aqui, a de que é possível para o si mesmo adquirir uma forma externa, ser animado por uma causa externa e não ser capaz de formar uma ideia dessa natureza estranha, à medida que abre caminho em direção ao desejo. Isso significa que o "eu" já é responsivo à alteridade de maneiras que nem sempre estão sob seu controle, que ele absorve formas externas, até mesmo as contrai, como se contrai uma doença. Isso significa que o desejo, como a concepção freudiana de pulsão, é um conceito fronteiriço, sempre montado a partir do funcionamento deste corpo aqui em relação a uma ideação que é nele impressa a partir de outro lugar. Essas formas estranhas que o "eu" assume vêm da matriz da vida e constituem, em parte, os espectros das vidas que se foram, bem como os modos de animar um outro, assumindo essa exterioridade internamente, de forma que certa incorporação aconteça, agindo psiquicamente de maneiras sobre as quais não se tem uma ideia clara. Na melancolia, vemo-nos agindo como o outro agiria, usando suas falas, vestindo suas roupas. Ocorre certo modo ativo de substituição, de modo que o outro passa não apenas a habitar o "eu", mas também a constituir uma força externa que atua em seu interior – um modo de operação psíquica sem o qual nenhuma subjetividade pode prosseguir. Quem é que age quando aquele que se perdeu da vida é reanimado por quem e em quem permanece, quem é transformado pela perda e tem seu desejo transformado no desejo de infundir a vida como algo contínuo naquilo que se foi, colocando sua própria vida em risco no curso dessa empreitada?

É claro, isso não é exatamente o que pensou Espinosa, embora seja algo que, em sua linguagem e nos seus termos, podemos muito bem começar a pensar. Quando nos voltamos para a filosofia política de Espinosa, descobrimos que o desejo se desconstitui por outra direção. Podemos entender como o desejo de viver corre o risco de desconstituir o si mesmo apenas quando entendemos a *vida comum* desejada pelo desejo. Essa vida comum, por sua vez, só pode ser devidamente entendida se fizermos o movimento que parte da ética para a política e para uma consideração sobre como a singularidade prospera no e por meio do que Espinosa se refere como a *multitudo*. Gostaria de abordar essa concepção por meio de um exame da crítica de Lévinas a Espinosa. Resumidamente, Lévinas considera que Espinosa representa o princípio da autopreservação e o interpreta como um tipo de autopreocupação e, de fato, como uma interdição das demandas éticas que vem do Outro. Nesse sentido, Lévinas afirma que Espinosa pode somente oferecer uma noção do mundo social na qual o indivíduo é primário e as obrigações éticas não são reconhecidas.

Numa entrevista a Richard Kearney, Lévinas deixa claro que sua própria visão sobre a ética deve se afastar da visão de Espinosa. Para Lévinas, a relação humana com o outro é anterior à relação ontológica a si (KEARNEY, 1986, p. 21). E, embora Lévinas não questione no que consiste a autopreservação para Espinosa, ele parece presumir que a relação com o Outro esteja foracluída desse domínio.

> A abordagem ao rosto é o modo mais básico de responsabilidade. [...] O rosto não está diante de mim (*en face de moi*), mas acima de mim; é o outro ante a morte, olhando através e expondo a morte. Em segundo lugar, o rosto é o outro que me pede para não deixá-lo morrer sozinho, como se fazê-lo fosse me tornar um cúmplice em sua morte. Portanto, o rosto me diz: não matarás. Na relação com o rosto estou exposto como um usurpador do lugar do outro. O celebrado "direito à existência", ao qual Espinosa chamou de *conatus essendi* e definiu como princípio básico de toda inteligibilidade, é desafiado pela relação com o rosto. Portanto, meu dever de responder ao outro suspende o meu direito natural à autossobrevivência, *le droit vitale*. Minha relação ética de

amor para com o outro deriva do fato de que o eu não pode sobreviver sozinho por si só, não pode encontrar significado dentro de seu próprio ser-no-mundo. [...] Expor-me à vulnerabilidade do rosto significa colocar meu direito ontológico à existência em questão. Na ética, o direito a existir do outro tem primazia sobre o meu próprio, uma primazia epitomizada no édito ético: não matarás, não colocarás a vida do outro em perigo (KEARNEY, 1986, p. 21).

Lévinas continua com a afirmação de que

há um provérbio Judeu que diz que "as necessidades materiais dos outros são minhas necessidades espirituais"; é esta desproporção ou assimetria que caracteriza a recusa ética à verdade primeira da ontologia – a luta para *ser*. Ética, portanto, se opõe à natureza porque ela proíbe a tendência assassina de vontade natural de colocar minha própria existência em primeiro lugar (KEARNEY, 1986, p. 24).

Seria interessante encontrar em Lévinas a presunção de uma vontade natural que seja homicida em sua intenção, contra a qual se deve militar para que a prioridade ética do Outro seja estabelecida. Tal estrutura poderia desmentir, então, uma trajetória compensatória que vale a pena ser lida, e isso o aproximaria de Freud, embora, creio eu, não de Espinosa. Pois, embora o ser de Espinosa, em seu modo ontológico primário, busque a autopreservação, ele não o faz à custa do outro, e seria difícil encontrar o equivalente à agressão primária em sua obra.

Lévinas censura Espinosa por acreditar que, por meio da intuição intelectual, uma pessoa possa se unir ao infinito, enquanto, para Lévinas, o infinito deve permanecer radicalmente outro. Mas Espinosa não diz no que essa unidade ostensiva consiste, e isso leva Lévinas a aliar Espinosa a Hegel, um movimento contestado por Pierre Macherey e outros dentro da tradição althusseriana. De fato, essa sutil aliança com Hegel se torna explícita às vezes, como quando, por exemplo, Lévinas sublinha, em *Alteridade e transcendência*, que, para Espinosa,

> a revelação do Infinito é a relacionalidade em si mesma [...] [e este] conhecimento seria, portanto, [para ele] apenas conhecimento do conhecimento, consciência apenas autoconsciência, pensamento apenas pensamento do pensamento, ou Espírito. Nada ainda seria outro: nada limitaria o pensamento do pensamento (LÉVINAS, 1999, p. 69).

Considere-se, entretanto, a defesa da visão de Espinosa sobre sociabilidade fornecida por Antonio Negri (2016). Parece que o sujeito em questão não é exclusivamente singular nem completamente sintetizado em uma totalidade. A busca de seu próprio ser, ou, na verdade, da vida, leva para além da particularidade da própria vida, para a complexa relação entre vida e expressão da potência. O movimento que parte da individualidade para a coletividade nunca está completo, mas é, em vez disso, um movimento que produz uma tensão irresolúvel entre singularidade e coletividade, demonstrando que um não pode ser pensado sem o outro, que não são polos opostos e que não são mutuamente excludentes. A tendência levinasiana de reduzir o *conatus* ao desejo de ser, que é redutível à autopreservação, é um esforço de fechar Espinosa dentro de um modelo de individualidade que pertence à tradição contratualista à qual ele se opõe. O indivíduo não adentra a sociabilidade por meio de um contrato nem se torna subsumido por uma coletividade ou por uma *multitudo*. A *multitudo* não supera ou absorve a singularidade; a *multitudo* não é o mesmo que uma unidade sintética. Para compreender se Lévinas está certo ao afirmar que não existe um Outro em ou para Espinosa, será necessário, primeiramente, entender que a própria distinção entre si mesmo e Outro é dinâmica e constitutiva, de fato, um vínculo do qual não se pode escapar, e isso se não for uma servidão na qual a luta ética acontece. A autopreservação para Espinosa não faz sentido fora do contexto desse vínculo.

Na Proposição XXXVII da *Ética*, Livro IV, Espinosa deixa clara sua diferença para com a explicação contratualista da vida social. Ali, ele sustenta "todo aquele que busca a virtude desejará, também para os outros homens, um bem que apetece para si próprio. Ora, a essência da mente consiste em um conhecimento que envolve o conhecimento de Deus" (Spinoza, 2013, IVP37, p. 307). Em nota a esse escólio, ele considera como a teoria do contrato pressupõe "que, no estado natural, não há nada que seja bom ou mau pelo consenso de todos, pois quem se encontra no estado natural preocupa-se apenas com o que lhe é de utilidade, considerada segundo a sua própria inclinação. E decide sobre o que é bom e o que é mau apenas por sua utilidade, não estando obrigado, por qualquer lei, a obedecer a ninguém mais senão a si próprio" (Spinoza, 2013, IVP37S2, p. 311). Mas a verdadeira autopreservação, como ele esclarece na Proposição LIV (p. 327), oferece a base da virtude, na qual a autopreservação acontece sob a guia da razão. Da mesma maneira, a liberdade, entendida como exercício da razão, consiste em criar, nos humanos, a disposição para refletir sobre a vida, e não sobre a morte: "Não há nada em que o homem livre pense menos que na morte, e sua sabedoria não consiste na meditação da morte, mas da vida" (Spinoza, 2013, IVP67, p. 343).

Similarmente, a pessoa que se esforça para preservar seu próprio ser descobre que esse ser não é apenas ou exclusivamente seu próprio. Na verdade, o esforço de perseverar em seu ser envolve viver de acordo com a razão, razão que ilumina a forma como seu próprio ser faz parte de uma vida em comum. "O homem que se conduz pela razão é mais livre na sociedade civil, onde vive de acordo com as leis comuns, do que na solidão, onde obedece apenas a si mesmo" (Spinoza, 2013, IVP73, p. 349). Para Espinosa, isso significa, da mesma forma, que o ódio deve ser superado pelo amor, o que significa "que todo aquele que se conduz pela razão deseja, também para os demais, o bem que apetece para si próprio" (Spinoza, 2013, IVP73S, p. 349). Aqui, novamente somos solicitados a considerar a *simultaneidade* desses desejos. Assim como ao desejar viver bem também desejamos viver, um desejo não podendo ser tido como predecessor do outro, aquilo que se deseja para si mesmo se mostra, ao mesmo tempo, o que é desejado para os outros. Não é o mesmo que determinar primeiramente o próprio desejo e só então projetar esse desejo, ou o mesmo que extrapolar os desejos dos outros com base no seu próprio. Trata-se de um desejo que deve, por necessidade, perturbar e desorientar a própria noção do que é próprio, o próprio conceito de "propriedade" em si.

Em *The New Espinosa*,[10] Antonio Negri observa que "o absoluto é a não alienação, ou melhor, de modo positivo, é a liberação de todas as energias sociais em um *conatus* geral de organização da liberdade de todos", e então sugere que o próprio tema é "reformulado" por Espinosa como a *multitudo* (NEGRI, 2016, p. 61). Negri oferece uma formulação econômica dessa concepção de *multitudo*, expondo a tensão irredutível entre dois movimentos na filosofia política de Espinosa: um movimento em que se diz que a sociedade age como se tivesse uma única mente, e outro em que a sociedade, em virtude de sua estrutura e de sua dinâmica expressivas, torna-se irreversivelmente plural. O que isso significa, por um lado, é que aquilo que podemos chamar de *conatus* geral acaba por ser diferenciado e não pode alcançar a totalidade a que aspira. Mas, por outro lado, isso significa que a singularidade é constantemente despossuída em e por sua sociabilidade; a singularidade não apenas coloca limite nas possibilidades totalizantes do social, mas, como um limite, é a singularidade que assume sua especificidade precisamente no contexto em que é tomada por um *conatus* mais geral, em que a própria vida almejada desconstitui sua singularidade

---

[10] No Brasil, o ensaio de Negri citado por Butler, "Reliqua desiderantur: conjectura para uma definição do conceito de democracia no último Espinosa", está incluído na coletânea *Espinosa subversivo e outros escritos* (Belo Horizonte: Autêntica, 2016). (N.T.)

repetidamente, embora só o faça completamente em um estado de morte.

Dessa forma, podemos ler as implicações da teoria de Negri para repensar a singularidade, ainda que seja em sentido oposto ao qual ele se direciona. Ele escreve, por exemplo: "se a absolutidade não é confrontada pela singularidade das potências reais [...] ela fecha-se em si mesma" (Negri, 2016, p. 63). Mas parece que seria igualmente verdadeiro afirmar que a singularidade das potências reais é o que, em confronto com a absolutidade, estabelece uma abertura irreversível no próprio processo de generalização. Nenhuma vontade geral é alcançada, colocando de modo simples. Ela é frustrada e articulada por meio da potência limitadora da singularidade. Pode-se até dizer que, nesse sentido, a singularidade é aquilo que produz o horizonte radicalmente aberto, a possibilidade do próprio futuro. Além disso, se o corpo é aquilo que assegura a singularidade, aquilo que não pode ser sintetizado em uma coletividade, mas que estabelece seus limites e sua futuridade, então o corpo, em seu desejo, é aquilo que mantém o futuro aberto.

Contudo, para que essa singularidade – concebida como sujeito – seja potente, para que ela persevere em seu desejo e preserve sua própria potência de perseverança, *ela não pode se ocupar de si mesma*. Para Negri, isso se torna claro na experiência da *pietas*:

> [O que é a *pietas*? [...] O agir eticamente segundo a razão, que a *pietas* aqui representa, estende-se então em honestidade, ou seja, no agir humana, benigna e coerentemente consigo mesmo e com os outros. Age-se assim amando o universal; mas essa universalidade é nome comum de muitos sujeitos;] assim, não se deixa excluir nenhum sujeito da universalidade, como ocorreria se, ao contrário, se amasse o particular. Além disso, amando a universalidade e constituindo-a como projeto da razão através dos sujeitos, é-se potente. Em vez disso, se se ama o particular e se se move apenas por interesse, não se poderia ser potente,

mas antes completamente impotente, porque se é agido por coisas externas (Negri, 2016, p. 74-75).

Aqui, ele se refere ao amor como "uma passagem de tal modo humano que envolve todos os seres humanos" (Negri, 2016, p. 74-75).

É claro que há a tendência de Espinosa de dissolver o desejo singular do sujeito em uma unidade coletiva, e isso se mostra quando ele afirma, por exemplo, que "os homens não podem aspirar nada que seja mais vantajoso para conservar o seu ser do que estarem, todos, em concordância em tudo, de maneira que as mentes e os corpos de todos componham como que uma só mente e um só corpo" (Spinoza, 2013, IVP18S, p. 289). Entretanto, essa é uma situação na qual o homem *pode desejar*, mas é esse desejo, não seu cumprimento, que constitui a condição ontológica de humanidade. De fato, Espinosa se refere à possibilidade de uma unidade de mente e corpo por meio de uma figura, "por assim dizer", o que significa que essa unidade é apenas conjectura e não pode estabelecer-se em certos fundamentos. Algo funciona como resistência a essa tão desejada unificação, e isso se relaciona com seu persistente materialismo, com a radicalmente não conceitualizável persistência do corpo.[11]

Embora a crítica de Lévinas ainda não tenha sido abordada, podemos, desde já, ver com clareza que seria um engano ler a autopreservação como se fosse autopreocupação, como se isso fosse possível sem o amor que "inclui todos os seres humanos" ou sem o desejo que é ao mesmo tempo por si e por todos os outros. Poderíamos ainda concluir, contudo, que, para Espinosa, o Outro não é radical e inconcebivelmente Outro, e isso estaria correto. Mas seriam as consequências dessa diferença não absoluta tão sérias quanto Lévinas as toma? Afinal, em Espinosa

---

[11] "A mente não pode imaginar nada, nem se recordar das coisas passadas, senão enquanto dura o corpo. [...] nem tampouco concebe como atuais as afecções do corpo, senão enquanto dura o corpo" (SPINOZA, 2013, VP21 e VP21D, p. 389-391).

existe, ainda assim, o que resiste ao colapso do sujeito em uma unidade coletiva. Parece que "o Outro" não é exatamente a palavra para designar o que *não pode* ser colapsado nessa unidade. É o próprio desejo e também o corpo. Para Lévinas, isso seria uma impossibilidade, uma vez que o desejo é precisamente o que deve ser suspenso para que a relação ética com o Outro possa emergir. É aqui que a divergência com Espinosa parece mais definitiva. Pois o que, em uma perspectiva, não se colapsa em uma unidade coletiva é aquilo que, em outra perspectiva, não se pode colapsar em uma concepção puramente individualista do *conatus*. O desejo de perseverar em seu ser implica uma vida comum, mas o corpo retorna como uma condição inerradicável da singularidade, apenas para portar precisamente o desejo que desfaz o sentido do corpo ou, de fato, o sentido de um si mesmo como pura ou permanentemente próprio.

Curiosamente, Lévinas observa que "a humanidade do homem [...] é uma ruptura do ser", e, para Espinosa, em um movimento paralelo, é o desejo que tem essa ruptura como parte de seu próprio movimento, um movimento da singularidade à coletividade e da coletividade a uma pluralidade irredutível. A desorientação no desejo consiste no fato de que meu próprio desejo nunca é total ou exclusivamente meu, mas que estou implicada na sociabilidade, senão na universalidade potencial de meu desejo nos próprios atos pelos quais procuro preservar e fortalecer meu ser. Nesse sentido, a força singularizante do corpo e sua trajetória desorientadora em direção ao social produzem uma desconstituição da singularidade, que, entretanto, não pode ser inteiramente concluída. Ao mesmo tempo, a produção da coletividade é desconstituída por essa mesma singularidade que não pode ser anulada.

Aqui, portanto, pode-se ver que Espinosa fornece um princípio de desconstituição mutável e constante, que opera como a pulsão de morte em Freud, mas que, a fim de permanecer parte da luta da vida, não pode se tornar bem-sucedido nem pelo suicídio nem pelo assassinato. Esse princípio de desconstituição é mantido sob controle e, apenas quando controlado, pode funcionar para manter o futuro aberto. Há, aqui, dois pontos com os quais eu gostaria de concluir, um tendo a ver com Freud e o outro com Lévinas.

No que diz respeito a Freud, não estou propondo que o corpo em Espinosa faça o trabalho velado da pulsão de morte, mas estou sugerindo que, apesar das diferenças bastante marcantes entre o ponto de vista espinosista, que identificaria o desejo de viver bem com o desejo de viver, e a visão psicanalítica, na qual viver bem pode na verdade ter um custo para o próprio desejo, aparentemente, há uma convergência na noção de que uma trajetória no desejo trabalha a serviço da desconstituição do sujeito, conduzindo o desejo para além de si mesmo, para uma possível dissolução em um *conatus* mais genérico. Significativamente, é nessa desconstituição e desorientação que surge uma perspectiva ética, pois não bastará dizer que eu desejo viver sem, ao mesmo tempo, buscar manter e preservar a vida do Outro.

> Espinosa chega a essa conclusão ética de um modo diferente de Lévinas, mas considera que, para cada um, certa ruptura e desorientação do sujeito condiciona a possibilidade da ética. Lévinas escreve: O rosto é o que não se pode matar, ou pelo menos é aquele cujo *significado* consiste em dizer "não matarás". O assassinato, é verdade, é um fato banal: um pode matar o Outro; a exigência ética não é uma necessidade ontológica. [...] Também aparece nas Escrituras, às quais a humanidade do homem está exposta na medida em que está engajada no mundo. Mas, para falar a verdade, o aparecimento dessas "peculiaridades éticas" no ser – a humanidade do homem – é uma ruptura do ser. É significativo, ainda que o ser recomece e se recupere (LÉVINAS, 1985, p. 87).

Se, como diz Lévinas, citando as Escrituras, as necessidades materiais do Outro são minhas necessidades espirituais, então sou espiritualmente capaz de apreender as necessidades materiais do Outro e priorizar essas necessidades. Para

Espinosa, a distinção entre necessidades materiais e espirituais não é segura, uma vez que as necessidades espirituais nesta vida dependem, por fim, do corpo como sua fonte e condição continuada. Mas acontece, não obstante, que não posso assegurar minhas necessidades sem assegurar as do Outro. A relação entre o "eu" e o "você" não é, para Espinosa, assimétrica, mas será inerentemente instável, uma vez que meu desejo emerge dessa forma dupla, simultaneamente para mim e como um *conatus* mais geral. De certa forma, essas duas posições, aliadas às de Freud, quanto à pulsão de morte mantida em xeque, ressaltam os limites da abordagem narcisística do desejo e expõem a possibilidade de uma vida coletiva diferente, que não se baseie na violência, eludindo o duplo espectro do narcisismo ou, na verdade, da propriedade, de um lado, e da violência contra outra pessoa ou contra si mesmo, de outro. Mas não recorrer à propriedade nem à violência como valor final é necessário para qualquer uma dessas posições.

O que venho explorando aqui, porém, é um conjunto de abordagens à ética que honrem o desejo sem colapsar em uma defesa egomaníaca do que é próprio, da propriedade, e que honra a pulsão de morte sem deixar que ela apareça como violência contra si mesmo ou contra outro. Essas são as características de uma *ética sob pressão*, que se constituiria em luta e que teria como condição uma "angústia", e não uma convicção.

Deixe-me mencionar duas trajetórias que emergem desse quadro, e vou deixá-las como caminhos dissonantes. A primeira é a de Primo Levi, cuja morte é geralmente considerada como suicídio, embora não tenha havido nenhuma nota. Ele caiu ou se jogou escada abaixo de seu apartamento e foi encontrado morto. A morte deixou em aberto a questão se foi um acidente ou uma ação proposital. A ideia é que ou ele perdeu o equilíbrio ou desistiu dele. Não havia ninguém lá, de modo que a tese de que ele foi empurrado não encontra evidências na realidade. Mas sempre fiquei perplexa com essa última inferência, apenas porque uma pessoa certamente pode ser empurrada mesmo que literalmente não haja ninguém ali para empurrá-la. E a diferença entre o empurrão e a queda é complexa, como ele mesmo nos conta, por exemplo, em uma das vinhetas de *Moments of Reprieve*.[12] Lá, ele fala de um judeu internado em Auschwitz que tropeça e cai regularmente. Levi escreve que parecia sempre um acidente, mas havia algo de proposital a respeito da queda, algo que punha em ato alguma pressão que esse homem sofria, alguma dificuldade para ficar de pé, dependendo da gravidade. E certamente podemos nos perguntar como deve ter sido tentar ficar de pé e caminhar nos campos, confiar na gravidade e em sua tese implícita de que existe uma terra ali para te receber. E certamente, também, se pensarmos em todo empurrão que aconteceu por lá, por que esse empurrão cessaria no momento em que o contato físico fosse dispensado? Por que esse empurrão não continuaria a ter vida própria, empurrando para além do empurrão, excedendo a fisicalidade para atingir uma forma psíquica e um ânimo com força própria?

Quando, em *Os afogados e os sobreviventes*, Levi fala do suicídio, ele escreve: "o suicídio nasce de um sentimento de culpa que nenhuma punição conseguiu atenuar" (LEVI, 2004, p. 66). Em seguida, ele observa que a prisão foi experimentada como punição, e assim, entre parênteses, ele adiciona: "se há punição, uma culpa deve ter havido" (LEVI, 2004, p. 66). Em outras palavras, ele oferece aqui uma narrativa de certa culpa que se instala como consequência da punição, uma culpa baseada em uma inferência de que a pessoa fez algo para merecer a punição. A culpa é, obviamente, preferível quando a alternativa é enfrentar a contingência e a arbitrariedade da tortura, da punição e do extermínio. Pelo menos com a culpa se continua a ter agência. Com o sofrimento arbitrário

---

[12] O livro de Primo Levi *Lilit e altri racconti*, a que a autora faz referência, foi parcialmente incluído na edição brasileira *71 contos de Primo Levi* (São Paulo: Companhia das Letras, 2005). A vinheta citada tem o título "Capâneo". (N.T.)

da tortura, a agência também é aniquilada. Essa "culpa" que recebe uma explicação consciente entre parênteses torna-se, no entanto, em seu texto, um fato, um dado, um enquadramento, de modo que ele pergunta, sem piedade, se ele fez o suficiente nos campos para ajudar os outros (Levi, 2004, p. 68), e então pergunta ao seu leitor e a si mesmo se algum de nós teria uma armadura moral adequada para lutar contra as seduções do fascismo. Ele passa a aceitar a autoacusação como a postura que deve assumir em relação às suas próprias ações, ações que não eram, a propósito, colaboracionistas.

A culpa de Levi vem para enquadrar uma moralidade que responsabiliza aqueles no campo pelo que fizeram e pelo que não fizeram. Nesse sentido, sua moralidade oculta o fato de que a própria agência foi amplamente viciada, então o que poderia ser considerado um "eu" foi sequestrado ou amortecido, como Charlotte Delbo deixa claro. É uma defesa contra essa ofensa, a ofensa contra um reconhecimento de que o ego também foi dizimado. Mas, o mais importante, isso entra no ciclo pelo qual a culpa produzida pela punição requer punições adicionais para seu próprio alívio. Se, assim como ele alega, "o suicídio nasce de um sentimento de culpa que nenhuma punição conseguiu atenuar" (Levi, 2004, p. 66), podemos acrescentar que nenhuma punição *pode* atenuar tal culpa, uma vez que a culpa é infundada e interminável, e que a punição que a aliviaria é responsável por sua reduplicação infinita. É a partir de e contra essa infinidade particularmente má, então, que o suicídio emerge em sua maior probabilidade para alguém como Levi. Mas o que isso significa é que não podemos responder à questão sobre ele ter caído por acidente, ter se jogado ou sido empurrado, uma vez que a cena da agência tinha se tornado, sem dúvida, fraturada nessas ações simultâneas e coconstituintes. Ele certamente caiu por acidente, se o que queremos dizer é que sua queda não foi resultado de sua própria agência; ele certamente foi empurrado por uma agência de punição que continuou exercendo seus efeitos sobre ele; e ele certamente se jogou pois tinha, pela sua moralidade, tornado-se executor de sua própria tortura, acreditando que não era nem poderia ser punido o suficiente.

Uma segunda e última observação sobre uma ética sob pressão: vemos essa dificuldade ética viva nas práticas antiguerra em Israel por parte daqueles que se opõem à ocupação das terras palestinas ou clamam por uma nova política que deixaria o sionismo para trás; os esforços coletivos para reconstruir casas palestinas demolidas; os esforços de Ta'ayush, coalizão árabe-judaica, para levar comida e remédios para aqueles que sofrem dentro dos territórios ocupados; e as práticas institucionais de aldeias como Neve Shalom para promover o autogoverno árabe-judeu e propriedades coletivas, e para criar comunidades e escolas em que meu desejo não seja poderoso e autopreservador a menos que permita uma desorientação por parte do seu desejo, no seu poder de autopreservação e perseverança. Citarei um e-mail de uma amiga minha de Israel, pois acho que podemos ver que é possível basear uma ética em nossa própria situação, nosso próprio desejo, sem que a relação com o outro seja pura projeção ou extensão de si mesmo. Ela se chama Niza Yanay, é uma socióloga da Universidade Ben-Gurion preocupada com o fato de a Suprema Corte ter perdido seu poder em Israel, de o regime militar estar ascendendo, e de propostas para realocar palestinos estarem sendo ativamente debatidas no Knesset. Ela escreve:

> Nas eleições, há alguns meses, um amigo e eu votamos no partido comunista, que era um partido judeu-palestino, mas que agora é majoritariamente um partido árabe-palestino com quase nenhum apoio judaico. Sentimos que é extremamente importante fortalecer o poder dos árabes no parlamento, e mostrar solidariedade a eles. Sami Shalom Shitrit, um poeta e escritor, disse em uma pequena reunião antes da eleição que, se em 1933 ele fosse alemão e cristão, teria procurado com muito cuidado encontrar um partido judeu para votar. Fiquei

muito comovida com isso, mas também me deu arrepios, porque não estamos tão longe de 1933.[13]

Não estamos em 1933, mas não estamos tão longe, e é nessa diferença próxima que uma nova ética deve ser pensada. Quando as discussões sobre "transferências" das populações começaram no Knesset, e a vingança parece ser o princípio invocado em ambos os lados do conflito, é fundamental encontrar e valorizar o "rosto" que vai acabar com a violência. Ser responsivo a esse rosto, no entanto, exige um grau de autodespossessão, um afastamento da autopreservação como base ou, de fato, o objetivo da ética.

Enquanto alguns acreditam que a autopreservação é a base da ética em Espinosa, e outros sugerem que Espinosa exclui as formas de negatividade que Freud descreve tão apropriadamente sob a rubrica da pulsão de morte, venho tentando sugerir que a visão de Espinosa não leva nem para a defesa de um simples individualismo nem para as formas de territorialidade e direitos de autodefesa geralmente associados a doutrinas da autopersistência. Dentro dos enquadramentos judaicos para a ética que presumem o superego e suas crueldades como precondição da postura ética ou que afirmam formas de sociabilidade política baseadas na unidade de um povo, concebido espacialmente, Espinosa entra com uma forma de solidariedade política que vai além do suicídio e dos tipos de unidade política associados à territorialidade e ao nacionalismo. Parece verdadeiro que ele ainda faça parte, sem dúvida alguma, de uma disputa

---

[13]No original em inglês: "*In the elections a few months ago a friend and I both voted for the communist party which was a Jewish-Palestinian party but now is mostly an Arab-Palestinian party with almost no Jewish supporters. We felt that it is utterly important to strengthen the power of the Arabs in the parliament, and to show solidarity with them. Sami Shalom Shitrit, a poet and a writer, said in a small gathering before the election that if in 1933 he had been a German and Christian he would have looked very carefully to find a Jewish party to vote for. I was very moved by it, but it also gave me the shivers because we are not that far from 1933*". (N.T.)

intrajudaica sobre o significado e o princípio da ética, mas, de fato, parece igualmente verdadeiro que ele também esteja fora da tradição, fornecendo modelos para trabalhar com e ao lado desse "fora".

Mas talvez seja mais importante ver que existem contornos de uma ética aqui em que a pulsão de morte é posta em xeque, que concebe uma comunidade em sua pluralidade irredutível e se opõe a todo nacionalismo que busca erradicar essa condição de uma sociabilidade não totalizável. Seria uma ética que não apenas confessa o desejo de viver, como também reconhece que desejar a vida significa desejar a vida para você, um desejo que implica produzir as condições políticas de vida que permitirão alianças regeneradas que não têm forma final, em que o corpo e os corpos, em sua precariedade e em sua promessa, mesmo no que se poderia chamar de sua ética, incitam-se uns aos outros a viver.

Referências

DELEUZE, Giles. *Expressionism in Philosophy: Espinosa*. Translated by Martin Joughin. New York: Zone Books, 1990.

FREUD, Sigmund. *Além do princípio do prazer* [1920]. Tradução de Maria Rita Salzano Moraes. Belo Horizonte: Autêntica, 2020a.

FREUD, Sigmund. Civilization and Its Discontents. Edited and translated by James Strachey. New York: W. W. Norton, 1961, p. 78-79. [Edição brasileira: FREUD, Sigmund. *O mal-estar na cultura* [1930]. *In: O mal-estar na cultura e outros escritos*. Tradução de Maria Rita Salzano Moraes. Belo Horizonte: Autêntica, 2020b. p. 305-410.]

FREUD, Sigmund. Mourning and Melancholia. *In: The Standard Edition of the Complete Psychological Works of Sigmund Freud*, v. 14, p. 246. [Edição brasileira: FREUD, Sigmund. *Luto e melancolia* [1917]. *In: Neurose, psicose, perversão*. Tradução de Maria Rita Salzano Moraes. Belo Horizonte: Autêntica, 2016a. p. 99-121.]

FREUD, Sigmund. The Economic Problem of Masochism. *In: The Standard Edition of the Complete Psychological Works of Sigmund Freud*, vol. 19, ed. Translated by James Strachey. London: Hogarth Press, 1961. [Edição brasileira: FREUD, Sigmund. *O problema econômico do masoquismo* [1924]. *In: Neurose, psicose, perversão.* Tradução de Maria Rita Salzano. Belo Horizonte: Autêntica, 2016b. p. 287-304.]

FREUD, Sigmund. Triebe und Triebschicksale (1915), available in English as "Instincts and Their Vicissitudes". *In: The Standard Edition of the Complete Psychological Works of Sigmund Freud*, vol. 14, edited and translated by James Strachey (London: Hogarth Press, 1957), p. 109-40. [Edição brasileira: FREUD, Sigmund. *As pulsões e seus destinos* [1915]. Tradução de Pedro Heliodoro Tavares. Belo Horizonte: Autêntica, 2017.]

KEARNEY, Richard. "Ethics of the Infinite": Interview with Emmanuel Levinas [1982]. *In*: COHEN, Richard (Ed.). *Face to Face with Levinas*. Albany: State University of New York Press, 1986.

LAPLANCHE, Jean. *Life and Death in Psychoanalysis.* Translated by Jeffrey Mehlman. Baltimore: Johns Hopkins University Press, 1985. [Edição brasileira: LAPLANCHE, Jean. *Vida e morte em psicanálise*. Tradução de Cleonice Paes Barreto Mourão e Consuelo Fortes Santiago. Porto Alegre: Artes Médicas, 1985.]

LEVI, Primo. *The Drowned and the Saved.* Translated by Raymond Rosenthal. New York: Vintage, 1989. [Edição brasileira: LEVI, Primo. *Os afogados e os sobreviventes.* Tradução de Luiz Sérgio Henrique. São Paulo: Paz e Terra, 2004.]

LÉVINAS, Emmanuel. *Alterity and Transcendence.* Translated by Michael B. Smith. New York: Columbia University Press, 1999.

LÉVINAS, Emmanuel. *Ethics and Infinity: Conversations with Philippe Nemo.* Translated by Richard A. Cohen. Pittsburgh: Duquesne University Press, 1985.

NEGRI, Antonio. Reliqua Desiderantur: A Conjecture for a Definition of the Concept of Democracy in the Final Espinosa. *In: The New Spinoza.* Minneapolis: University of Minnesota Press, 1997. [Edição brasileira: Reliqua desiderantur: conjectura para uma definição do conceito de democracia no último Espinosa. *In: Espinosa subversivo e outros escritos.* Belo Horizonte: Autêntica, 2016. p. 46-85.]

SPINOZA, Benedict de. *A Spinoza Reader: The "Ethics" and Other Works.* Edited and translated by Edwin Curley. Princeton: Princeton University Press, 1994, IIIP6, 159. [Edição brasileira: SPINOZA. *Ética.* Tradução de Tomaz Tadeu. 3. ed. Belo Horizonte: Autêntica, 2013.]

Sentir o que é vivo no Outro:
o primeiro amor de Hegel

Tradução de Gabriel Lisboa Ponciano e
Carla Rodrigues

Existem poucas razões manifestas para pensar sobre Hegel e o amor juntos. Em primeiro lugar, Hegel não é exatamente amado pela maior parte das pessoas; muitos leitores não querem dedicar o tempo necessário para entender suas sentenças. Segundo, a linguagem do amor é usualmente compreendida como uma proclamação direta ou algum tipo de expressão lírica. Terceiro, o amor tem uma relação com imagens e movimentos, com o que imaginamos repetidas vezes, ou, ainda, com uma forma de imaginação e movimento que parece nos capturar em suas repetições e elaborações. Portanto, o tema do amor parece ser uma forma peculiar de abordar Hegel, cuja linguagem é densa e desvaloriza explicitamente formas não linguísticas de arte, para quem o endereçamento direto e o estilo lírico parecem igualmente distantes. Porém, ainda assim é um tema que ele trata em seus escritos de juventude, em que "amor" é o nome do que anima e do que mata; sua perspectiva tem claras implicações para pensarmos sobre os sentidos e a estética de forma mais geral. Nos anos anteriores à escrita da *Fenomenologia do Espírito* (1807), por exemplo, Hegel escreveu um curto ensaio chamado "Love" (1797-1798), do qual ainda temos um fragmento (HEGEL, 1948b, p. 302-308).[1] Também

---

[1] Traduzido para o inglês a partir do trabalho de Herman Nohl, *Hegels theologische Jugendschriften* (Tübingen: Mohr, 1907). Uma versão mais

encontramos mais considerações sobre o tema em um pequeno trabalho hoje em dia chamado "Fragment of a System" (HEGEL, 1948a, p. 309-320 [1800]). Depois, ao que parece, o amor desaparece, é deixado de lado ou é silenciosamente absorvido em sua escrita sobre o espírito.

Como lemos Hegel lendo o amor? Há amor em sua linguagem? Seus escritos de juventude avançam por meio de sentenças declarativas. Isso não se dá simplesmente porque ele conhece a verdade e a declara com plena convicção, mas também porque a sentença declarativa é uma forma de avançar vigorosamente e seguir com o texto. Uma sentença estabelece os fundamentos da próxima, uma ideia é examinada ou desenvolvida sem ser exatamente derivada por uma via sequencial. Na verdade, por mais que possamos tentar – como provavelmente tentaram os leitores de Hegel – extrair proposições de seus escritos, organizá-las em argumentos que se sustentam em premissas primárias e secundárias e que, logicamente, derivam em conclusões, gostaria de sugerir que aqui acontece outra coisa. Quando uma sentença é declarada ou nos chega na forma de uma declaração, alguma coisa está sendo mostrada, uma forma particular de ver o mundo está posta, certa maneira de tomar uma posição está posta em ato. Podemos dizer que um ponto de vista está posto em ato em forma de sentença. Portanto, quando se segue a próxima sentença, ela nem sempre é uma amplificação do mesmo ponto de vista. Às vezes, trata-se de outro ponto de vista que, de maneira crítica, é complementar ao primeiro ou que mostra uma consequência inesperada do primeiro. Às vezes, isso pode ocorrer no curso de algumas sentenças, ou mesmo de um ou dois parágrafos, e permanecemos ponderando nos termos daquele enquadramento posto em ato naquele primeiro momento. Mas então

---

completa e mais comentada do fragmento está atualmente disponível na seção "Die Liebe", do capítulo "Entwürfe über Religion und Liebe", do livro *Hegel, Frühe Schriften* (Frankfurt am Main: Suhrkamp, 1986, p. 239-254).

acontece certa reviravolta – às vezes, ela se dá em uma oração subordinada, ou, às vezes, por meio de uma mudança de tom ou por uma modulação da voz. Nesse momento, vemos que o ponto de vista original, que foi convictamente declarado por meio de uma única ou de várias proposições, foi lentamente posto em questão. Nesse sentido, ser posto em questão não é exatamente a mesma coisa que expor uma corrosão básica em uma sequência proposicional ou declarativa; ainda assim, alguma coisa da convicção da sequência inicial é abalada pelo que vem depois. E o que vem depois efetivamente parece decorrer do que veio antes, o que significa que as sementes da inquietação – que Hegel frequentemente chama *Unruhe* – já estavam lá desde o início; estavam apenas ocultas ou postas de lado no começo da exposição. Então essa inquietação acontece, mas não como súbita explosão de niilismo nem como a renúncia violenta do que veio antes. No meio do desenvolvimento da exposição, a forma declarativa perde sua convicção. Isso pode ocorrer simplesmente pela repetição da forma declarativa de modo semelhantemente convicto, até o ponto em que o leitor é confrontado por dois argumentos conflitantes e articulados com igual convicção. Frente a essa conjuntura, podemos perguntar, a voz autoral detém controle sobre seu material? Ou existe algo sobre o material mesmo, sua própria elaboração, que envolve uma reversão? A voz reverteu a si mesma sem exatamente vilanizar a si mesma e repudiar o que veio antes. Mas o que, podemos perguntar, tais convoluções têm a ver com o amor?

  Hegel põe em ato uma reversão em sua exposição sobre o amor que faz parte tanto do tema quanto da forma de sua exposição. Podemos dizer que agora compreendemos que algo na natureza do amor é reversível e que reverte a si mesmo, e temos de encontrar um modo de escrever que dê conta ou que explique tal reversibilidade. O modo de presentificação deve estar de acordo com as exigências daquilo que é presentificado; o que "é" requer sua presentificação para que possa efetivamente ser. Em outras palavras, a presentificação do amor é um desenvolvimento ou uma elaboração temporal do objeto do amor, por isso não podemos distinguir diretamente o amor em si mesmo como um objeto, tema ou problema a partir da forma como ele é presentificado (o que não significa que o objeto seja redutível ao modo como é presentificado, mas apenas que o objeto se torna acessível somente por meio dessa presentificação). O amor não pode permanecer um sentimento mudo e íntimo, ele requer ser presentificado de alguma maneira. Isso não significa que todo amor precise ser confessado ou declarado para ser qualificado como amor, mas tão somente que o modo declarativo não é simplesmente, para o Hegel de 1797, uma forma idiossincrática de se aproximar da questão do amor. O amor precisa de tempo para se desenvolver; precisa tomar certo corpo ou forma que não pode estar restrita a uma simples proposição. Precisa haver algo como uma cadeia declarativa e interrogativa de sentenças que não somente registre uma convicção crescente e sua ruína, mas que também introduza modos inesperados de chegada, todos como formas de pôr em ato esses movimentos como parte do próprio fenômeno. Até porque o fenômeno do amor, não importa o quão silencioso ou escandaloso, não importa o quão reservado ou aparente, tem sua própria lógica – um desabrochar ou desenvolver-se no tempo que, como vamos ver, nunca realmente floresce até sua forma acabada, mas permanece definido por sua indefinida abertura.

Talvez se esperasse de Hegel um sistema totalizante, mas esse erro sobreviveu ao seu tempo. Na *Fenomenologia*, ele estabelece essa abertura em sua análise sobre como os dêiticos funcionam (HEGEL, 2008, p. 85-98). Em relação ao "agora", ao momento mais imediato, o que acontece é que o "agora" já sempre passou no momento em que nos referimos a ele. Perdemos o "agora" – ou o vemos evanescer – no momento em que o indicamos, o que significa que o ato de referir não captura precisamente seu referente. De fato, quando alguém tenta apontar o "agora", o problema temporal emerge e estabelece um atraso que afeta toda a referencialidade. O problema não é que apontar o "agora" o empurra para o "depois", mas que o ato de apontar, o ato de indicar, está sempre atrasado; é só quando o "agora" se torna "depois" que ele pode refletir um "agora". Um lapso temporal separa a linguagem que quer indicar o "agora" do momento indicado, e, portanto, há uma diferença entre o tempo da indicação e o tempo daquilo que é indicado. Dessa maneira, a linguagem sempre perde o ponto, e tem de perdê-lo para poder se referir àquele tempo. Nesse sentido, o "agora" é invariavelmente "depois" quando se torna acessível na linguagem (que é, diga-se de passagem, a única maneira de se tornar disponível, já que não há relação imediata com o "agora"). Hegel não é um vitalista; ele tampouco acredita que o imediato esteja disponível sem mediação, mesmo que, às vezes, ele vá considerar experiências que nos parecem ser as mais imediatas, as mais claramente desprovidas de mediação. "Mediação" tem aqui pelo menos dois significados diferentes: primeiro, qualquer coisa que se torne acessível por meio da experiência foi tornada externa e refletida de volta por um meio externo; segundo, qualquer coisa que se torna acessível, passando ou sendo refletida de volta por aquilo que é externo, está sempre a alguma distância de sua localização original e de seu tempo original. Em outras palavras, certo deslocamento no tempo e no espaço constitui a condição do conhecimento, a que Hegel geralmente se refere como um "retorno" do objeto. O objeto precisa partir, tornar-se algo outro, além de mim e contrário a mim, e precisa também voltar, tornar-se algo indissociável de mim, ainda que estrangeiro. O modo como ele retorna é invariavelmente diferente do modo como ele parte, por isso ele nunca retorna completamente para o mesmo lugar, o que significa que seu "retorno" é assim nomeado de maneira um tanto inapropriada.

Quando pensamos sobre o "agora", sempre se dá uma operação temporal que excede o que chamamos de "agora" e sem a qual não poderíamos de forma alguma nomear o "agora". O mesmo acontece quando falamos sobre o "fim" de um processo – na verdade, quando nomeamos o fim, a coisa já acabou, o que significa que o tempo da nomeação passa para além desse fim em direção a outro registro temporal; o fim, se nomeável, se indicado, acaba se mostrando não tão final assim. Não está claro o nome que damos a esse tempo que excede o fim. Talvez, se houver uma forma linguística para indicar esse tempo, ela será uma que opera no sentido do atraso. E, se pensarmos que esse é um problema do luto, um tipo de luto implicado no modo indicativo, podemos estar certos. Como podemos voltar ao amor a partir dessa compreensão? Há alguma persistência do tempo que se abre no fim, ou além do fim, ou mesmo numa estranha função poética do fim? Como o amor e a perda entram nessa formulação? Há alguma maneira de evitar o luto implicado na perspectiva de Hegel, ou o luto acaba por preceder o próprio amor?

O fragmento de Hegel sobre o amor começa com a questão: como aqueles que são adeptos da religião negociam entre suas individualidades e o pertencimento a uma comunidade? É interessante notar que, desde o início, não se pode questionar se o indivíduo é separado da comunidade ou se o indivíduo é de alguma maneira unido à comunidade sem entender a relação do indivíduo com a propriedade, ou com o que Hegel chama de "objeto" ou "mundo objetivo" (HEGEL, 1948b, p. 303-304). Se a religião envolve a propriedade comum dos objetos ou o sacrifício deles, então os indivíduos abrem mão de todos os direitos de posse sobre eles. Sob condições nas quais o valor de um indivíduo deriva de suas posses, ele perde seu valor para si mesmo quando abandona todas as formas do individualismo possessivo; de fato, nas palavras de Hegel, quando o indivíduo perde tudo que tem, passa a desprezar a si mesmo – ou, pelo menos, é isso que parece se dar sob condições nas quais objetos dão à pessoa seu valor e onde os objetos são possuídos como propriedade.

O auto-ódio entrou em cena de maneira um tanto súbita, tal como as exigências da existência comunitária. A religião é primeiramente formulada como forma de participação comunitária que requer a negação ou o sacrifício da propriedade individual e, como corolário, a negação individual de si mesmo – o que leva a uma forma afetiva de ódio a si mesmo. Poderíamos perguntar: como o ódio a si mesmo encontra seu caminho até o amor? E, nessa economia, o amor próprio decorre somente da posse da propriedade?

A segunda questão em que Hegel se engaja é um tanto surpreendente, já que parece que ele está investigando as condições de uma relação viva entre o indivíduo e seu mundo. Por um momento, a comunidade e a participação na comunidade foram deixados de lado, e um novo ponto de partida foi introduzido. Há uma segunda implicação da separação do indivíduo de seu mundo objetivo. A primeira era o ódio a si mesmo, já que o indivíduo busca abrir mão da posse de si mesmo, mas não é completamente bem-sucedido. A segunda implicação é igualmente alarmante: o próprio objeto se tornou morto. Infelizmente, o indivíduo odeia a si mesmo, e o mundo objetivo se tornou morto em condições nas quais é a propriedade que confere valor aos objetos. E, ainda assim, Hegel busca enfrentar essas conclusões procurando a possibilidade de uma união viva entre indivíduos e objetos: essa é uma concepção alternativa de religião, e ela requer amor ou é em algum sentido feita de amor? Quando ele escreve "o objeto está morto", somos compelidos a questionar: como foi que o objeto morreu? (Hegel, 1948b, p. 303). Ele está falando da forma geral do objeto e, nesse sentido, de todos os objetos? O objeto está morto para sempre?

Há duas formas de o objeto morrer: sacrifício e propriedade. Inicialmente, parece que Hegel nos adverte contra abrir mão da propriedade, se isso significar abrir mão de todas as coisas materiais, de toda a materialidade. E depois parece que ele está tentando encontrar uma maneira de afirmar a matéria e o mundo objetivo sem deixá-los ser reduzidos à propriedade. O texto primeiramente nos convida a imaginar e a entrar nessa configuração de mundo em que um indivíduo, que não abriu mão completamente de sua individualidade, é confrontado por um mundo de objetos mortos, cercado por esse mundo que foi estabelecido por meio das ações que fazem com que toda propriedade pessoal seja sacrificada pelo bem da comunidade. Sob essas condições, nas quais indivíduos são privados de toda propriedade, eles também são privados de uma relação viva com objetos – os objetos se tornam mortos. E que vida afetiva se faz possível para indivíduos nessas condições? Eles vêm a amar o que está morto. Eles continuam vivendo, amando e se relacionando com um objeto, ou série de objetos, ou, na verdade, com um mundo objetivo, que está morto, e nesse sentido eles continuam em uma relação vital com o que está morto. Assim, objetos mortos constituem o outro termo numa relação amorosa. E, nessas condições, o amor ama uma matéria que é indiferente àquele que ama. Essa relação é precisamente uma união que não é viva. Quando Hegel começa, então, a fazer comentários sobre "a essência do amor nesse nível" (*in seiner innersten Natur*) (HEGEL, 1948b, p. 303; 1986, p. 245), ele não está nos falando sobre a essência eterna do amor, mas somente sobre como a essência do amor é constituída nessas condições de sacrifício forçado, isto é, quando a religião exige que indivíduos se separem de seus objetos como condição para participação na comunidade.[2]

Hegel agora está tentando se colocar na perspectiva de quem consentiu com a obrigação de perder o mundo objetivo, para viver num mundo de objetos mortos, e para sobreviver às consequências desse modo particular de amor no qual se ama apenas objetos que estão mortos. É claro que é interessante que o próprio amor não seja anulado sob essas condições. Em vez disso, o amor toma uma nova forma; pode-se até dizer que o amor toma uma forma especificamente histórica. Quem vive sob essa configuração não somente perdeu o mundo objetivo, como também continua a amar o que se tornou morto para ele; ao mesmo tempo, permanece convicto de que sua perda

---

[2] A religião sobre a qual ele está falando é um tanto vaga, mas ele parece ter em mente o desenvolvimento histórico de certa conjunção do cristianismo e do judaísmo na qual o corpo vivo de Cristo serve como um contraponto às supostas leis sem vida do judaísmo.

será compensada, de que ganhará alguma eternidade ou infinitude, e de que assim ele estará livre de toda matéria. E, ainda assim, se por meio de tal esquema a matéria precisa ser recusada ou perdida, se a matéria precisa se tornar matéria morta, então mesmo a matéria corporal do indivíduo se tornará morta para ele. Em outras palavras, se o indivíduo perde e continua a amar aquela matéria que se tornou morta para ele, e ele mesmo se tornou matéria morta, então o indivíduo agora perde e ama sua materialidade perdida. Morto para si mesmo, continua a viver – melancolicamente. Perde o que não pode nunca perder completamente. E o que está morto para ele é também condição de sua vida.

Sob essas circunstâncias, que razão o indivíduo pode dar à sua própria existência material? A questão não é apenas que ele está cercado por objetos mortos, mas também que, como um corpo, precisa estar separado de um puro espírito, tornando-se ele mesmo objeto morto para si. E, por meio de sua experiência, uma experiência condicionada por uma série muito específica de condições religiosas, dá-se uma reversão: "o indivíduo não consegue suportar pensar a si mesmo como essa nulidade" (*nur das dürre Nichts*) (HEGEL, 1948b, p. 303-304; 1986, p. 245). Novamente, Hegel introduziu, começou a pôr em ato a reversão e o paradoxo que acabarão por definir o sacrifício da propriedade pessoal pela comunidade religiosa; o que vemos agora é que o indivíduo que se compromete com essas condições, ou melhor, que vive em um mundo estruturado por essas condições, é precisamente incapaz de suportar o amar objetos mortos e o tornar a si mesmo objeto perdido e morto ao qual permanece irredutivelmente ligado. O indivíduo não atinge exatamente a infinitude, mas agora articula uma nova região do insuportável ("*in diesem sich zu denken kann freilich der Mensch nicht ertragen*") (HEGEL, 1986, p. 245). Hegel sugere aqui que há limites para o que é suportável; estamos sendo convocados a considerar as exigências que estabelecem o que é suportável no amor humano. O indivíduo que pensa a si mesmo como objeto morto não suporta a si mesmo, mas por quê? Primeiro, porque existe uma consciência do que é insuportável – a insuportabilidade é a forma que essa consciência toma, e na medida em que se dá, em que emerge, ela mostra ou põe em ato certa forma da consciência que já transcendeu ou ainda transcende a matéria morta que se supõe ser o indivíduo existente. Entretanto, o problema não é apenas epistemológico ou mesmo lógico. Antes, o indivíduo sofre a deformação do amor pela qual agora ele ama a si mesmo como coisa morta. Se toda a matéria precisa se tornar morta (sacrificada, desprovida de valor), e ele mesmo é um ente material, ele precisa se tornar morto. Para completar essa tarefa na vida, porém, ele mesmo precisa estar vivo, o que significa que ele precisa continuar vivo, dedicado ao insuportável destino de se tornar morto enquanto vivo. Seu destino se torna a angústia.

Pode parecer estranho que Hegel, então, profira a observação de que "nada carrega em si o fundamento de seu próprio ser" (*keines trägt die Wurzel seines Wesen in sich*), ressaltando que toda a existência determinada venha de algum lugar ou de alguma coisa diferente de si mesma (HEGEL, 1948b, p. 304; 1986, p. 245). Acaba que, em tal configuração, ou sob as exigências particulares da religião, o indivíduo poderia apenas ter desprezo por sua especificidade determinada, por seu próprio estatuto de ser material e pela dimensão material do mundo objetivo. Os indivíduos foram excluídos do espiritual e então se tornaram uma parte morta da vida, absolutamente diferenciada do espiritual e, portanto, absolutamente morta. E, dessa maneira, assumiu um estatuto absoluto de não vivo e não espiritual. Tal perspectiva, por outro lado, falhou em dar conta, em termos religiosos, de por que e como os objetos materiais vêm a existir. Consequentemente, Hegel mostra não só que sua formulação original sobre a religião é parcial e impossível – faz da matéria morta, involuntariamente, algo absoluto, faz do indivíduo algo morto para si mesmo ou o submerge na prática do ódio a si mesmo, da qual só se pode escapar por meio da nulificação de si como ser vivo, condição que se prova intolerável –, mas também que ela falha em entender o significado religioso de por que e como vem a ser o mundo material. A existência material vem de outro lugar. Nesse sentido, pelo menos por enquanto, isso que significa "nada carrega em si o fundamento de seu próprio ser".

A isso se segue outra série de declarações, e parece que agora Hegel está mostrando suas cartas. Ele começa dizendo o que amor verdadeiro realmente é, e, ao menos nessa versão (e devemos atentar que se trata de uma versão e que algo pode acontecer a essa versão e abalar a convicção declarativa de sua presentificação), que o amor verdadeiro é uma união viva e que parece se dar entre pessoas que são semelhantes em poder (e assim um princípio de igualdade entra na formulação), na qual não se está morto para o outro. A cena é diádica, e, por isso, podemos muito bem questionar o que aconteceu com a comunidade. A comunidade colapsa no casal? E o que acontece com o mundo objetivo? Os objetos ainda estão ali, de forma nascente, ou repentinamente entramos na forma casal desprovidos tanto da comunidade quanto da propriedade? Esse amor, foi-nos dito, não é entendimento nem razão, mas um sentimento ("*Sie ist ein Gefühl*"). Ou, ao menos, Hegel o define primeiramente como um simples sentimento, antes de prontamente começar uma série de revisões. Como leitores, devemos começar pela afirmação de que o amor é um sentimento, apenas para, logo depois, aprendermos, na próxima frase, que ele "não é bem um sentimento isolado" (*aber nicht ein einzelnes Gefühl*). OK, é um sentimento e não é bem um sentimento isolado, mas, na segunda afirmação, Hegel não está exatamente negando a primeira; ele está acumulando proposições; uma tropeça na próxima, e começa a tomar forma algo como uma cadeia. Embora o amor seja sempre singular, ele não pode ser restrito a uma instância singular ou à sua apresentação ou à sua declaração. O amor toma uma forma singular, mas também precisa sempre tomar mais que uma forma singular. Se questionarmos o que é isso que o amor toma que é mais que a forma singular, nos é dito que um sentimento singular é "apenas uma parte e não o todo da vida" (*es nur ein Teilleben, nicht das ganze Leben ist*) (Hegel, 1948b, p. 305; 1986, p. 246). Retornamos, então, ao problema da vida, ou ainda ao problema do que está vivo, de sua animação em forma de sinédoque, e recorremos à noção de que o amor precisa estar vivo se for real e verdadeiro. E, assim, esse sentimento de estar vivo, que é singular e não singular, conecta a um sentido mais amplo do que está vivo ou a uma série de processos vivos que excede o sentimento isolado de estar vivo que cada um de nós pode ter. Essa conexão não é exatamente identidade nem exatamente seu oposto.

Temos seguido a presentificação a partir do ponto de vista do sujeito individual e do seu sentimento do amor singular e vivo – ponto de vista que exclui todas as oposições e assim parece abarcar tudo. Deixamos, então, a perspectiva do vivo para tomar, por assim dizer, o ponto de vista da própria vida. Agora temos de entender algo sobre essa vida para além do sentimento singular da vida no amor. O sentimento singular da vida repentinamente dá lugar à "Vida" como sujeito da sentença seguinte, em que nos é contado o que a Vida faz por meio de uma personificação que anima ou dá vida ao conceito de vida. Diz-se que a Vida "se impele"; "dispersa a si mesma" em uma multiplicidade de sentimentos "tendo em vista encontrar-se na totalidade desse múltiplo" (*drängt sich das Leben durch Auflösung zur Zerstreuung in der Mannigfaltigkeit der Gefühle und um sich in diesem Ganzen der Mannigfaltigkeit zu finden*) (Hegel, 1948b, p. 305; 1986, p. 246). Assim, a vida é aqui personificada, recebe uma agência, não simplesmente como recurso teórico que, de alguma maneira, falsifica ou embeleza o que ela realmente é. A reversão, assim como a agência deslocada, busca mostrar que o desenvolvimento do fenômeno do amor envolve um deslocamento do ponto de vista puramente subjetivo – certa despossessão de si se dá no amor. Interna ao sentimento vivo e singular do amor, a despossessão de si é uma operação da vida que excede e desorienta a perspectiva individual. Essa operação da vida deve ser perseguida como processo ou desenvolvimento que é instanciado na absoluta singularidade da perspectiva que ela também excede.

A forma casal não sobrevive muito bem a esse *insight*. O sentimento da vida, isto é, o processo da vida que perpassa todos os sentimentos, e não apenas o singular, vai determinar e exceder suas instâncias. De fato, mesmo que estejamos começando a entender que o amor precisa ser vivido para ser amor, o que acontece é que a própria vida nunca pode ser contida ou exaurida pelo amor. A vida assume certa forma no amor, que Hegel chama de "duplicada" (HEGEL, 1948b, p. 305). Ela é incorporada por uma figura, a forma humana daquele que é amado. Entretanto, seria um erro dizer que o que se ama é a própria vida. É claro que, por vezes, fazemos proclamações loucas desse tipo. Mas, mesmo assim, essa é apenas uma das formas retóricas errôneas que competem ao amor, um erro, um excesso de ânimo que indica certa verdade e certa inverdade. O outro não é a própria vida, porque o outro é um ser limitado, determinado, material e, vindo dessa maneira à existência viva, está condenado a deixá-la também dessa maneira; qualquer que seja a união alcançada pelo amor, ela não é a superação absoluta da diferença, da finitude que separa dois indivíduos e que também implica mortalidade. O casal não se dissolve na própria vida sem morrer, já que cada um teria de renunciar a sua forma de vida determinada. E, como formas separadas e persistentes, cada um é entendido como "o sentir do que é vivo no outro" (HEGEL, 1948b, p. 305; 1986, p. 246). Essa é uma formulação importante, já que, para Hegel, há algo vivo no amor, e tem de haver, mesmo que o amor nunca possa ser o todo da vida.

O que vínhamos chamando de determinação da forma humana, sua matéria corpórea, estabelece aquele que ama como ser vivo que sente o que é vivo no outro.[3] Consequentemente, o sentimento ou o sentir emerge precisamente da condição de separação; o amado não é a vida do outro, e o outro não é a vida do amado. E, ainda assim, esse sentir a vida do outro é possível apenas porque ambos são seres vivos. Será interessante saber se esse sentir a vida do outro é possível apenas na condição de igualdade, algo que Hegel introduz no começo da preleção. A desigualdade é uma forma de estar morto? Se o outro é desigual, então o outro também está de alguma maneira morto, ou apenas parcialmente vivo? Tratar o outro como desigual é uma forma de fazer morrer esse outro ou torná-lo morto ao outro e/ou para si mesmo?

Então, quando Hegel afirma algo como "não há matéria nos amantes" (*An Liebenden ist keine Materie*), ele aceita isso como verdade? (HEGEL, 1948b, p. 305; 1986, p. 246). A que serve essa declaração na apresentação que ele oferece? Ele já não havia nos dito que, para os amantes, superar suas matérias é algo que não funciona? Se a sua "união viva" implica que eles devam estar juntos sem matéria, então o amor deles não é amor corpóreo. Não poderá haver, então, matéria viva em Hegel, ou, pelo menos, não no momento do amor? O texto parece abrir essa questão, parece, na verdade, circular em torno dessa questão como seu anseio mais fundamental e reiterado. Ele está, nesse momento, simplesmente nos dizendo que o amor desencarnado é outra forma errônea de retratar o amor? No decorrer da discussão, Hegel deixa claro que o amor procura superar esse problema da matéria em sua busca pela imortalidade. E, com

---

[3] As palavras exatas de Hegel são: "a vida sente a vida [...] já que o amor é um sentir de algo vivo, os amantes podem ser distintos somente na medida em que são mortais [...] nos amantes não há matéria; eles são um todo vivo" (tradução nossa). Em inglês: "*life senses life* [...] *since love is a sensing of something living, lovers can be distinct only in so far as they are mortal* [...] *in lovers there is no matter; they are a living whole*". Em alemão: "*das Lebendige fühlt das Lebendige. Weil die Liebe ein Gefühl des Lebendigen ist, so können Liebende sich nur insofern unterscheiden, als sie sterblich sind.* [...] *An Liebenden ist keine Materie, sie sind ein lebendiges Ganzes*" (HEGEL, 1948b, p. 305; 1986, p. 246).

certeza, essa matéria persiste – de fato, gostaria de sugerir que certo materialismo obstinado está por toda parte em Hegel –, e os amantes são incapazes de negar completamente a diferença entre eles. Poderíamos dizer que seus corpos ficam no caminho de sua união, e que não há como desviar desse fato, exceto, podemos supor, por meio de alguma espécie de assassinato ou suicídio (ou uma prática social para a qual o assassinato ou o suicídio se tornaram princípio estruturante). É interessante que Hegel não diga que uma consciência fica indignada quando se dá conta de que não pode negar completamente a diferença, a matéria morta, que é o outro. Em sua linguagem, o próprio amor é descrito como indignado. Portanto, é uma indignação que pertence propriamente ao amor, indignação sem a qual o amor não pode ser pensado. Como leitores, nesse ponto somos convidados a trocar a perspectiva, ou mesmo a abrir mão de nossas próprias identificações; um deslocamento ou um descentramento se dá, mas não um que simplesmente nos deixa aqui, confusos e derrotados. Estamos indo para algum lugar, e essa reversão é parte do percurso, mas para onde exatamente estamos indo? A reversão é nossa reversão, decerto, mas também pertence ao amor, então, mesmo que tenhamos ficado desorientados, estamos, agora, descobrindo alguma coisa sobre o próprio amor. Minha reversão e aquela que caracteriza o amor não são experiências paralelas ou analogias. Não são simplesmente uma como a outra. São duas dimensões do mesmo fenômeno, e por isso o texto convoca que pensemos nelas juntas, para reuni-las conforme elas se acumulam, no meio do nosso ainda não sabido. Não há uma perspectiva só pela qual o fenômeno do amor possa ser descrito. Se ele pode ser descrito, é somente pela mudança de perspectiva e por algum meio de capturar ou reunir essas várias mudanças, que estão implicadas umas nas outras. É somente passando por essas mudanças e esses deslocamentos que podemos esperar pôr em ato e, portanto, saber o que é o amor.

Mas retornemos à indignação, já que ela parece indicar que a união que o amor aspira é incompleta, e necessariamente assim o é. Hegel se refere ao "elemento separável" (*das Trennbare*) no qual o amor tropeça, ou "uma independência ainda subsistente" *(noch vorhandenen Selbständigkeit)* (HEGEL, 1948b, p. 306; 1986, p. 247). Há alguma "parte do indivíduo que resiste como uma propriedade privada" ou mesmo como "separada" ("*jene fühlt sich durch diese gehindert – die Liebe ist unwillig über das noch Getrennte, über ein Eigentum*") (HEGEL, 1948b, p. 306; 1986, p. 247). Parece que, frente a essa obstinada separação, há uma "fúria de amor" (*Zürnen der Liebe*) – nas palavras de Hegel. E que, ligada a essa fúria, está uma forma de vergonha ("*seine Scham wird zum Zorn*") (HEGEL, 1986, p. 247). Por um lado, a individualidade do outro impossibilita a união, e, por outro, a fúria contra a individualidade ataca o outro a quem se ama. Aparentemente, é a consciência da fúria ou do ataque contra o outro que se transforma em vergonha, porque, de acordo com Hegel, "a hostilidade de um ataque sem amor fere o próprio coração que ama" (*bei einem Angriff ohne Liebe wird ein liebevolles Gemüt durch diese Feindseligkeit selbst beleidigt*) (HEGEL, 1948b, p. 306; 1986, p. 247). A formulação não deixa claro se a injúria é feita ao coração que ama daquele que se enfurece e agride, ou se é aquele que é alvo da raiva e atingido pelo ataque que é injuriado. Talvez, a referência ambígua implique que a injúria necessariamente ocorre nos dois, já que, nesse momento, o coração que ama deixa de amar e torna-se uma força que mata, ou mesmo o guardião do que está morto, isto é, da propriedade privada e do direito a essa propriedade. Então, aquele que é amado se torna aquele contra quem se tem o direito à propriedade privada, o que significa que o outro vivo se tornou morto, já que, como sabemos, a propriedade já havia sido descrita como uma forma de morte.

No meio dessa reflexão sobre o amor, Hegel estranhamente observa que a vergonha é "mais característica em tiranos, ou em meninas" ("*so müßte man von den Tyrannen sagen, sie haben am meisten Scham, so wie von Mädchen*"), e faz sentido parar por um instante nesse ponto (HEGEL, 1948b, p. 306; 1986,

p. 247). Por que a vergonha entra aqui? A vergonha é claramente uma difícil e desconfortável maneira de se ver "refletido de volta". Alguém se vê pelos olhos do outro, e, assim, a vergonha é uma forma de estar ligado à perspectiva visual do outro. Mas quem está experimentando a vergonha na cena descrita por Hegel? A vergonha é uma forma do amor ou uma de suas deformações? Essas garotas que ele afirma sentirem vergonha quando entregam seus corpos por dinheiro – são prostitutas, ou mulheres que têm o sexo como trabalho em geral? Essas mulheres estão incluídas naquele grupo que ele deduz serem "mulheres vazias" (*den eitlen*)? (HEGEL, 1948b, p. 306; 1986, p. 247). Elas são iguais ou diferentes daquelas mulheres que têm como único objetivo o desejo de fascinar, algo que parece ser, na perspectiva de Hegel, diferente de amar e ser amado? Ele não descreve muito bem os tiranos, mas eles são postos no mesmo conjunto das trabalhadoras do sexo, aparentemente fazendo parte de uma multidão crescente de figuras sem amor; e temos de perguntar o porquê. Essas mulheres são tirânicas porque elas vendem seus corpos ou os usam para fins de fascinação? Ou elas são vistas como sujeitas a uma força tirânica? Um tirano impõe sua vontade de forma absoluta, trata os outros como subordinados, como coisas, ou propriedade privada. As mulheres são mencionadas aqui porque Hegel está indicando uma possibilidade tirânica no próprio amor, o risco de tiranizar ou ser tiranizado? Seria estranho pensar nessas meninas fascinantes exercendo uma força tirânica, a menos que alguém se sinta tiranizado por suas forças fascinantes, ou mesmo pensar tanto os tiranos quanto as trabalhadoras do sexo como igualmente propensos a uma vergonha similar. No entanto, parece que, para Hegel, a vergonha é algo que está associado a instituições nas quais os corpos são instrumentalizados em nome da vontade de um outro, talvez da mesma maneira como, quando o amor assume a forma da desigualdade e da subordinação, a vergonha se dá como efeito – mesmo que seja apenas a vergonha de Hegel frente a esse pensamento. Isso parece se aplicar igualmente no que diz respeito ao uso do corpo sexual com o objetivo de ganhar dinheiro e o uso de outros corpos como propriedade pessoal ou mão de obra escrava. A vergonha parece ser parte da prática, mas também parece decorrer de uma dimensão agressiva, subordinadora e/ou instrumentalizadora do próprio amor.

Hegel parece estar ciente, de uma maneira quase kleiniana, de que o amor carrega em si um elemento hostil. A vergonha parece surgir precisamente como resultado da tomada de consciência da hostilidade no amor que impede o amor de ser absoluto. Mas a forma como ele apresenta isso sugere que o próprio corpo impede que a união se complete: "a vergonha entra somente através da recordação do corpo, por meio da presença de uma personalidade [exclusiva] ou da sensação de uma individualidade [exclusiva]" (*Die Scham tritt nur ein durch die Erinnerung an den Körper, durch persönliche Gegenwart, beim Gefühl der Individualitität*) (HEGEL, 1948b, p. 306; 1986, p. 247). O corpo fica no caminho da união. Ele é separado; é mortal; pode ser encontrado como uma barreira fixa. Mas qual é a experiência por meio da qual essa obstinada separação é superada? Isso ocorre somente por meio de uma troca em que dar é engrandecedor e receber é uma forma de dar. Hegel se refere a formas de toque e contato por meio das quais a consciência da separação é superada. Não se trata de imergir na unidade, mas de certa suspensão da separação. Previsivelmente, esse breve excurso na sexualidade produz como resultado uma criança, de modo que os dois corpos alcançam a unidade somente naquilo que prova que eles estão separados um do outro, na prole, algo deles e além deles. O casal agora se dissolve numa triangulação que o próprio casal foi compelido a produzir.

Mas a criança não é o problema final. Os amantes nunca conseguem superar o que está morto entre eles. Eles estão conectados com muitas coisas que estão mortas, ele escreve. Parece haver sempre uma questão sobre a propriedade, sobre o que cada um deles possui, e também se algo no outro é possuído ou capaz de ser possuído pelo outro. Onde existe direito à propriedade há também algo morto. Uma ambiguidade ainda persiste: não apenas os objetos que eles possuem, mas também os objetos que são externos a ambos se tornam uma forma de morte entre eles, porém existe "um objeto morto em poder de um dos amantes" ("*Das unter der Gewalt des Einen befindliche Tote ist beiden entgegengesetzt*") que se mantém para além e contra eles, opondo-se a ambos (HEGEL, 1948b, p. 308; 1986, p. 249-50). Será que um dos amantes possui algo que o outro não possui? Será que a posse de um objeto externo produz algo morto dentro de seu possuidor, um objeto morto que, de alguma forma, reside no ou sob o poder de seu dono? E isso é algo outro que seu próprio corpo? E, se uma pessoa tem direito de propriedade sobre o próprio corpo, isso não produz a morte em seu próprio amor? Mesmo que um objeto seja externo e compartilhado, ou mesmo que o objeto seja o próprio corpo, considerado como propriedade comum, o problema da morte ainda não está completamente superado. Próximo ao fim do ensaio, Hegel acena no sentido da possibilidade da propriedade comum, mas o comum supera o indivíduo, ou ele simplesmente faz com que o direito de posse seja indecidível? Ele parece sugerir que a posse não pode ser adequadamente reconciliada com o amor. Porque o amor, como vocês devem lembrar, é amor entre iguais, e a propriedade é sempre questão de possessão, e parece ser algo que depende da primazia do indivíduo: "tudo que o homem possui tem a forma legal da propriedade" (*weil alles, in dessen Besitz die Menschen sind, die Rechtsform des Eigentums hat*) (HEGEL, 1948b, p. 308; 1986, p. 250). Dividir a propriedade é dividir o que já está morto, o que significa que o amor, compreendido como troca viva e igual, é posto para fora do jogo. O fragmento de Hegel termina sem resolução. No entanto, uma questão emerge de suas vacilações: o amor é reconciliável com o casamento, com a propriedade, até com as crianças? E será que cada um destes traz e sustenta certa morte?

Em certo sentido, a tarefa de Hegel nesse ensaio e no "Fragment of a System" (1800) é descobrir o que mantém o amor vivo e o que é vivo no amor. Ele se esforça para tentar entender a vida infinita, ou melhor, o que é infinito na vida, e isso significa discernir uma relação que não é nem conceitual nem testemunhal. Curiosamente, "Deus" se torna o nome de todas essas relações que Hegel chama de relações vivas ("*die Beziehungen ohne das Tote*") (HEGEL, 1986, p. 421). Como tal, Deus não pode ser reduzido a um conjunto de leis, já que as leis são conceituais e, portanto, nos termos dele, mortas. Então, quando Hegel imagina uma forma de estar vivo que permaneça viva, ele entende sua forma ideal como uma que, diferentemente do amante humano, não traga nada morto em si mesmo.

Nem todas as leis são ruins ou erradas, e Hegel não é nenhum anarquista. E, mesmo assim, ele está sempre buscando por uma "lei animante" (*belebendes Gesetz*) que opere em unidade com um múltiplo que é "em si mesmo animado" (*als dann ein belebtes*) (HEGEL, 1948a, p. 311; 1986, p. 421). Estamos nos movendo de uma consideração sobre o que é vivo para o que é animado, e, em vez de ficar na simples oposição entre lei (sem vida) e amor (vivo), somos levados a entender uma lei viva, ou uma lei animada, assim como somos solicitados a pensar sobre como o ânimo funciona tanto como ferramenta retórica desse texto quanto como parte da própria definição do espírito. Como era esperado, a morte acaba se mostrando aquilo que não pode ser radicalmente excluído da vida ou do espírito. Não superamos a morte, ou o que está morto, e não podemos devolver à vida tudo aquilo que está morto, mas, ainda assim, essa noção de vida perpétua, se não infinita, permanece viva no texto. Ela é um fantasma, uma impossibilidade estrutural, um ponto evanescente de idealização? Se a reflexão sobre a vida é uma maneira de, até certo ponto, matar a vida, de fazer a vida provisoriamente morta ou inerte ("*fixiertes*"), não há maneira de contornar isso, já que não podemos deixar de refletir sobre a vida se formos filósofos em qualquer sentido do termo. Conceitualmente, não podemos entender o vivo sem entender algo sobre o que está morto, já que é primeiramente pelo contraste que essa determinação é possível. A vida está quebrada em partes e segmentos, o que significa que a apreensão da vida é até certo ponto condicionada por uma perspectiva ou por um princípio de seleção. Como resultado disso, uma parte da vida tem sua vitalidade em detrimento da outra, de modo a sempre haver, sob qualquer perspectiva dentro da vida, alguma parte que está morta para ela – escamoteada, barrada. E já que o vivo que ocupa qualquer perspectiva teve de fazer morrer alguma parte do campo do vivo, alguma parte da vida pode – ou mesmo deve – estar morta para a outra parte e viva para outra; tudo depende de qual perspectiva é avivada e engajada. A vida infinita não pode se tornar "objeto" do pensamento sem se tornar finita e, com isso, perder o que a caracteriza. A verdadeira infinitude está fora da razão, ao menos é o que Hegel parece dizer. E se o amor é a vida infinita, então a filosofia é obrigada a recuar frente ao amor de modo a continuar a se engajar na reflexão e a completar a tarefa de cristalizar a vida. Qualquer cristalização proporcionada pela filosofia invariavelmente dá uma forma finita e espacial para o infinito – e, de certa maneira, para seu tempo, introduz um elemento de morte nesse processo. O verdadeiro infinito não é produto da reflexão, e a reflexão tende a parar o tempo, a estabelecer um conjunto de momentos definidos e finitos. Como resultado, o filósofo ou a filósofa devem deixar de ser o que são se quiserem afirmar essa vida infinita chamada "amor". Poderíamos concluir disso que, para Hegel, os filósofos são maus amantes. Mas seu ponto é ainda mais preciso: "filosofia" é o nome para o elemento mortal no amor.

Ou, talvez, a filosofia seja apenas a mensageira que nos traz notícias invariavelmente ruins sobre o amor. Não parece haver um jeito fácil para que um ser vivo não se torne objeto de um tipo ou de outro, lugar ou condição para a reflexão. Aquele que ama é um ser existente e muito específico que não pode superar sua finitude por meio do amor. E o que é pior é que aquele que ama se agarra a essa finitude de maneira obstinada e insistente, uma forma furtiva de autoapego, entendida mais comumente como recusa a se submeter. Quando Hegel rumina sobre o motivo da religião poder, de alguma maneira, elevar a vida à infinitude, enquanto a filosofia não o pode, ele novamente volta à recalcitrante parte do eu – obstinada, finita ou mesmo morta – que se recusa a ceder. Mas, dessa vez, não se trata de um problema de não se submeter ao outro, mas de desistir da propriedade que há em si mesmo. De fato, por mais que pareça que Hegel está, de certa maneira, elogiando as capacidades da religião e lamentando as restrições impostas pela filosofia, sua exposição indubitavelmente assume um tom crítico quando ele argumenta o seguinte: os humanos destroem uma parte de si mesmos no altar – eles se tornam uma forma de sacrifício, eles destroem aquilo que pertence a eles estabelecendo que tudo que eles possuem é propriedade comum, e negam todo e qualquer objeto por causa de sua finitude, engajando-se em um excesso de ascetismo e autonegação. A isso Hegel chama de uma "despropositada destruição pela destruição" (*"dies zwecklose Vernichten um des Vernichtens willen"*), o que se prova ser a mais derradeira relação da religião com os objetos (Hegel, 1948a, p. 316; 1986, p. 425).

Porém, próximo ao fim desse pequeno texto, ele muda de tom, como se houvesse encontrado uma alternativa. Curiosamente, ela se relaciona com a dança. A adoração, ele nos diz, não é intuitiva nem conceitual, mas antes "uma subjetividade jubilosa de seres vivos, de música, ou de movimentos do corpo [...] expressões como uma oração solene podem se tornar objetivas e belas por meio de regras, isto é, pela dança" (*das Wesen des Gottesdienstes ist* [...] *vielmehr mit Subjektivität Lebendiger in Freude zu verschmelzen, [vermittels] des Gesanges, der körperlichen Bewegungen, einer Art von subjektiver Äußerung, die, wie die tönende Rede, durch Regel objektiv und schön, zum Tanz werden kann*) (Hegel, 1948a, p. 316; 1986, p. 425). A dança parece dar significado concreto à ideia de uma lei animada e animante. De fato, a dança parece ter sido destacada gramaticalmente, evidenciando o momento em que os corpos se tornam vivos de maneira limitada por regras, mas sem estarem exatamente conformados a uma lei. Quando Hegel imagina "pessoas felizes" ("*glücklichen*"), elas claramente minimizaram, mas sem renunciar, a sua separação (HEGEL, 1948a, p. 317; 1986, p. 426).

Ele está tentando imaginar certo funcionamento do amor que se dá para além da díade e da propriedade. Novamente nos movemos em direção àquele ponto evanescente da idealização. Pela invocação do domínio estético, dessa vez um que se centra em uma forma social de se mover, Hegel começa a imaginar aqueles que não buscam possuir outros como propriedade e nem se agarrar às suas personalidades como propriedade. O problema é pensar se o corpo humano ou qualquer um dos objetos com os quais ele se engaja pode ser pensado ou vivido fora da forma propriedade. Já que, na visão dele, a propriedade é o que mata, o amor não pode sobreviver a alguém que se agarra a si mesmo ou a um outro como propriedade – tanto a autopreservação (entendia como obstinação) quanto a posse têm que se tornar menos importantes que uma afirmação do que está vivo no amor. Hegel falha em perceber adequadamente em seu trabalho de juventude que a propriedade é em si mesma animada e animante nas condições das relações capitalistas de propriedade, e esse é o sentido e o efeito do fetichismo da mercadoria. As propriedades são personificadas e investidas, agenciais e fantasmáticas. Hegel mesmo já está servindo à personificação, escrevendo sobre o que a Vida faz, por exemplo, como se Vida fosse uma pessoa, mostrando como as abstrações algumas vezes exigem sacrifícios daquilo que é material e finito, mas também ressaltando o poder da propriedade em roubar das pessoas o que há de mais vivo nelas, incluindo ou especialmente as pessoas que as possuem.

O que Hegel está articulando poucas décadas antes da análise de Marx sobre a mercadoria é o desejo de separar o que é animado e animante do mundo da propriedade. Ele não se opõe ao mundo objetivo, só quer manter o mundo animado – para sempre. Quando objetos se tornam propriedade, e a lei da propriedade começa a prevalecer, o efeito é o colapso das relações entre humanos e objetos que nós podemos chamar de amor. E isso parece ser algo diferente de qualquer esforço religioso para elevar o finito ao infinito e subjugá-lo. O que Hegel está buscando por meio da ideia de uma lei animante (ou forma vivificante) é algo próximo da dança, a dança dos amantes (não presumidamente diádica), entendida como um ritmo entre uma série ou sequência finita, entendida como tempo espacialmente elaborado, e que não pode ser capturada por seus termos, o infinito. O ponto não é que nada ou ninguém morra. O ponto é apenas que viver e morrer pontua uma série infinita que ninguém nunca conseguirá compreender por meio de uma ideia única ou estática. Consideremos a descrição da festa em homenagem a Baco no prefácio da *Fenomenologia do Espírito*. Lá ele sustenta que o que se passa na experiência é essencial para o que é verdadeiro. "O evanescente mesmo", ele escreve, "precisa, ao contrário, ser considerado como essencial, não como algo fixo" (HEGEL, 2008, p. 53). Evitando a ideia de "verdade morta", que diz respeito apenas ao que pode ser determinado como extinto, Hegel busca estabelecer o domínio da aparência, em que se pode entender que aquele "surgir e passar" não surge nem passa, mas sim "constitui a efetividade e o movimento da vida da verdade". Ele escreve que "o verdadeiro é assim a festa em homenagem a Baco, onde não há membro que esteja ébrio; e porque cada membro, ao se separar, também imediatamente se dissolve, essa festa é ao mesmo tempo repouso translúcido e simples" (HEGEL *apud* KRONER, 1948, p. 38).[4]

Hegel nos faz saber, em um fragmento separado, que ele buscava uma condição pela qual "o infinito pesar e toda gravidade da discórdia [do espírito] seria reconhecida".

---

[4] Em alemão: "*Das Verschwinden ist vielmehr selbst als wesentlich zu betrachten* [...] *Die Erscheinung ist das Entstehen und Verge-hen, das selbst nicht einsteht und vergeht, sondern an sich ist und die Wirklichkeit und Bewegung des Lebens der Wahrheit aus-macht. Das Wahre ist so der bacchantische Taumel, an dem kein Glied nicht trunken ist; und weil jedes, indem es sich absondert, ebenso unmittelbar (sich) auflöst, ist er ebenso die durchsichtige und einfache Ruhe*" (HEGEL, 1970, p. 46).

Discórdia? Inquietação? É interessante que a ideia de uma forma estética animada e animante não seja a que supera a negatividade. Ela só funciona contra os "mortais" efeitos da possessão. A perda e o luto requerem que se abra mão daquilo que podemos acreditar possuir, o que significa abrir mão da fantasia de que a possessão afasta a transitoriedade. Às vezes, o luto pela perda da possessão é a precondição do amor, o desfazer inicial de um fantasma que abre caminho para algo vivo. Sem dúvidas, é por isso que pode haver alguma coisa avivadora no enlutar, que é precisamente o inverso daquilo que a propriedade mata e que, por isso, tornou-se tão morto quanto a propriedade. E, embora na melancolia alguém se agarre aos objetos perdidos da pessoa perdida, animando a pessoa que se foi ou que está morta, tal poder animante indiretamente testemunha uma vivacidade persistente no âmago da perda. O infinito, se existe algum, é, portanto, encontrado no farfalhar das roupas abandonadas e das coisas velhas acidentalmente legadas pelos mortos – que não são mais propriedade de ninguém –, os trapos, jogados fora, que, eventualmente, talvez, são apanhados por algum outro corpo, em algum outro movimento, evanescente e vivo.

Referências

HEGEL, Georg Wilhelm Friedrich. Fragment of a System. *In*: *Early Theological Writings*. Translated by T. M. Knox. Chicago: The University of Chicago Press, 1948a. p. 309-320.

HEGEL, Georg Wilhelm Friedrich. *Hegel's Phenomenology of Spirit*. Translated by A. V. Miller. London: Oxford University Press, 1977. [Edição brasileira: *Fenomenologia do espírito*. Tradução de Paulo Meneses. 5. ed. Petrópolis, RJ: Vozes; Bragança Paulista, SP: Editora Universitária São Francisco, 2008.]

HEGEL, Georg Wilhelm Friedrich. Love. *Early Theological Writings*. Translated by T. M. Knox. Chicago: University of Chicago Press, 1948b. p. 302-308.

HEGEL, Georg Wilhelm Friedrich. *Phänomenologie des Geistes*. Frankfurt am Ma Suhrkamp, 1970.

HEGEL, Georg Wilhelm Friedrich. Systemfragment von 1800. *Frühe Schriften*. Frankfurt am Ma Suhrkamp, 1986. p. 419-427.

KRONER, Richard. Introduction. HEGEL, Georg Wilhelm Friedrich. *Early Theological Writings*. Translated by T. M. Knox. Chicago: The University of Chicago Press, 1948. p. 1-66.

O desespero especulativo de Kierkegaard

Tradução de Beatriz Zampieri e
Kissel Goldblum

Todo o infinito se efetua apaixonadamente; a reflexão não pode produzir qualquer movimento. É o salto perpétuo na vida que explica o movimento. A mediação é uma quimera que, em Hegel, tudo deve explicar e que constitui, ao mesmo tempo, a única coisa que ele jamais tentou explicar.
Kierkegaard. *Temor e tremor.*

A crítica de Kierkegaard a Hegel diz respeito, principalmente, ao fracasso em considerar uma filosofia da reflexão que exceda à própria reflexão: paixão, existência, fé. No desafio de Kierkegaard ao hegelianismo, a ironia é, contudo, no mínimo dupla. Por um lado, Kierkegaard perguntará: onde Hegel, o indivíduo existente, situa-se em relação à totalidade sistemática que elucida? Se, para Hegel, o indivíduo é externo ao sistema completo, existe então um "fora" a esse sistema, o que significa que ele não é tão exaustivamente descritivo e explanatório quanto se pretende. Paradoxalmente, a própria existência de Hegel, o filósofo existente, efetivamente – poderíamos dizer *retoricamente* – prejudica aquilo que parece ser a mais importante reivindicação dessa filosofia, a alegação de fornecer uma explicação compreensiva de conhecimento e realidade. Por outro lado, a contraposição de Kierkegaard a Hegel consiste na valorização da paixão e da existência sobre a reflexão e, no fim das contas, sobre a linguagem. É em relação a essa crítica que emerge um tipo diferente de ironia, um tipo que Kierkegaard parece desconhecer, mas que corresponde às suas reivindicações de uma escrita em favor daquilo que está para além da especulação, da reflexão e da linguagem. Se Kierkegaard está certo de que Hegel omite a existência do indivíduo de seu sistema, disso não se segue que Kierkegaard mantenha uma visão assistemática ou não especulativa do indivíduo existente. Embora use, algumas vezes, a terminologia especulativa do hegelianismo, ele parece parodiar esse discurso a fim de revelar suas contradições constitutivas. Ainda assim, nas descrições kierkegaardianas do desespero em *Doença até a morte* (1849), o recurso à linguagem hegeliana funciona não apenas para deslocar a autoridade de Hegel, mas também para fazer uso do hegelianismo em uma análise que, ao mesmo tempo, estende-se e excede o escopo hegeliano. Nesse sentido, Kierkegaard se *opõe* a Hegel, mas essa é uma oposição vital, uma oposição determinante – poderíamos quase dizer "uma oposição hegeliana" –, ainda que seja uma oposição que Hegel, ele mesmo, não tenha podido antecipar inteiramente. Se o indivíduo hegeliano está implicado na própria existência que procura superar pela racionalidade, Kierkegaard constrói sua noção de indivíduo nos limites mesmos do discurso especulativo a que procura se opor. De modo aparentemente irônico, então, o próprio exercício filosófico de Kierkegaard se encontra implicado no interior da tradição do Idealismo alemão.

O desespero e o fracasso em alcançar a identidade

A seguir, tentarei explicitar por que *desespero* é uma categoria, ou, nos termos de Kierkegaard, uma doença e uma paixão, cuja análise é crucial tanto à extensão quanto à crítica a Hegel em sua obra. Na medida em que o desespero caracteriza o fracasso de um eu[1] que plenamente conhece a si ou se torna

---

[1] *Self*: neste capítulo, excepcionalmente, optamos por traduzir "*self*" por "eu", respeitando as traduções consolidadas do termo dinamarquês "*Selvet*" nas edições brasileiras, em especial a de *Doença até a morte*, de

ele mesmo, um fracasso em tornar-se autoidêntico, uma relação interrompida, então o desespero é, precisamente, aquilo que contraria a possibilidade de um sujeito plenamente mediado no sentido hegeliano. Esse sujeito é descrito na *Fenomenologia do Espírito* como um conjunto emergente de sínteses, o sujeito como aquele que medeia e, assim, supera o que inicialmente aparece como *diferente de si mesmo*. O sucesso dessa atividade mediadora confirma a capacidade do sujeito de alcançar sua autoidentidade, isto é, de conhecer a si mesmo, sentir-se em casa na alteridade, de descobrir que, de maneira menos óbvia e simples, ele *é* o que incessantemente encontra como externo a si mesmo.

Na *Fenomenologia do Espírito*, Hegel relata as várias formas como essa relação mediadora pode falhar, mas, ao passo que reivindica substancialmente esse sujeito, ele defende a possibilidade ideal de articular a *mediação bem-sucedida* de todo e cada sujeito com seu mundo compensatório. Os múltiplos fracassos em mediar essa relação de maneira eficaz são sempre e unicamente instrutivos; eles fornecem o conhecimento que conduz a propostas de mediação mais efetivas dessa diferença aparente. A cada vez que o sujeito da *Fenomenologia do Espírito* alega ter descoberto a condição pela qual a relação mediadora opera, ele aprende que ela falhou em levar em conta uma dimensão crucial de si ou do mundo com que procura se vincular numa unidade sintética. O que falhou à compreensão retorna para assombrar e minar a relação mediadora que acabou de ser articulada. Mas o que permaneceu fora da relação é sempre recuperado pelo projeto sintético do sujeito: não há um fracasso final ou constitutivo a ser mediado. Todo fracasso delineia para o sujeito emergente da reflexão uma tarefa nova e mais sintética. Em certo sentido, Kierkegaard adentra o sistema hegeliano ao fim da *Fenomenologia*: se Hegel pensava que o sujeito da *Fenomenologia* havia considerado tudo aquilo que, ao longo do caminho, acabou por permanecer exterior

---

Adolfo Casais Monteiro. Para os demais casos em que Butler faz uso de "*self*" como prefixo, mantivemos a escolha por "auto". (N.T.)

aos termos a serem mediados, entendendo o *que* precisava ser sintetizado, bem como o modo com que essa síntese poderia ocorrer, então a última gargalhada é do sujeito hegeliano. Em sua mania de síntese, o sujeito se esqueceu de incluir aquilo que nunca pode ser sistematizado, que contraria e resiste à reflexão, nomeadamente, sua própria existência e suas paixões constitutiva e mutuamente excludentes: fé e desespero.

Na perspectiva de Kierkegaard, o desespero é precisamente aquela paixão que nunca pode ser "sintetizada" pelo sujeito hegeliano.[2] De fato, o desespero é definido por Kierkegaard como uma "discordância" (Kierkegaard, 2010, p. 27) que confirma o fracasso de qualquer mediação final e, portanto, assinala o limite decisivo às alegações de compreensão da filosofia reflexiva. O desespero não apenas perturba aqueles esforços do sujeito de se sentir à vontade consigo mesmo no mundo, mas também confirma a impossibilidade fundamental de que o eu jamais alcance o sentido de pertencimento ao seu mundo. O projeto hegeliano não é apenas contrariado pelo desespero, mas também *articulado no desespero* ("a ideia de totalidade está no desesperado e depende dele") (Kierkegaard, 2010, p. 81). Como veremos, uma forma de desespero é marcada pelo esforço de se tornar o fundamento ou a origem da própria existência e da relação sintética com a alteridade. Espécie de arrogância ou *hýbris*, essa presunção do projeto hegeliano sofre uma humilhação nas mãos de Kierkegaard. Posicionar-se como um ser radicalmente autogerado, autor da vontade e do conhecimento alheios, supõe a negação de ser constituído em e por aquilo que é infinitamente maior do que o indivíduo humano. Kierkegaard chamará essa fonte mais que humana de todas as coisas humanas como "Deus" ou "o infinito". Negar que se é constituído por aquilo que é maior do que si mesmo consiste, para Kierkegaard, numa espécie de desespero.

---

[2] Seria interessante comparar essa afirmação com o esforço de Freud em endereçar a questão da "angústia" na análise.

Ao final deste ensaio, consideraremos o quanto essa forma de desespero é crucial à própria autoria de Kierkegaard. De fato, talvez venha à tona que o desespero que Kierkegaard diagnostica em *Doença até a morte*, atribuído, em parte, a Hegel, condiciona essencialmente a própria escrita cujo objeto consiste na denúncia e superação do desespero.

O desespero, então, é uma "discordância", um fracasso da mediação, mas quais são os termos a serem mediados? E se Hegel falha em entender (seu próprio) desespero no sistema que articula, é também verdade que Kierkegaard falha em compreender a conceitualização especulativa herdada pela própria noção de desespero pela qual ele contraria a especulação?

O início de *Doença até a morte* parece ser propriamente uma exegese hegeliana ocupada por uma terminologia familiar: "eu", "espírito", "mediação", "relação". Mas no transcorrer do primeiro parágrafo torna-se evidente que Kierkegaard está parodiando a linguagem hegeliana; significativamente, no entanto, essa é uma paródia que não implica uma rejeição completa de Hegel. Pelo contrário, ao parodiar Hegel, Kierkegaard tanto recicla e preserva alguns aspectos do sistema hegeliano quanto abre mão de outros. A paródia funciona como a operação hegeliana da *Aufhebung*, posta dessa vez em movimento, ironicamente, por Kierkegaard, para preservar, cancelar e também transcender o *corpus* hegeliano nele mesmo. A dimensão crucial da *síntese* está, naturalmente, ausente nessa realocação kierkegaardiana de Hegel. A paródia funciona para Kierkegaard como uma *Aufhebung* que leva não à síntese entre sua posição e a de Hegel, mas a uma ruptura decisiva. Kierkegaard não dispõe seus argumentos contra Hegel de maneira proposicional. Ele encena esses argumentos por meio da construção retórica de seu texto. Se seu debate com Hegel pudesse ser *racionalmente* decidido, então Hegel teria logrado desde o princípio. Os textos de Kierkegaard se contrapõem a Hegel de modo mais eficaz no plano estilístico, pois parte do que ele quer comunicar são os limites da linguagem em compreender aquilo que constitui o indivíduo. Consideremos, assim, o modo como esse argumento é apresentado pela reiteração paródica de Hegel na abertura de *Doença até a morte*.

Kierkegaard inicia a primeira parte desse texto com um conjunto de asserções e contra-asserções, dividindo a própria voz filosófica em interlocutores dialógicos, imitando o estilo dialético que remonta a Sócrates: "O homem é espírito. Mas o que é espírito? É o eu. Mas o que é o eu?".[3] Então vem uma frase enfadonha que se poderia encontrar nos limites cômicos da racionalidade de um filme de Woody Allen: "O eu é uma relação que se relaciona consigo mesma ou é a relação relacionando consigo mesma na relação; o eu não é a relação, mas a relação relacionando consigo mesma para si mesma".[4] A primeira parte da frase é uma disjunção, mas não fica claro se o disjuntivo "ou" opera para separar definições alternativas, ou se implica que as definições separadas sejam essencialmente equivalentes entre si. Antes do ponto e vírgula, parecem existir duas definições: primeiro, o eu é uma relação reflexiva (o eu é aquele que toma a si como seu próprio objeto), e segundo, o eu é *a atividade* de sua própria reflexividade (ele é esse processo de tomar a si como seu próprio objeto, incessantemente autorreferencial). Se essa é uma exposição hegeliana, espera-se que esse eu atinja uma harmonia consigo mesmo, mas, aqui,

---

[3] Para não comprometer o sentido da exposição retórica da autora, adaptamos os trechos citados da primeira parte da edição norte-americana de *Sickness unto Death* (*Doença até a morte*), comparando-os e fazendo alterações a partir da tradução brasileira de Adolfo Casais Monteiro. Para as demais referências de, por exemplo, *Migalhas filosóficas*, *Temor e tremor* e *Pós-escrito conclusivo não científico às Migalhas filosóficas*, priorizamos as traduções brasileiras, fazendo pequenas alterações quando necessário. Nesses casos, a referência permanece sendo às publicações em inglês. (N.T.)

[4] Citado por Butler da tradução em inglês: "*The self is a relation that relates itself to itself or is the relation's relating itself to itself in the relation; the self is not the relation but is the relation's relating itself to itself*". Na tradução de Casais Monteiro à edição brasileira: "O eu é uma relação, que não se estabelece com qualquer coisa de alheia a si, mas consigo própria. Mais e melhor do que na relação propriamente dita, ele consiste no orientar-se dessa relação para a própria interioridade" (KIERKEGAARD, 2010, p. 25). (N.T.)

parece que quanto mais a possibilidade de síntese é elaborada, é menos provável que essa síntese apareça.

No trecho citado, então, talvez nos perguntemos: o eu pode ser simultaneamente a relação e a atividade de *relacionar*? As definições diferentemente tensionadas podem ser reconciliadas? A primeira é uma concepção estática, incompatível com a segunda definição, temporalizada? Ou aprenderemos, ao estilo hegeliano, que a noção estática é *aufgehoben* na segunda, que a versão temporalizada do eu reflexivo pressupõe, transforma e transcende aquela estática? Depois do ponto e vírgula, a frase parece contradizer a definição do eu como relação estática e afirmar sua versão temporalizada, comprometendo, assim, a possibilidade de uma síntese emergente entre as duas versões: "o eu não é a relação, mas a relação relacionando consigo mesma para si mesma". A ambiguidade original sobre a função do "ou" como um conjunto de alternativas mutuamente excludentes ou um conjunto de definições aposicionais e equivalentes parece ser temporariamente resolvida na primeira alternativa.

O desenvolvimento da frase ecoa a narrativa lógica da *Fenomenologia*, de Hegel, mas, nesse texto, é mais provável que as alternativas mutuamente excludentes sejam *primeiramente* dispostas para, apenas assim, serem sintetizadas como parte de uma unidade maior. Já no estilo de exposição de Kierkegaard, vemos como a expectativa da lógica hegeliana é simultaneamente produzida e solapada. De fato, na medida em que o parágrafo continua, esse fracasso de conformação à lógica hegeliana se transforma numa completa ausência de lógica, espécie de comédia altamente filosófica. O restante do parágrafo prossegue: "Um ser humano é uma síntese de infinito e de finito, de temporal e de eterno, de liberdade e de necessidade, em suma, uma síntese. Uma síntese é a relação entre dois termos. Considerado deste modo, um ser humano ainda não é um eu".[5]

---

[5] Citado por Butler da tradução em inglês: "*A human being is a synthesis of the infinite and the finite, of the temporal and the eternal, of freedom and necessity,*

Aqui, o desenvolvimento daquilo que parece ser um argumento faz várias reviravoltas ilógicas e parece, pela força propulsora da racionalidade, se espiralar à irracionalidade. Ao fim da primeira frase, concluímos (a) que o eu é temporalizado, (b) que é a *atividade* de se relacionar, e (c) que *não* é uma relação estática. A possibilidade de síntese é, portanto, negada. A próxima frase, contudo, põe uma consequência lógica, mas apenas para zombar da transição lógica. Temos, aqui, a mudança repentina e injustificada de uma discussão sobre o "eu" para aquela do "ser humano", e o anúncio de que o ser humano é uma síntese. Além do mais, os termos que compõem essa síntese não estão, de modo algum, implicados pela oposição estática/temporal que concerne à frase anterior. Em vez disso, encontramos generalizações grotescas afirmadas simultaneamente como uma conclusão e uma premissa. Como consequência da frase anterior, a segunda não faz sentido algum. Como premissa, é igualmente absurda: a síntese é afirmada e descrita, e então a aparência de uma conclusão emerge, "em suma, uma síntese", que pode ser lida apenas como uma redundância flagrante e risível.[6] Uma frase didática se segue, o que não é nada além da repetição do óbvio: "uma síntese é uma relação entre dois termos". E então uma frase mais curiosa conclui o parágrafo no qual Kierkegaard parece tomar distância da voz hegeliana que, ao mesmo tempo, assumiu e da qual zombou. "Considerado desse modo", começa a frase, sugerindo que talvez haja outro modo, um modo kierkegaardiano, "um ser humano ainda não é um eu." Aqui Kierkegaard oferece uma distinção para

---

in short, a synthesis. A synthesis is a relation between two. Considered in this way, a human being is still not a self". Na tradução de Casais Monteiro à edição brasileira: "O homem é uma síntese de infinito e de finito, de temporal e de eterno, de liberdade e de necessidade, é, em suma, uma síntese. Uma síntese é a relação entre dois termos. Sob este ponto de vista, o eu não existe ainda" (KIERKEGAARD, 2010, p. 25). (N.T.)

[6] "Hegel e o hegelianismo são um ensaio do cômico" (KIEKEGAARD, 2013, p. 57).

sugerir que o que é chamado "o ser humano" não é o mesmo que o *eu*. Mas, interessantemente, somos também remetidos ao problema da temporalidade e da tensão do eu. Aquele que é descrito como o ser humano "ainda não é um eu" não é por ora um eu, um eu que não foi ainda articulado, ou melhor, não pode ser articulado dentro da linguagem da síntese.

Kierkegaard passa a discutir esse eu que não parece nunca coincidir consigo mesmo. Ele observa que qualquer síntese exige um terceiro termo. O segundo e terceiro parágrafos procedem num tom de seriedade experimental, fazendo uso de um esquema hegeliano precisamente a fim de mostrar o caminho para além dele. O segundo parágrafo começa: "Em uma relação entre dois termos, a própria relação consiste no terceiro termo como unidade negativa, e ambos se relacionam à relação e na relação para a relação".[7] Nessa instância textual, os exemplos dos termos a serem relacionados são o "psíquico" e o "físico".[8] Kierkegaard argumenta que, se o eu é uma síntese de dimensões psíquicas e físicas, e se é *também* a atividade de relacionar seu aspecto psíquico ao físico, então o próprio ato de se relacionar deverá ser composto por um desses aspectos. Aqui, ele assume que a atividade de "relacionar", um termo que parece dever ser mantido propositalmente abstrato na discussão prévia, demanda agora ser especificado como uma atividade física. Essa determinação mais específica à atividade de se relacionar se tornará ainda mais significativa na medida em que o texto de Kierkegaard procede por distinguir entre *reflexão*, modo hegeliano de compreensão dessa relação constitutiva, e *fé*, modo preferencial de Kierkegaard.

---

[7] Citado por Butler da tradução em inglês: "*In the relation between two, the relation is the third as a negative unity, and the two relate to the relation and in the relation to the relation*". Na tradução de Casais Monteiro à edição brasileira: "Em uma relação de dois termos, a própria relação entra como terceiro, como unidade negativa, e cada um daqueles termos se relaciona com a relação, tendo cada um existência separada no seu relacionar-se .com a relação" (KIERKEGAARD, 2010, p. 26). (N.T.)

[8] Citado por Butler da tradução em inglês, "*psychical and the physical*" – na tradução de Casais Monteiro, "a ligação da alma e do corpo" (KIERKEGAARD, 2010, p. 26). (N.T.)

Ao passo que essa exposição semi-hegeliana prossegue, Kierkegaard mostrará o que está em questão concretamente para o indivíduo existente nessa lógica abstrata.

Kierkegaard começa, aqui, a confundir a distinção entre o eu como uma relação estática e o eu como uma relação temporal ou ativa. As duas dimensões do eu a serem relacionadas já devem, em algum sentido, *ser* a própria relação, o que significa dizer que o físico e o psíquico, como partes dela, são definidos como relacionados, ou seja, pressupostos relacionais, e constantemente se encontram na atividade de se tornarem relacionados. Essas duas dimensões da relação não podem ser capturadas por uma lógica de não contradição. A reflexividade dessa relação é o que marca a relação para si mesma. Por isso, a característica distintiva de um eu concerne ao empenho em se tornar ele mesmo, constante e paradoxalmente implicado no processo de se tornar aquilo que já é. Assim, pode-se sempre recusar "relacionar-se" consigo mesmo, empenhar-se em se tornar si mesmo, mas, ainda assim, essa própria recusa continuará sendo um modo de se relacionar com o eu. Negar que se tem um eu, negar tornar-se um: esses não são apenas modos de reflexividade, mas formas específicas do desespero.

Essa visão paradoxal do eu como aquilo que incessantemente se torna o que já é coincide parcialmente com a concepção de sujeito hegeliana. Hegel argumenta que o sujeito da *Fenomenologia* se desenvolverá e se tornará gradualmente sintético, incluindo tudo aquilo que descobre fora de si no e como o mundo. E esse sujeito, que sucessivamente parece ser identificado como vida, consciência, consciência-de-si, Espírito, Razão, Saber Absoluto, finalmente descobre que *implicitamente* já havia sido, sempre, aquele que se tornou. O *tornar-se* do sujeito hegeliano é o processo de articular ou converter explicitamente as relações implícitas que constituem esse sujeito. Nesse sentido, o sujeito hegeliano está sucessivamente descobrindo aquilo que ele sempre já foi, mas que não sabia que era. O desenvolvimento ou a constituição do sujeito hegeliano consiste no processo de vir a conhecer o que é aquilo que esse sujeito já é.

Para Kierkegaard, contudo, essa visão do sujeito é apenas parcialmente verdadeira. Para Hegel, o sujeito é todo aspecto dessa relação: o sujeito é ele mesmo, a atividade de se relacionar e aquilo com que ele se relaciona (dado que o mundo, ou a Substância, mostram-se sinteticamente unificados ao sujeito). É precisamente esse círculo de imanência, porém, que Kierkegaard tenta romper; ele opera essa ruptura, no entanto, levando a lógica hegeliana ao seu próprio ponto de inflexão. Um novo parágrafo que se segue a essa exposição põe em ato graficamente a quebra com o argumento hegeliano. Kierkegaard formula uma pergunta ou/ou que não pode ser postulada dentro da perspectiva hegeliana: "Uma tal relação que se relaciona consigo mesma, um eu, deve ser ou estabelecida por si própria ou ter sido estabelecida por um outro".[9] Kierkegaard levanta, aqui, a pergunta acerca da gênese dessa relação. Não é suficiente saber aquilo que é constituído pela relação, nem saber que de algum modo ela constitui a si mesma. A pergunta permanece: o que constituiu essa relação como uma relação constituinte do eu? O que põe essa relação circular em movimento? Kierkegaard infere que deve haver uma relação que é temporalmente anterior ao eu autoconstituinte, que essa relação prévia deve, também, ser reflexiva e constituinte, e que o eu deve ser um produto constituído dessa relação prévia. Essa relação prévia parece ser Deus, embora Kierkegaard quase nunca forneça uma definição de Deus.

Eus apaixonados e a afirmação da fé

Em *Pós-escrito conclusivo não científico às Migalhas filosóficas* (1846), Kierkegaard esclarece que não está interessado em provar racionalmente que Deus existe, mas apenas na

---

[9] Citado por Butler da tradução em inglês: "*Such a relation that relates itself to itself, a self, must either have established itself or have been established by another*". Na tradução de Casais Monteiro à edição brasileira: "Uma tal relação, que se orienta sobre si própria, não pode ter sido estabelecida senão por um outro" (KIERKEGAARD, 2010, p. 26). (N.T.)

pergunta sobre como alcançar a fé à medida que ela emerge para o indivíduo existente: como me torno um cristão, que relação posso ter com a fé?[10]

Se o que constitui o eu resta como parte desse eu, então aquele cuja tarefa consiste em tomar a si como seu próprio objeto tomará necessariamente, também, esse fundamento prévio da própria existência como seu objeto.[11] É nesse sentido que, para Kierkegaard, o eu que toma a si como seu próprio objeto tomará como objeto, também, "um outro". Em Hegel, essa mesma formulação se aplica, mas o "outro" que constitui o eu será o outro social, a comunidade de outros sujeitos que coletivamente fornecem o mundo social e histórico em comum, do qual deriva o sujeito particular. Para Kierkegaard, contudo, esse movimento é sintoma de uma recusa em ver o que transcende o mundo social e humano, ou seja, o transcendente ou o infinito a partir do qual o mundo social é derivado em sua concretude.

A tarefa do eu, para Kierkegaard, é indissoluvelmente dupla: autoconstituinte, ainda que derivado, o eu é "uma relação que se relaciona consigo mesma e, ao se relacionar consigo mesma para si mesma, relaciona-se com um outro". Na medida em que "um outro" é infinito, e essa infinitude prévia constitui o eu, ele participa, igualmente, da infinitude. Mas o

---

[10] "[...] com o intuito de evitar confusão, deve-se imediatamente relembrar que o problema não é o da verdade do cristianismo, mas sim sobre a relação do indivíduo com o cristianismo; por conseguinte, não é sobre o zelo sistemático, de um indivíduo indiferente, por arrumar as verdades do cristianismo em §§ (parágrafos), mas antes sobre o cuidado, do indivíduo infinitamente interessado, por sua própria relação com uma tal doutrina" (KIERKEGAARD, 2013, p. 25).

[11] Descartes, "Quinta Meditação". "Deus é perfeito e pode apenas criar aquilo que é igualmente ou menos perfeito do que ele/ela/o próprio, pois nada pode ser mais perfeito do que Deus. Se existe algo que contém algum grau de perfeição em si, este algo deve ser produzido pelo que é, no mínimo, tão ou mais perfeito do que ele próprio. Não há nada no mundo que seja mais perfeito do que os seres humanos, ainda que eles sejam imperfeitos em alguns aspectos (eles pecam, são ignorantes). Disso deriva que os seres humanos devem ser criados por aquilo que é igualmente ou mais perfeito que eles mesmos. E é este ser perfeito que chamamos de Deus." [Sem referência no original. (N.T.)]

eu também é determinado, corporificado, e portanto finito, o que significa que cada eu particular é simultaneamente finito e infinito, e que ele vive esse paradoxo insolúvel. A fé será descrita por Kierkegaard como interioridade infinita, a afirmação incessante e apaixonada do infinito, e, nesse sentido, será uma ocasião para o infinito emergir no interior do eu: "é na paixão que toda vida humana encontra a sua unidade, e a fé é uma paixão" (KIERKEGAARD, 1986, p. 149). Em outro sentido, esse eu, apesar de ser capaz da fé infinita, nunca será equivalente à infinitude que é anterior ao indivíduo, a que Kierkegaard chama de "Deus", mas que algumas vezes é figurada em termos de uma possibilidade infinita.[12] Embora infinito em sua paixão e fé, o eu ainda é *existente* e, portanto, finito. Em sentido estrito, a infinitude prévia ao eu, a infinitude de que o eu emerge, não *existe*. Pela possibilidade inatualizada e infinita de existir, ela teria de ser atualizada, o que significa tornar-se finita e, portanto, não ser mais passível de definição como possibilidade infinita. Essa possibilidade infinita, esse fundamento ou Deus, não pode ser conhecido ou afirmado como um objeto finito, mas se afirmar apenas por uma fé apaixonada que emerge nos próprios limites do que é cognoscível.

Essa é uma afirmação que não pode ter lugar pelas vias da racionalidade, da linguagem ou da especulação; surge como uma paixão e uma possibilidade apenas sob a condição de que a reflexão tenha falhado. Nas *Migalhas filosóficas* de Kierkegaard, ele faz referência a essa crise do pensamento especulativo como "a paixão da Razão" e "a paixão do pensamento [...] presente nele em todas as partes" (KIERKEGAARD, 2011, p. 59). Aqui, a paixão sustenta o sentido de sofrimento e anseio, e Kierkegaard parece indicar que a paixão é gerada precisamente no momento em que o pensamento falha em capturar seu objeto. Porque parte daquilo que supõe a compreensão de um objeto é compreender sua origem, e porque essa origem ou fundamento é a infinitude ou Deus, todo ato de conhecimento

---

[12] Ver a discussão de Kierkegaard sobre Abraão em *Temor e tremor*.

é assombrado pelo problema da fé e, portanto, também pela paixão. Niels Thulstrup, comentador de Kierkegaard, descreve essa paixão como "algo que a razão não pode compreender e que a leva a se fundamentar em sua paixão, a paixão que quer a colisão, que se esforça por descobrir aquilo que não pode ser pensado e não deve ser compreendido pelas categorias do pensamento humano" (KIERKEGAARD, 1962, p. xxv).[13] Diante do infinito, o pensamento pode somente fornecer um conceito finito ou uma palavra, mas ambos são instrumentos que supõem uma finitude capaz apenas de mal interpretar e, de fato, *negar* aquilo que procuram afirmar. Certamente, esse é também o problema da confiança que Hegel atribui ao conceito como aquilo que captura o infinito.[14]

Poderíamos, aqui, ver-nos tentados a assumir que Kierkegaard propõe que o eu supera sua finitude a fim de afirmar, pela interioridade apaixonada, a infinitude da qual emerge. Mas essa é, para Kierkegaard, uma impossibilidade. E é nesse ponto que ele parece levar Hegel a sério, mesmo que acabe por contestá-lo: o eu é, inevitavelmente, tanto finitude quanto infinitude, a qual vive não como síntese, e não como a transcendência de uma sobre a outra, mas como um perpétuo paradoxo. Na medida em que o eu se autoconstitui, isto é, tem como tarefa o tornar-se si mesmo, é finito: ele é *este* eu, e não qualquer outro. Na medida em que o eu é derivado, uma possibilidade atualizada de uma fonte infinita de possibilidades, e retém essa infinitude dentro de si mesmo como interioridade apaixonada, então esse eu é infinito. Mas a reconciliação entre existência e fé, isto é, o fato de ser um indivíduo existente que, em sua finitude, pode sustentar a si

---

[13] Citado por Butler da edição em inglês: "*something which reason cannot comprehend and which leads reason to founder in its passion, the passion which wills the collision, which strives to discover that which cannot be thought and cannot be comprehended in the categories of human thought*". (N.T.)

[14] Ver a discussão de Kierkegaard sobre os limites do pensamento especulativo em *Pós-escrito às Migalhas filosóficas,* capítulo 2, "A consideração especulativa".

mesmo em sua fé infinita, é o paradoxo da existência, que se pode apenas viver, mas nunca ser superado. Como Kierkegaard formula com sua ironia característica: "estar na existência é sempre um tanto embaraçoso" (KIERKEGAARD, 2016, p. 167).

Retornemos à frase de *Doença até a morte* que sugere que o sujeito hegeliano, reformulado como um eu (com a capacidade de interioridade) e entendido como derivação de uma fonte infinita, é tanto autoconstituinte quanto derivado, "uma relação que se relaciona consigo mesma e em se relacionando consigo mesma para si mesma relaciona-se com um outro".[15] Essa frase, que parece lógica e, até certo ponto, implicitamente teológica, leva à introdução do desespero como uma categoria psicológica: "é por isso que existem duas formas de desespero em sentido estrito. Se um eu humano tivesse sido estabelecido por ele próprio, poderia existir somente uma forma: não querer ser ele mesmo, querer livrar-se dele mesmo, mas, desse modo, não poderia existir esta outra: querer desesperadamente ser ele mesmo".[16]

O desespero é resultado do esforço de superar ou resolver o paradoxo da existência humana. Se uma pessoa procura fundamentar-se no infinito negando que ele existe e é, assim, finito, cai no desespero do infinito, desejando não ser o eu particular que é. Mas se uma pessoa nega o infinito e procura assumir responsabilidade total pela própria existência, tendo

---

[15] Citado por Butler da tradução em inglês: "*a relation that relates itself to itself and in relating itself to itself relates itself to another*". Na tradução da edição brasileira: "uma relação que não é apenas consigo mesma, mas com outrem" (KIERKEGAARD, 2010, p. 26). (N.T.)

[16] Citado por Butler da tradução em inglês: "*This is why there can be two forms of despair in the strict sense. If a human self had established itself, then there could be only one form: not to will to be oneself, to will to do away with oneself, but there could not be the form: in despair to will to be oneself*". Na tradução da edição brasileira: "Daí provém que haja duas formas do verdadeiro desespero. Se o nosso eu tivesse sido estabelecido por ele próprio, uma só existiria: não querermos ser nós próprios, querermo-nos desembaraçar do nosso eu, e não poderia existir esta outra: a vontade desesperada de sermos nós próprios" (KIERKEGAARD, 2010, p. 26). (N.T.)

em vista a totalidade do eu como própria criação radical, esse é o desespero do finito.[17] Essa segunda forma de desespero, o desespero de querer ser ele mesmo, isto é, ser o fundamento ou a única fonte de sua própria existência, é uma forma mais essencial do que a primeira. Essa segunda forma constitui uma recusa em ser fundamentado naquilo que é mais infinito que o eu humano e por isso constitui um desafio a Deus. O modo primário como os seres humanos caem em desespero é pelo repúdio de suas origens infinitas. Esse desespero é marcado por certa *hýbris* ou arrogância e, em seu limite, torna-se demoníaca, entendida como um desafio voluntário ao divino. Consideraremos esse extremo demoníaco do desespero ao fim de nossas observações, quando levarmos em conta a relação ambivalente de Kierkegaard com a própria autoria.

Isso significa, sem dúvida, que se uma pessoa sabe que está desesperada e procura *pelos seus próprios meios* subtrair-se do desespero, apenas se encontrará cada vez mais completamente imersa nesse desespero. Esse eu está, ainda, tentando recusar sua fundamentação naquilo que é maior que ele mesmo. Paradoxalmente, o eu que recusa o infinito deve pôr em ato essa recusa *infinitamente*, assim recapitulando e reafirmando o infinito de maneira negativa no próprio gesto de incredulidade. Se Hegel pensava que esse sujeito poderia ser uma síntese do finito e do infinito, falhou em levar em conta que esse sujeito, reformulado como um eu com interioridade, não pode nunca mediar a diferença qualitativa entre o que é finito no eu e o que é infinito. Essa falência da mediação é o que sublinha o caráter paradoxal da existência; a afirmação apaixonada e irracional desse paradoxo, uma afirmação que deve ser infinitamente repetida, *é a fé*; o esforço preventivo à resolução desse paradoxo é obra do desespero. Nesse sentido, o desespero marca o limite da mediação dialética ou, mais que isso, todo esforço de mediação será lido por Kierkegaard como sintoma

---

[17] Essa perspectiva é atribuída genericamente à filosofia existencial, mas não deveríamos aplicá-la a Kierkegaard.

do desespero. Toda síntese presume e institui como *repúdio* daquilo que não pode ser compreendido pelo pensamento; infinitude é precisamente o que escapa à conceitualização. Essa infinitude recusada retorna, contudo, como o movimento infinito do desespero no indivíduo existente que procura solucionar o paradoxo da existência através do pensamento. Ao invocar o desespero, Kierkegaard assinala os limites do ideal hegeliano de síntese: "o desespero é a discordância na relação de uma síntese que se relaciona a si própria".[18]

O ideal hegeliano de se tornar um consigo mesmo é alcançado por meio das relações sociais obtidas e pela relação estabelecida com tudo aquilo que se encontra fora do eu. Segundo Hegel, o sujeito descobre que outros humanos e objetos são parte da própria identidade, que, ao *se relacionar* com os outros e com objetos, o sujeito humano põe em ato (ou atualiza) algumas de suas capacidades mais fundamentais. Assim, o sujeito atinge certa unidade consigo mesmo por meio da relação com aquilo que é diferente de si. Essa unidade, contudo, não é uma possibilidade para o *eu* kierkegaardiano. Por mais que esse *eu* queira afirmar a si mesmo como fundamento ou origem de suas próprias relações com os outros, ele está fadado ao fracasso. Esse eu pode assumir a responsabilidade de suas próprias capacidades negando aquilo que é produzido nele pelo que é maior que si mesmo. Esse é um tipo de desespero, o desespero de querer ser ele mesmo. Por outro lado, se esse eu tenta renunciar a toda responsabilidade por si mesmo alegando que alguma realidade maior e infinita, Deus, produziu tudo que lhe concerne, então esse eu se encontra em outro modo de desespero, o desespero de não querer ser ele mesmo. Não há escapatória para esse paradoxo. Ser um eu, portanto, significa estar em uma dessas duas formas de desespero ou ter

---

[18] Citado por Butler da tradução em inglês: "*Despair is the misrelation in the relation of a synthesis that relates itself to itself*". Na tradução da edição brasileira: "O desespero é a discordância interna de uma síntese cuja relação diz respeito a si própria" (KIERKEGAARD, 2010, p. 28). (N.T.)

fé. Mas tanto no desespero quanto na fé esse paradoxo nunca é solucionado. No desespero, vive-se um lado do paradoxo e, em seguida, o outro (assumir a responsabilidade radical por ele mesmo ou nenhuma), mas, na fé, afirma-se o paradoxo, assumindo a responsabilidade por si ao mesmo tempo que se afirma não ser a origem da própria existência.

Poderíamos perguntar se nos encontramos sempre em desespero ou na fé. A resposta para Kierkegaard é afirmativa. Na maior parte das vezes, os seres humanos vivem em desespero, e eles nem sequer sabem que estão em desespero. Esse desconhecimento de se encontrar em desespero é, de fato, sintoma do desespero. A pessoa que não sabe que há, aí, uma tarefa, uma luta por se afirmar nesse modo paradoxal, constitui determinado conjunto de pressuposições sobre a solidez de sua própria existência que permanece inquestionado e, portanto, posto de fora à dificuldade da fé. E parece então não haver caminho para a fé exceto pelo desespero. Mas a fé, para Kierkegaard, não fornece uma solução ao paradoxo do eu. De fato, nada fornece tal solução. O eu é uma alternância, um movimento constante de cá pra lá, um paradoxo vivo, e a fé não detém ou resolve essa alternância convertendo-a em um todo sintético e harmonioso; pelo contrário, a fé é precisamente a afirmação de que *não pode haver nenhuma resolução*. E na medida em que a "síntese" representa a resolução racional do paradoxo, e que o paradoxo não pode ser solucionado, segue-se então que a fé emerge precisamente no momento em que a "síntese" se apresenta como uma solução falsa. Essa é, por assim dizer, a última gargalhada de Kierkegaard sobre Hegel. Ao passo que Hegel argumenta que a falência de qualquer síntese dada aponta ao caminho de uma síntese maior e mais inclusiva, Kierkegaard procura demonstrar que a síntese em si mesma, não importando o quão inclusiva, não pode solucionar o paradoxo do eu. Concretamente, essa diferença entre Hegel e Kierkegaard implica que o eu, em última instância, forma uma experiência muito diversa do e no mundo. Para Hegel, o sujeito encontrará eventualmente uma relação unificada e harmoniosa com aquilo que aparece primariamente externo a si mesmo, com que pode, idealmente, encontrar a si mesmo em casa no mundo, "do" mundo "em" que está. Mas, para Kierkegaard, o que está "fora" do finito em si mesmo, a saber, o infinito, está também "dentro" do *eu* como liberdade e a dupla possibilidade de desespero e fé (todas as quais são paixões "infinitas", paixões que nunca podem ter um fim). Mais ainda, o infinito que persiste como fundamento do eu finito ou no interior do eu como sua própria paixão nunca pertencerá completamente ao eu finito ou ao mundo finito no qual ele, apesar disso, existe de algum modo menos que aparente. Portanto, para Kierkegaard, o infinito, que é a fonte do eu e que nele persiste como sua paixão, nunca será plenamente "do" mundo em que habita. O eu, para Kierkegaard, será perpetuamente separado não apenas de si mesmo, mas também de suas origens e do mundo em que se encontra.

Poderíamos imaginar uma réplica hegeliana à afirmação de Kierkegaard do eu paradoxal. Hegel talvez argumentasse que, se há algo como o eu que é infinito, essa infinitude deve, no entanto, *aparecer* de alguma maneira a ser *conhecida*. Na linguagem hegeliana, pode-se dizer que, para o infinito tornar-se atual e ser, portanto, cognoscível, ele deve tornar-se determinado ou aparecer de alguma forma. E Hegel imaginou que certos tipos de conceito poderiam ser tanto finitos (particulares, determinados, específicos) quanto infinitos (não específicos, indeterminados, ilimitados). Hegel queria alcançar um conceito, entendido como um tipo de pensamento especulativo, no qual o finito e o infinito não apenas coexistiriam, como também seriam essencialmente dependentes um do outro. Imaginemos um pensamento que fosse o *seu* pensamento, especificamente seu, e, portanto, determinado e específico, mas *ao mesmo tempo* um pensamento do que é infinito e, assim, não ligado à sua pessoa ou limitado por qualquer coisa. Hegel imaginou que o pensamento do infinito dependia do pensador determinado, do lugar e da existência desse pensador, ao mesmo tempo que esse pensamento infinito excede aquilo que determina o espaço e o pensador. Nesse sentido, o pensamento infinito depende do pensador finito para que seja pensado, para que venha a ocorrer e ter forma, e o pensador finito não é pensador, isto é, não está realmente pensando, pensando o pensamento através de sua possibilidade infinita, a não ser que esse pensador finito seja capaz de pensar o infinito. Para Hegel, portanto, existe uma dependência mútua entre, por um lado, aquilo que é finito e o que é infinito, e, por outro lado, o que é infinito no sujeito humano, em que tanto o finito quanto o infinito formam o projeto do pensamento.

A réplica de Kierkegaard é firme. Se uma pessoa intenta *pensar* o infinito, *já* faz do infinito finito. Não pode haver um pensamento sobre o infinito, pois, precisamente, o infinito não é apenas aquilo que não pode ser pensado, mas também o que insistentemente força uma crise no próprio pensamento; o infinito é o limite do pensamento, e não um conteúdo possível a qualquer pensamento. À alegação hegeliana de que o infinito deve primeiramente *aparecer* antes de ser conhecido, Kierkegaard teria respondido que o infinito não apenas não pode aparecer, como também não pode ser conhecido. É, portanto, em certa medida *contra* Hegel que Kierkegaard formula sua noção de infinito e, consequentemente, também de fé: o infinito escapa à dialética, não pode ser capturado ou "entendido" por qualquer esforço racional de pensamento ou síntese. O infinito não pode ser afirmado racionalmente e, portanto, passionalmente, nos limites do pensamento, isto é, nos limites do hegelianismo.

Temor, tremor e outras paixões interiores

Essa oposição a Hegel põe Kierkegaard em um enlace, posto que Kierkegaard é um *escritor*; ele se opõe a Hegel em palavras e produz textos concretos e determinados, coisas finitas que abrigam suas reivindicações a respeito do que é infinito. Como podemos entender Kierkegaard, o homem finito ou o "indivíduo existente", em relação a sua noção de infinito, que nunca pode ser completamente expressa por qualquer pronunciamento ou texto finito ou determinado? Na forma de expressões finitas, os próprios textos kierkegaardianos, mesmo *Doença até a morte* ou *Temor e tremor* (1843), apenas podem *falhar* em expressar a noção de infinitude que procuram comunicar. Ao passo que um hegeliano talvez argumentasse que a escrita kierkegaardiana do infinito é, em si mesma, essencial ao infinito que expressa, a resposta de Kierkegaard será de que, se existe um infinito que nunca pode ser solucionado com o finito, então seus próprios textos vão sempre *fracassar* em comunicar o infinito. De fato, a resposta de Kierkegaard será: "Meus textos *devem* falhar em expressar o infinito, e será em virtude desse *fracasso* que o infinito será afirmado. Ainda, essa afirmação do infinito não tomará a forma de um pensamento; terá lugar nos próprios limites do pensamento; forçará uma crise no pensamento, o advento da paixão".[19]

Então, para que Kierkegaard escreva um livro contra Hegel, contra a síntese, e em favor da paixão e da fé, ele precisa escrever um livro que fracasse em comunicar diretamente a própria paixão e fé que procura defender. Um autor não pode incorporar ou expressar o infinito, pois essa "expressão" converteria, inadvertidamente, em finito o que deve permanecer infinito. De fato, os termos "paixão" e "fé" não podem expressar ou comunicar paixão e fé; podem apenas *falhar* em comunicar e, no fracasso, *apontar o caminho* de uma afirmação que está fundamentalmente além da linguagem. Consciente dessa tarefa paradoxal de escrever sobre aquilo que não pode ser vertido em linguagem, Kierkegaard insiste na necessidade de uma comunicação indireta, um tipo de comunicação que conhece seus próprios limites e, ao pôr em ato esses limites, aponta indiretamente ao caminho daquilo que não pode ser comunicado.

As evidências da concepção kierkegaardiana da comunicação indireta podem ser remetidas ao fato de que ele frequentemente escreveu e publicou sob pseudônimo. *Doença até a morte* foi publicado por "Anti-Climacus" como autor.

---

[19] Sem referência no original. (N.T.)

Temor e Tremor foi escrito por "Johannes de Silentio", e *Migalhas filosóficas*, por "Johannes Climacus", também autor de *Pós-escrito conclusivo não científico às Migalhas filosóficas*. Outros pseudônimos incluem "Constantin Constantius" (*A repetição*, 1843) e "Victor Eremita" (*Ou-Ou*, 1843). O uso do pseudônimo levanta a questão: quem é o autor por trás do autor? Por que Kierkegaard se esconde? O que se esconde em sua escrita, e o que se revela? O autor pretende dizer o que diz, ou o pseudônimo permite que o autor "real" escreva aquilo que ele não escreveria sob o próprio nome? O que significa escrever sob o nome de outro? Não quero sugerir que a autoria pseudônima funcione sempre do mesmo modo ou pelas mesmas razões na obra de Kierkegaard. Mas ela parece diretamente relacionada ao problema da escrita do infinito a que nos referimos anteriormente. O nome falso sugere que o que quer que seja escrito sob ele não exaure todas as possibilidades do que o autor, Kierkegaard, poderia ser. Há algo que não se está se dizendo, expressando ou dando a conhecer. É, no mínimo, Kierkegaard o homem que, em algum nível, esconde-se por trás do autor ficcional em nome do qual escreve. Num nível existencial, contudo, há algo em todo *eu* que *não se pode expressar* por qualquer ato de escrita. Há algo em cada *eu* que é silenciado, e Kierkegaard deixa claro que, ao fim, fé e paixão em geral não são questões de escrita ou de fala, mas da permanência no silêncio.

Se os textos de Kierkegaard são, então, obras sobre a fé, não devem ser apenas trabalhos de linguagem, mas, também, trabalhos do silêncio. Isso é sugerido pelo pseudônimo "Johannes de Silentio", "autor" de *Temor e tremor*. E, nesse texto, encontramos a figura de Abraão, cujo silêncio não pôde ser entendido pelo autor. Abraão, de fato, representa a fé; ele é chamado "o cavaleiro da fé", e ainda assim não fala e não nos deixa pistas com que poderíamos ser capazes de encontrar razão em sua fé. O autor tenta repetidamente entender a fé de Abraão, mas falha.

Qual é a história de Abraão, e qual a natureza de sua fé? Abraão recebe um sinal de Deus de que deve levar seu filho ao alto de uma montanha, o monte Morija, e matá-lo como ato de fé. De acordo com a Bíblia, Abraão não conta a Isaac, seu filho, o que está prestes fazer, e tampouco conta a Sara, sua esposa. Sob o pseudônimo de Johannes de Silentio, Kierkegaard abre *Temor e tremor* relatando a história de Abraão várias vezes. Cada esforço em narrar o que aconteceu a Abraão é também um esforço para compreender como ele poderia se preparar para agir de tal maneira. Se Abraão se dispõe a matar o filho, arrisca-se a se tornar um assassino, de acordo com as normas éticas estabelecidas; ele destrói seu próprio filho, sua própria família, rompendo com os mais prezados vínculos *humanos*. Johannes de Silentio tenta compreender como Abraão, que amava seu filho, estava, contudo, disposto a desafiar, resistir ou suspender esse amor, bem como uma das leis mais fundamentais da ética, com o fim de performar sua fé. Que tipo de fé Deus exige de Abraão de forma a prepará-lo para sacrificar aquele vínculo mundano que é o mais importante para ele? Há um Deus cruel, a ser desobedecido? E por que Abraão persiste em seu caminho, levando silenciosamente Isaac ao topo do monte Morija e erguendo sua mão, para que apenas *então* ela seja detida por Deus?

O exemplo é, sem dúvida, impressionante, mas Kierkegaard ensaia essa cena de Abraão subindo o monte Morija, sacando a espada, e tenta entender como qualquer ser humano poderia se voltar contra aquilo que lhe é mais importante no mundo. Abraão não fornece nenhuma explicação, e Kierkegaard nos leva ao ponto de entender que não pode haver nenhuma explicação em palavras. Em nome de quê? Por que bem maior? Para Johannes de Silentio, a resposta nunca chega, mas as perguntas repetem-se insistentemente, exaurindo a linguagem e abrindo-se ao vazio silencioso da fé.

Kierkegaard imagina como seria para Abraão sentir toda a força do seu amor por Isaac e ao mesmo tempo seguir os ditados de uma fé que exige o sacrifício de Isaac. Esse é, certamente, um paradoxo, e a história de Abraão nos oferece algo como uma alegoria do *eu* paradoxal. Não há nenhum modo de reconciliar o amor profundamente finito e mundano de um pai por seu filho com uma noção de fé que é infinita, "no" mundo, mas não "dele". Esse é, precisamente, o tipo de paradoxo que não pode ser pensado, não pode ser resolvido por alguma solução harmoniosa, mas que arrasa o pensamento, força uma exposição do próprio pensamento. Nas palavras indiretas de Kierkegaard: "Eu não posso me pensar em Abraão"; "No que me toca, posso perfeitamente descrever os movimentos da fé, mas não me é possível reproduzi-los" (KIERKEGAARD, 1986, p. 130); "a fé começa precisamente onde acaba a razão" (p. 140).

Mas Kierkegaard não está apenas horrorizado pelo sacrifício que a fé exigiu de Abraão. Está também estarrecido pelo fato de que Abraão parece recuperar Isaac, que Deus não apenas pede o sacrifício, mas também devolve o que foi perdido, e tudo isso *sem razão*. Além do mais, parece que Abraão não se volta contra o Deus que, pelo visto, agiu tão cruelmente com o objeto mais precioso do amor humano de Abraão: "que se chegue a perder a razão e com ela tudo o que é finito, de que a razão é o agente de transformação, para recuperar então a esse mesmo finito em virtude do absurdo: eis o que me espanta; mas não digo isso por isso que seja coisa insignificante, quando, pelo contrário, é o único prodígio" (KIERKEGAARD, 1986, p. 129).

Por um lado, Kierkegaard se encontra estarrecido pela *arbitrariedade* e pelo caráter caprichoso do modo como Deus é, aqui, retratado como aquele que dá e toma. Por outro, a fé de Abraão é um prodígio, pois não vacila diante da alternativa entre a beneficência e a crueldade dessa autoridade última. Abraão não é astuto com respeito a Deus. Não imagina que, ao agir como se estivesse disposto a sacrificar Isaac, Deus deterá sua mão: "Acreditou pelo absurdo, pois todo humano cálculo estava, desde longo tempo, abandonado" (KIERKEGAARD, 1986, p. 129). Se a fé designa o limite do pensamento, se emerge precisamente quando o pensamento falha em compreender aquilo que havia antes de si, então Abraão sobe a montanha e saca a espada *sem saber* que Deus lhe devolverá Isaac. O que é incrível em Abraão é que ele sustenta sua fé *sem saber* que receberá Isaac de volta. A fé não é uma barganha; é aquela afirmação que surge quando toda barganha falhou. É a isso que Kierkegaard se refere quando afirma que Abraão tem fé em virtude do absurdo. E a fé é um salto, um salto para além do pensamento, além do cálculo, feito da e com a *paixão*, que não pode ser nem compreendida pelo pensamento nem comunicada através da linguagem.

Em *Temor e tremor*, Kierkegaard alega que ainda não pode realizar esse salto, mas apenas rastrear seus passos e aplaudir esse movimento como algo prodigioso. Sabe o suficiente para reconhecer que Abraão deve ter se sentido angustiado no momento em que sacou a espada. E enquanto há aqueles que teriam desafiado Deus e voltado ao mundo ético, recusando-se a sacar a espada para aliviar, desse modo, sua angústia, Abraão não é um deles. E enquanto há aqueles que teriam se voltado contra seu amor por Isaac e negado a importância desse vínculo, Abraão não é um deles. Ele não se volta contra o finito (Isaac) ou o infinito (Deus), mas prepara a afirmação paradoxal de ambos. Preparando-se para sacrificar Isaac, contudo, Abraão performa "a suspensão teleológica do ético" (KIERKEGAARD, 1983b, p. 54). Esta não é a negação da ética, mas a suspensão ou o adiamento do domínio ético em nome daquilo que é maior, ou seja, o infinito ou o divino. O mundo humano e finito é fundamentado naquilo que é maior que ele mesmo, isto é, o infinito, e existem ocasiões em que a afirmação dessa infinitude tem prioridade sobre a afirmação do domínio finito, produto dessa infinitude. Mas essa suspensão do ético implica angústia, e a fé não soluciona essa angústia, mas existe com ela. Todo indivíduo finito pode ter fé apenas por meio da angústia, pois toda fé envolve alguma perda ou enfraquecimento dos vínculos mundanos, incluindo o vínculo com a própria finitude, o *eu* corporal. Há na fé um definhamento do *eu* finito, este corpo, este nome, estes vínculos mundanos com a família, amigos, amantes, este pertencimento a um tempo e a uma paisagem, um lar, uma cidade. A fé ressalta que todas essas coisas finitas nas quais estamos investidos são perecíveis e que não há nenhuma razão necessária ou qualquer garantia de que elas irão permanecer da maneira como as conhecemos ou, mesmo, sobreviver.

Se a história de Abraão é uma alegoria da fé, e se Abraão é, ele mesmo, uma figura para a fé, podemos, então, interpretá-la a partir de suas implicações filosóficas mais gerais. Aristóteles disse uma vez que a filosofia começa por um sentido de espanto, o espanto de que as coisas existem, em vez de não existirem. O "espanto" aristotélico não é tão diferente do sentido de prodígio em Kierkegaard no seu encontro com Abraão. Para Aristóteles, o espanto surge do fato *de que* as coisas existem, e não pelo modo *como* elas se deram – embora isso também lhe interesse –, mas porque as coisas vieram de todo a ser. Kierkegaard escreve a respeito da "emoção que é o apaixonado sentido do devir: espanto" (KIERKEGAARD, 1962, p. 99). Em seus termos é, por um lado, um prodígio que esses seres finitos específicos, humanos, os elementos, os objetos de todos os tipos, tenham lugar no mundo antes de qualquer outro conjunto de seres. Por outro lado, é aterrorizante o fato de que tudo que existe tenha lugar no mundo sem que haja nenhuma razão necessária para isso. Por não haver nenhuma razão necessária para que as coisas venham a ser no mundo, não há razão necessária que sustente essas próprias coisas no mundo, e não há razão necessária que impeça seu desaparecimento do mundo finito. Se esses seres finitos vieram ao mundo a partir de um conjunto de possibilidades infinitas, então por que motivo, de toda a miríade de seres incontáveis que vieram ao mundo, *esses* vieram à existência? Não parece haver nenhuma necessidade pela qual *esses* seres tenham vindo à existência e não outros, se considerarmos que a fonte ou origem de todas as coisas é uma possibilidade infinita, outro nome para Deus. Mas o espanto ou o prodígio provêm, também, de outra constatação. Se o que existe no domínio do finito é a atualização de um conjunto de possibilidades, e se esse conjunto de possibilidades é apenas um subconjunto das possibilidades infinitas que não são atualizadas no mundo existente, como levamos em conta as possibilidades que realizam a *passagem* da possibilidade infinita àquilo que existe no mundo finito? Nenhuma razão pode ser oferecida: não há necessidade de que o infinito, Deus, crie o finito, o mundo humano, mas é perfeitamente absurdo que ele o tenha feito.

O finito é fundamentado no infinito: sabemos disso pela análise de Kierkegaard do desespero. Mas o finito nunca expressa totalmente o infinito que está em sua origem. É precisamente na medida em que um indivíduo existente, por exemplo, é finito – isto é, limitado, mortal, localizado em espaço e tempo, e corporal – que esse indivíduo é sem dúvida não infinito e, portanto, não expressa totalmente a infinitude da qual ele ou ela (absurdamente) surge. Essa passagem do infinito ao finito não pode ser pensada; é um espanto e um prodígio, mas também bastante aterrorizante, pois não há razão necessária para que nada exista ou, assim, para que permaneça em sua existência, ou seja, vivo. O que quer que seja Deus para Kierkegaard, "ele" (Kierkegaard tende a não personificar Deus) não é aquilo que fornece uma razão ou uma necessidade para o que existe. Pelo contrário, a postulação do Deus kierkegaardiano sublinha que a própria existência é absurda.

A história de Abraão sugere que qualquer coisa que exista neste mundo o faz em virtude da graça, um ato arbitrário e irracional. A existência pode ser entendida como um tipo de dom inesperado, concedido de maneira tão fácil quanto é tomado. Ter fé significa afirmar essa contingência, esse vir a ser absurdo da existência, a despeito de todo o sofrimento causado pelo reconhecimento desse absurdo. Transformar o terror produzido pelo reconhecimento do absurdo não é uma tarefa fácil. Na verdade, o esteta e o ético não podem se furtar a esse terror; estão desesperados na medida em que são conduzidos pelo terror e envolvidos em empenhos sensíveis e éticos que buscam amenizar a angústia produzida pela facticidade da contingência humana. O cavaleiro da resignação de *Temor e tremor* pode ser entendido como uma figura no limite do domínio ético, que rastreia os movimentos da fé, mas é incapaz de dar o salto necessário. Ele se encontra, consequentemente, *horrorizado* pelo prospecto do sacrifício abraâmico do próprio filho; o cavaleiro da resignação, de fato, pode entender o ato intencional de Abraão como assassinato – e não como um sacrifício ou oferta a Deus.

Poderíamos, então, compreender o movimento do domínio ético ao da fé como a transformação do terror em um sentido de graça. A dificuldade em fazer esse movimento, contudo, consiste no fato de que a perspectiva da perda dos vínculos mundanos, isto é, da própria existência finita sem nenhuma razão necessária, não pode ser facilmente encarada com nada além de terror. Kierkegaard compreendeu que a tarefa da fé seria especialmente difícil de ser alcançada por aqueles que vivem segundo o impulso romântico que, ao conferir um valor enorme aos indivíduos existentes, não lhes permite a imaginação de um mundo que continua a existir sem eles. Esse era o impasse angustiante do jovem em *A repetição*, e existem evidências para sustentar a ideia de que o próprio Kierkegaard tenha se sentido assim a respeito de Regine Olsen, com quem rompeu um compromisso de casamento. Esse rompimento pode ser entendido como o próprio "sacrifício" de Kierkegaard, que, de um ponto de vista ético, parece ter sido o equivalente emocional do assassinato.

Em *Temor e tremor*, em meio à discussão sobre a fé de Abraão, Kierkegaard comenta com devida ironia que, se a filosofia hegeliana estivesse certa, então Abraão seria, de fato, um assassino. Para Kierkegaard, ao argumentar, na *Fenomenologia do Espírito* e em *Princípios da filosofia do direito*, que o indivíduo realiza sua verdade e seu propósito em uma comunidade ligada por leis *éticas*, Hegel representa o domínio ético. Hegel, de fato, argumenta que se um indivíduo se coloca acima da lei ética, esse indivíduo é pecador. Kierkegaard se opõe ao argumento de Hegel sobre a individualidade como pecado. Segundo Kierkegaard, Hegel não compreende que o indivíduo é maior do que a norma ética universal, que por vezes as leis éticas devem ser "suspensas" ou "renunciadas" de maneira que um valor maior possa ser afirmado, ou seja, o valor da fé – para

Kierkegaard, sem dúvida, um assunto sempre *individual*. A relação com Deus não pode ser mediada (essa crença alinha Kierkegaard a Lutero). Hegel supunha que Deus estava presente nas leis éticas, e que os indivíduos, ao serem submetidos à lei ética, estabeleciam uma relação mediada com Deus. Essa reconciliação feliz com o ético (chamado "o universal") e o religioso (chamado "o absoluto") é firmemente rejeitada por Kierkegaard. O meio-termo, o ético ou "universal", com que Hegel compreende a mediação entre, por um lado, o indivíduo e, por outro, o divino, é precisamente o que, para Kierkegaard, deve ser subordinado e suspenso de modo que a relação de fé absoluta e imediata do indivíduo com Deus se torne viva: "esta posição escapa à mediação que se efetua sempre em virtude do geral [universal]. Ela é e permanece eternamente um paradoxo inacessível ao pensamento" (KIERKEGAARD, 1986, p. 142).

Na concepção de Kierkegaard, a comunidade ética de Hegel exige o sacrifício do indivíduo a uma lei anônima. Como cidadãos obedientes às leis, somos intercambiáveis uns com os outros; cada um de nós expressa nosso *eu* verdadeiro e próprio por meio dos mesmos atos pelos quais nos conformamos a uma lei que se aplica a todos os seres humanos, a despeito de nossas diferenças. Nesse sentido, nenhum de nós é um indivíduo perante a lei, ou cada um de nós é contemplado pela lei como um sujeito anônimo. Ao passo que Abraão toma distância da lei ética que proíbe o assassinato, ele se torna um indivíduo, e quanto mais se recusa a honrar a autoridade daquela lei sobre sua própria existência, maior sua individuação. Esse ato de pôr em questão a lei ética como uma autoridade final sobre a vida envolve Abraão em uma angústia, pois, ao questionar a lei, Abraão encontra sua própria existência separada da comunidade ética de que participa.

Ao se opor à noção hegeliana de individualidade como pecado, Kierkegaard dá valor a essa angústia como liberdade humana, a exigência de tomar uma decisão entre cumprir ou não a lei ou seguir ou não uma autoridade superior. Embora Hegel pareça preocupado com o momento em que o indivíduo se separa da comunidade ética, suspendendo o poder de suas leis para governar a própria vida, ele também preza temor e tremor como momentos necessários ao desenvolvimento do sujeito humano.[20] Kierkegaard, significativamente, não leva em conta esse momento em Hegel no qual temor e tremor são considerados como experiências necessárias à conquista da liberdade humana. Podemos encontrar essa passagem ao final do conhecido capítulo da *Fenomenologia* intitulado "Dominação e escravidão". Ali, o escravo, que foi propriedade do senhor, liberta-se da própria escravidão. O que poderíamos esperar é a celebração radiante da liberdade, mas, em vez disso, encontramos no escravo emergente um medo devastador. Consideremos a descrição do escravo emancipado da *Fenomenologia do Espírito*, de Hegel, como exemplo do temor e do tremor produzidos pela experiência da liberdade humana temporariamente desatada pela autoridade. O escravo trabalha os objetos, e pela primeira vez *reconhece* seu próprio trabalho naquilo que faz. Ao reconhecer a *si mesmo* no objeto de sua produção, ele é atingido pelo medo: "o formar [...] tem também um significado negativo frente a seu primeiro momento, o medo. Com efeito: no formar da coisa, torna-se objeto para o escravo sua própria negatividade [sua liberdade] [...] esse negativo objetivo é justamente a essência alheia ante a qual ele tinha tremido" (HEGEL, 2013, p. 150).

Se o escravo tinha medo do senhor, ele agora tem medo de sua própria liberdade, agora que essa liberdade se converteu naquilo que "assenhora" sua própria existência. Poucas linhas depois, Hegel continua com uma passagem que associa ainda

---

[20] É interessante notar que Kierkegaard toma a expressão "temor e tremor" do Novo Testamento, Filipenses 2:12-14, mas a aplica a uma figura do Antigo Testamento, Abraão. O uso hegeliano de "temor e tremor" em relação ao trabalho é talvez um pouco mais próximo ao sentido que tem no Novo Testamento: "Portanto, meus amados, não só na minha presença, mas também particularmente agora na minha ausência, operai vossa salvação com temor e tremor, pois é Deus quem opera em vós o querer e o operar, segundo sua vontade".

mais a expressão da liberdade pelo trabalho com a experiência do medo:

> Sem o formar, permanece o medo como interior e mudo, e a consciência não vem-a-ser *para ela mesma*. Se a consciência se formar sem esse medo absoluto primordial, então será apenas um sentido próprio vazio. [...] Se não suportou o medo absoluto, mas somente alguma angústia, a essência negativa ficou sendo para ela algo exterior [sua liberdade ainda parece pertencer a outrem e não é ainda propriamente sua]: sua substância não foi integralmente contaminada por ela (HEGEL, 2013, p. 151).

Hegel prossegue observando que, se o escravo não foi abalado pelo medo naquilo que há de mais profundo em seu ser, permanecerá uma "liberdade no interior da escravidão" (HEGEL, 2013, p. 151).

Podemos começar a ver que, aqui, a caracterização de Hegel por Kierkegaard não é sempre justa. Hegel certamente não é a favor da escravidão do indivíduo à lei ética, pois o temor e o tremor associados ao momento de emancipação formará o indivíduo na medida em que ele ou ela ingressa na vida ética, no capítulo seguinte da *Fenomenologia*. É possível, de fato, perguntar-se se a própria linguagem kierkegaardiana de "temor e tremor" não deriva do escravo emergente da *Fenomenologia do Espírito*. O quão longe está o tremor do escravo, na perspectiva de sua própria liberdade, da angústia de Abraão em face de seu ato potencial? Em que diferem esses "tremores"?

Enquanto o escravo de Hegel treme diante daquilo que criou, a confirmação externa do seu próprio poder de criar, Abraão treme (interiormente) diante do que é obrigado por Deus a sacrificar e destruir. Enquanto o escravo é amedrontado por sua própria capacidade de criação, uma capacidade que, em seu caráter aparentemente ilimitado, faz dele uma figura de enorme responsabilidade e poder, Abraão é obrigado a agir de acordo com uma exigência divina que não pode compreender. Nesse sentido, a liberdade de Abraão não é guiada pela razão, mas por aquilo que é irracional, além da razão, e que exige uma obediência à irracionalidade acima de qualquer lei humana. O escravo, por outro lado, parece legislar a lei por si mesmo, expressa em sua própria "formação" ou trabalho. O escravo parece encontrar-se temporariamente sem uma autoridade, um "senhor", que é outro para ele mesmo. Mas Abraão está dominado por um Deus que é tão radicalmente diferente de si mesmo que ele não pode compreendê-lo de modo algum. O escravo se vê obrigado à liberdade sem a orientação de uma autoridade superveniente, e essa é uma situação insuportável que acarreta o desenvolvimento, no capítulo sobre a "Consciência infeliz", de uma *consciência*, a autoimposição de uma lei ética, entendida pelo próprio Hegel como uma forma de autoescravidão. Assim, o escravo de Hegel retrocede à temível perspectiva de sua própria liberdade escravizando a si mesmo por meio de projetos éticos e praticando diversos rituais de autonegação. Abraão, por outro lado, deve se vincular a uma autoridade cujas demandas são incompreensíveis, um ato que o abandona assustadoramente desvinculado da comunidade ética e de suas próprias capacidades racionais. Kierkegaard nos diz que é por meio dessa persistência no temor e no tremor que Abraão chega à experiência total e graciosa da fé.

A tarefa da fé é persistir afirmando a possibilidade infinita diante dos eventos que parecem constitutivos à própria existência como um empreendimento radicalmente impossível. O que impressionou Kierkegaard a respeito da história de Abraão é que ele enfrentou a possibilidade de perder aquilo que lhe era mais importante no mundo e, ainda assim, não perdeu a fé ou amaldiçoou a Deus: Abraão manteve sua fé não apenas diante dessa perda, mas também diante da tarefa de realizar o sacrifício por si mesmo.[21] Abraão ama Isaac, mas

---

[21] Imagine se o escravo de Hegel, ao criar um filho com uma mulher, fosse obrigado a sacrificar esse filho. Como a análise de Hegel teria de mudar para levar em conta a angústia de Abraão? [A esse respeito, ver o capítulo de *A vida psíquica do poder* "Apego obstinado, sujeição corporal: relendo

esse vínculo humano não pode ser a paixão mais importante de sua vida, pois aquilo que meramente existe pode ir e vir, e essa transitoriedade não pode nunca ser o objeto da fé. Se, no auge do amor romântico ou nos complicados laços emocionais da vida familiar, afirmamos que nossa existência não tem sentido sem algum indivíduo existente, esse é um sintoma de que nos encontramos em desespero. Para Kierkegaard, se qualquer indivíduo existente se torna a razão fundamental de viver, esse indivíduo deve ser sacrificado de modo que a fé retorne ao seu objeto próprio: o infinito.

Em *A repetição*, publicado simultaneamente a *Temor e tremor*, Kierkegaard narra a história de como um jovem, substituto velado do próprio Kierkegaard, rompe um noivado com a garota que ama. O sacrifício parece absurdo, pois ele não deixou de amá-la. E ainda que ela tenha se tornado sua razão última de vida, a fonte de toda afirmação, o jovem transferiu e investiu a infinidade de sua paixão em um indivíduo existente: esse é, para Kierkegaard, um modo de desespero e falência da fé. Precisamente porque ela se tornou um objeto que ele não estava disposto a perder, o jovem deve demonstrar sua vontade de perdê-la por completo. Seu sacrifício não é diferente daquele de Abraão, exceto que Abraão, sendo um "cavaleiro da fé", recupera Isaac, ao passo que o jovem, um verdadeiro "cavaleiro da resignação", parece orquestrar e sofrer uma perda irreversível. Ele sabe como sacrificar o que é finito e evitar o desespero que caracteriza a vida do esteta, assim como a do ético, mas não sabe de que maneira afirmar aquela infinitude que parece tornar a existência totalmente absurda.

Se Abraão recupera Isaac, que sentido tem o fracasso do jovem de *A repetição* em recuperar seu amor? Ter fé significa deixar de dar sentido ao que é finito, seja isso uma pessoa, um conjunto de objetos ou posses, uma terra natal, um trabalho,

---

Hegel sobre a consciência infeliz" (BUTLER, Judith. *A vida psíquica do poder: teorias da sujeição*. Trad. Rogério Bettoni. Belo Horizonte: Autêntica, 2017. p 39-68). (N.T.)]

uma família. Todos esses campos de investimento são finitos e perecíveis; quando transferimos a paixão religiosa a essas coisas, segundo Kierkegaard, afastamo-nos de Deus e conferimos um significado religioso deslocado às coisas deste mundo, caindo assim em desespero. Se se realiza o salto da fé, investem-se, então, a paixão absoluta e o significado no infinito; isso implica uma suspensão não apenas do ético, mas também de todo o reino do finito, pois qualquer objeto finito de paixão será agora entendido como um dom que emerge do infinito e que retorna, eventualmente, ao infinito. Para Kierkegaard, é na afirmação da contingência (ausência de necessidade) daquilo que amamos nesse mundo, e apenas nela, que nos tornamos livres para amar qualquer coisa. Se Abraão recupera Isaac, é porque suspendeu seus laços com o que é finito, afirmou o infinito, e assim compreendeu que nada que existe neste mundo pode sustentar uma paixão absoluta. É nesse sentido que Isaac foi, sempre, um dom de Deus; a própria existência é um dom, assim como todas as outras coisas existentes.

Sem dúvida, reconhecer que não há razão necessária para que alguns seres existam e outros não produz não apenas um sentido de espanto, mas também um sentido de terror. O pensamento de uma vida existente como contingência, como um evento arbitrário que poderia perfeitamente não ter acontecido, ou que poderia desaparecer a qualquer momento sem razão nenhuma, a rigor, não pode ser mantido; esse é um pensamento que se funda em si mesmo, pois como pode um pensamento pensar a contingência daquele que a pensa? Mas é esse pensamento que conduz à angústia sobre a existência que conduz à questão da fé. Testemunhar o mundo existente dessa maneira, como um dom aterrorizante e espantoso, é saber que não se é autor deste mundo; que o pai, em sentido estrito, não é a "origem" do filho, e que não apenas todas as coisas têm origem – absurdamente, espantosamente – no infinito, mas que, também, todas as coisas existentes retornam para lá.

Para Kierkegaard, esse problema da contingência da existência tem implicações no amor humano, uma paixão que beira a fé, mas que se torna desespero quando assemelhada à fé, uma paixão absoluta ou infinita. Amar o que existe sabendo, ao mesmo tempo, da natureza frágil e contingente de sua existência é encontrar-se em desespero; se uma pessoa tenta amar um objeto humano como se fosse absoluto, ela projeta uma paixão religiosa num objeto humano. O resultado disso, para Kierkegaard, é envolver-se em uma paixão deslocada e um sentido constante de perda. Ele descreve esse problema em alguma medida no primeiro volume de *Ou-ou*. Considerado como parte dos primeiros textos de Kierkegaard, *Ou-ou* é composto por dois volumes. O primeiro propõe uma escrita que põe em ato e explora o ponto de vista estético; o segundo, sermões e tratados do ponto de vista ético. Nenhuma dessas perspectivas é similar à fé, mas Kierkegaard, de maneira inequivocamente hegeliana, sugere que essas duas esferas, esses dois modos de abordagem do mundo, devem ser experienciados a fim de compreender os limites de cada um e a superioridade da fé. Não há uma escrita na perspectiva da fé em nenhum desses volumes, mas não é evidente que tal escrita possa existir; a fé se encontra, contudo, ali como o caminho não escolhido, o modo de afirmar o paradoxo que emerge entre a perspectiva estética e a ética.

O esforço em vão de fazer do ser humano um objeto da paixão absoluta e infinita consiste no dilema fatídico do esteta em *Ou-ou*. A alternativa nesse texto é tornar-se um ser puramente ético, que não se apega a nada de finito, mas que age de acordo com uma lei universal, uma lei aplicável a todos que torna anônimo e impessoal o sujeito obediente a ela. O esteta, por outro lado, valoriza aquilo que é mais imediato e finito como se fosse absoluto; a pessoa ética (também designada por "cavaleiro da resignação infinita") encara a lei humana como absoluta e dedica toda a sua paixão à aplicação dessa lei. Aquele que tem fé, contudo, vive por completo no mundo finito, mas, ao mesmo tempo, afirma sua contingência. Esse é o prodígio que Kierkegaard alega não poder performar, amar o que existe e afirmar a possibilidade de sua perda, aquilo que não serve de objeto último da paixão, a que dedica sua vida. O amor humano exige o conhecimento da graça, de que aquilo que nos é dado para amar não é nosso, e que sua perda nos remete ao que está na origem de todas as coisas finitas, incluindo a nós mesmos. Isso significa que, para aquele que tem fé, o amor é sempre um caso de angústia e ironia, e não há nenhum modo de vislumbrar diretamente como essa fé infinita no que é finito convive ao lado do amor finito àquilo que existe. Nos termos de Kierkegaard, "exprimir o impulso sublime num passo terreno: eis o único prodígio de que só é capaz o cavaleiro da fé" (KIERKEGAARD, 1986, p. 132).

Uma das consequências da visão paradoxal da fé em Kierkegaard é que esta não é uma forma de ascetismo. Kierkegaard não aconselha dar as costas ao mundo finito. Pelo contrário, ele imagina que o cavaleiro da fé será aquele que vive entre o mundo ordinário das coisas, um "preceptor", como sugere em *Temor e tremor*. Não seria possível ver de fora que esse indivíduo tem fé, pois a fé, em virtude de sua radical interioridade, é inexprimível. A integridade do reino finito seria "devolvida" a tal indivíduo pela razão paradoxal de que, através da fé, ele ou ela não temeria mais a perda do que existe; na fé, o indivíduo afirma a absurdidade e arbitrariedade pelas quais o mundo existente vem à existência e novamente desaparece. Essa afirmação não é um tipo de sabedoria ou conhecimento, mas uma paixão irracional que surge nos limites de todo pensamento.

A linguagem paradoxal da fé

Ainda que seja nítido que Kierkegaard escreva em favor da fé, restam pelo menos duas questões que apresentam uma dificuldade a qualquer leitor de sua obra. A primeira concerne ao "quê" da fé: Kierkegaard tem fé em quê? O que é esse Deus que aparenta ser infinito ou, mais especificamente, possibilidade infinita? A segunda questão está intimamente ligada à primeira: como poderíamos oferecer uma resposta à pergunta "em que Kierkegaard tem fé?" se esperamos que a resposta nos venha *na linguagem*? Afinal, já aprendemos que a fé não pode ser expressa na linguagem, que é a paixão infinita da interioridade do eu. Mas, então, qual o estatuto dos textos de Kierkegaard, se compreendemos seu propósito como incentivo à fé? Como esses textos funcionam? Como atingem seu propósito, se já sabemos, desde o princípio, que jamais podem expressar a fé ou, se alegam fazê-lo, falham em sua própria tarefa?

O Deus de Kierkegaard é infinito, o que significa que esse Deus nunca pode ser identificado com nenhum de seus produtos. Diz-se que esse Deus é a origem do mundo existente, mas não é um Deus que, de forma personificada, em algum momento da história – ou anterior à história – disse "Que haja luz", e a luz repentinamente apareceu. Não é que Kierkegaard entre em disputa com a verdade da Bíblia, mas ele insiste que a verdade da Bíblia não é passível de ser encontrada na linguagem do texto. Nesse sentido, Kierkegaard se opõe a uma leitura literal da Bíblia que tome toda palavra ali impressa como transmissão da palavra de Deus. Pelo contrário, a "verdade" da Bíblia não está, propriamente falando, *no* texto, mas se encontra *no leitor*, nos diversos atos pelos quais as várias injunções à fé são *apropriadas* e tomadas por aqueles que leem o texto. A verdade da Bíblia se encontra na fé daqueles que leem a Bíblia. O texto é uma *condição* pela qual certo tipo de instrução da fé tem lugar; a fé não pode nunca ser alcançada pelo aprendizado do que diz a Bíblia, mas apenas pelo afastamento definitivo desse texto e um retorno à interioridade capaz de descobrir a paixão infinita que surge da exigência em afirmar a contingência. Em *Migalhas filosóficas*, a Bíblia e o ensinamento bíblico são tratados com ironia: esses textos não podem proporcionar nenhuma verdade *histórica* que interesse à pessoa dedicada à fé, pois nenhuma documentação histórica relativa à existência ou aos ensinamentos de Jesus Cristo pode, jamais, converter alguém à fé. A fé não é resultado de um argumento persuasivo; a fé (ao lado de sua alternativa, o desespero) é precisamente o que tem a chance de surgir quando toda argumentação e prova histórica fracassam.[22]

Existe ainda outra dificuldade com a aproximação histórica da fé. Alguns estudiosos cristãos alegam que há provas de que Jesus Cristo viveu, que ele veio ao mundo e que era o filho de Deus. A prova "de que" ele existiu não é, contudo, suficiente para Kierkegaard. Essa afirmação simplesmente o conduz a levantar uma série de perguntas filosóficas que a investigação histórica não pode responder: o que significa "vir à existência"? Se algo pode ser dito como "vindo à existência", então, em algum momento anterior no tempo, não existiu. Como, então, pode algo que é inexistente transformar-se em ser? Essa é, sem dúvida, a questão que nos preocupou anteriormente quando consideramos de que maneira o espanto filosófico dá ênfase ao aparente absurdo de que algumas coisas existam, em vez de não, de que certas possibilidades se tornem atuais ou finitas, ao passo que outras possibilidades

---

[22] Note-se o tom irônico em sua escrita contra os esforços históricos de oferecer uma prova da existência de Deus: "quais são, afinal, as obras do deus? As obras a partir das quais eu quero provar sua existência não existem, de jeito nenhum, de modo imediato. [...] enquanto eu me agarro à demonstração (quer dizer, enquanto eu me obstino em provar) a existência não aparece, se não por outro motivo, então talvez porque tento prová-la, mas desde que a largo, a existência aparece. Porém, o ato de largá-la representa, afinal de contas, algo. Sim, é *'meine Zuthat'* (minha contribuição); é portanto forçoso não esquecer este pequeno instante, por mais curto que ele seja: e aliás ele não tem necessidade de ser longo, dado que é um salto. Por menor que seja este momento, mesmo que reduzido ao 'agora mesmo', este 'agora mesmo' deve ser levado em conta" (KIERKEGAARD, 2011, p. 65-66). Kierkegaard aqui joga com o duplo sentido de "largar" como "minha contribuição". Por um lado, essa é sua contribuição à crítica do racionalismo, e "o salto" é um conceito que ele introduziu ao discurso filosófico e religioso. Por outro lado, Kierkegaard sugere que ninguém, incluindo ele mesmo, pode alcançar a fé sem fazer uma contribuição que seja própria a si mesmo ou a si mesma. E essa contribuição, que é da paixão, deve emergir da interioridade do eu e ser direcionada a uma fé para qual nenhuma "prova" se pode automaticamente produzir.

permanecem meramente possíveis. Possibilidade e atualidade são domínios mutuamente excludentes, isto é, uma coisa é ou possível ou atual, mas não faria nenhum sentido dizer que seja ambos ao mesmo tempo. Dizer, portanto, que algo dado vem à existência implica um movimento do estado de possibilidade ao de atualidade. Segundo Kierkegaard, essa transição não pode ser "pensada", é uma contradição que acompanha tudo que "vem à existência".

Em *Migalhas filosóficas*, Kierkegaard considera a importância do paradoxo na pessoa do Salvador (cujo estatuto histórico permanece incerto, ou ao menos irrelevante), para o qual o que é eterno veio ao tempo e o que é infinito apareceu na forma finita. Enquanto Hegel alegaria que a aparição finita nessa instância consequentemente expressa e atualiza o infinito, que essa pessoa no tempo, que envelhece e morre, expressa aquilo que não pode nunca morrer, Kierkegaard confronta essa noção, argumentando que sua ocorrência é eminentemente paradoxal, que os aspectos humanos e divinos da figura de Cristo não podem ser reconciliados; na medida em que é infinito, ele não pode aparecer de forma finita sem que perca seu estatuto de infinito; e na medida em que é finito, não pode se tornar infinito, pois a finitude implica mortalidade.

O que é surpreendente na escrita de Kierkegaard em *Migalhas filosóficas* é que o assim chamado milagre de Deus de vir à existência se repete a cada vez que algo finito "vem a ser". Cristo não é uma exceção a esse movimento paradoxal, e tampouco é singular. Afinal, todo eu humano surge de um conjunto de possibilidades infinitas e assim se move do infinito (que é o não ser, o que ainda não é finito e não tem ainda um modo específico de ser) ao finito (ou ser). De fato, qualquer coisa que venha à existência é um milagre pelas mesmas razões que percorremos anteriormente na discussão do espanto. Fazendo esse movimento, Kierkegaard aparenta tomar uma distância quase arrogante das autoridades eclesiásticas, das escrituras e das autoridades religiosas cuja tarefa é estabelecer os detalhes históricos da passagem de Cristo no mundo. Kierkegaard, de fato, vai longe ao tematizar os conceitos-chave do cristianismo em um novo conjunto de definições que são estipuladas por ele. Kierkegaard não está interessado em testar suas interpretações contra a Bíblia ou contra as interpretações prévias; ele concebe e expõe as suas próprias. Ao longo do capítulo introdutório de *Migalhas filosóficas*, Kierkegaard parece assumir o poder de nomeação que pertence propriamente a Deus no livro do *Gênesis*. No *Gênesis*, Deus fala e diz: "Haja... luz, homem, mulher, bestas etc.", e o próprio poder de sua voz foi suficiente para trazer essas entidades à existência. Kierkegaard parece apropriar-se desse poder de nomeação, mas as entidades que traz à existência pela sua escrita são conceitos cristãos. Como resultado, *nomeia* esses conceitos e, pela nomeação, revisa seus significados de acordo com o próprio esquema interpretativo: "agora, como devemos chamar esse mestre que lhe dá novamente a condição e, com esta, a verdade? Vamos chamá-lo um *salvador* [...] [vamos chamá-lo] um *libertador*" (KIERKEGAARD, 2011, p. 36). Outras definições são oferecidas a termos como "conversão", "arrependimento", "renascimento" etc. (p. 36).

O que devemos fazer com essa vontade kierkegaardiana de produzir novos significados com os termos ortodoxos do cristianismo? Oferecer novas interpretações para essas palavras não é um tipo de arrogância ou orgulho? Que direito tem Kierkegaard de proceder com tanto entusiasmo ao criar novos significados para antigas palavras? Essa via criativa com as palavras se relaciona com sua carreira enigmática como autor?

Qual é a autoridade do autor? Para Kierkegaard, a fé não pode ser comunicada, de modo que qualquer esforço para escrever um livro que o faça terá, por definição, de falhar. Dessa maneira, então, Kierkegaard deve escrever um livro que renuncie insistentemente à sua própria autoridade para afirmar o que é a fé, um texto que retorne sobre si mesmo e queira, efetivamente, o próprio fracasso. Se o leitor de seu livro sabe que ele não pode oferecer sabedoria ou fé, então esse leitor será tão só seduzido pela promessa desse conhecimento, para ser desapontado de maneira instrutiva. A linguagem de Kierkegaard deve, então, performar a tarefa paradoxal de pôr em ato os limites de si mesma. O autor que deseja apontar o caminho à fé deve resistir a todo esforço em comunicá-la diretamente; em outras palavras, esse autor deve querer o fracasso de seu livro, e nesse mesmo fracasso conhece seu êxito.

Em *Doença até a morte*, Kierkegaard leva em conta o tipo de desespero peculiar que aflige os "poetas" e criadores de ficção. Podemos ler nesse diagnóstico uma confissão autobiográfica ligeiramente velada. Consideremos que Kierkegaard seja um tipo de poeta,[23] que produz um narrador ficcional na maior parte de seus primeiros textos na construção de vários pseudônimos. Ele produz, então, "exemplos" de fé e desespero, fabricando "tipos" de indivíduo, ornamentando personagens bíblicos e clássicos: Abraão, don Juan etc. E agora consideremos o diagnóstico kierkegaardiano da pessoa que sofre do desespero desafiador, a vontade de vir a ser ele mesmo, ou seja, a vontade de ser fundamento único e poder de sua própria existência, tomando, assim, o lugar de Deus: "é esse o eu que o desesperado quer ser, isolando-o de qualquer relação com um poder que lhe deu resistência, arrancando-o à ideia da existência de tal poder [...] o eu quer [...] dispor de si, ou, criador de si próprio, fazer do seu eu o que quer ser" (KIERKEGAARD, 2010, p. 90).

Kierkegaard explica então que esse tipo de indivíduo desesperado frequentemente fantasia que ele ou ela é todo tipo de coisa que não pode ser: "o eu em desespero [...] constantemente se relaciona consigo mesmo apenas por meio de construções imaginárias" (KIERKEGAARD, 1983c, p. 68). O eu produtor de ficções pode forjar a si mesmo como "um Deus construído de forma imaginativa", mas por esse motivo esse eu está "sempre construindo castelos no ar [...] apenas num jogo de sombras" (KIERKEGAARD, 1983c, p. 68). Em seu extremo, essa forma de desespero desafiadora torna-se

---

[23] Ver Mackey (1971).

demoníaca, e, aqui, a vontade de fabricar e forjar ficções afirma-se em um claro desafio, e até mesmo ódio, a Deus. Há, para Kierkegaard, uma firme oposição entre a vida da fé e aquela da criação de ficções? E pode o próprio Kierkegaard abrir mão de suas construções imaginárias para viver a vida da fé, uma que conhecemos, pela reflexão de Abraão, como uma vida do silêncio?

O desespero demoníaco, a que Kierkegaard chama de a forma mais intensa de desespero, é enraizado em um "ódio da existência": "nem mesmo em desafio ou desafiando a vontade de ser ela mesma, mas por despeito" (KIERKEGAARD, 1983c, p. 74). E que provas essa pessoa tem contra a existência? Aquele que se encontra em desespero demoníaco é ele mesmo a evidência que justifica seu ódio à existência. Isso parece implicar que aquele em desespero demoníaco, esse construtor incessante de ficções, *odeia-se* por produzir uma construção imaginária de si mesmo, mas apesar disso persiste nessa autoprodução. Esse é um eu que, pela construção ficcional, põe a si como criador da própria existência, negando então o lugar de Deus como autor verdadeiro da existência humana. Mas esse eu demoníaco deve também desprezar a si mesmo pela tentativa de tomar o poder de Deus. Esse eu em desespero demoníaco alterna entre a autofabricação e o auto-ódio. Na medida em que esse alguém demoníaco é um autor, e é Kierkegaard ele mesmo, produz uma ficção para destruir, logo em seguida, a construção que acaba de erguer. Aquele em desespero demoníaco pode tomar conhecimento da autoria divina que permite sua própria ficção, sua obra em pseudônimo, apenas admitindo que o que se produziu é uma fraude necessária.

Ao final da primeira parte de *Doença até a morte*, Kierkegaard parece dar início à rejeição de sua própria produção, abrindo caminho para uma apresentação de Deus como o único autor "de primeira classe", compreendendo que sua própria obra deva sempre ser entendida como derivada do poder que o constitui, um poder que o precede e permite sua produção imaginária:

> Falando figurativamente, é como se um erro escorregasse na escrita de um autor e o erro se tornasse consciente de si mesmo como um erro – talvez não fosse realmente um erro, mas em um sentido muito mais elevado uma parte essencial de toda a produção – e agora esse erro quer se amotinar contra o autor, por ódio a ele, proibindo-o de corrigi-lo e em desafio maníaco dizendo-lhe: Não, eu me recuso a ser apagado; eu me apresentarei como uma testemunha contra você, uma testemunha de que você é um autor de segunda classe (Kierkegaard, 1983c, p. 74).[24]

Escrito em 1848 e publicado em 1849, o texto nos mostra a intenção em desenvolvimento de Kierkegaard de resistir à sedução da autoria. Dois anos antes, ele escreveu em seu diário: "minha ideia é desistir de ser um autor (que eu só posso ser de forma absoluta ou não ser) e preparar-me para ser um pastor".[25] Kierkegaard, aparentemente, abriu mão de sua carreira como autor filosófico e literário depois de *Doença até a morte* e perseverou na escrita de tratados puramente religiosos. Teria ele alcançado a fé? Superou o desespero? Sua escrita foi tão persuasiva depois desse salto, ou terminou por exigir o próprio desespero que ele tentou superar?

---

[24]Citado por Butler da tradução em inglês: "*Figuratively speaking, it is as if an error slipped into an author's writing and the error became conscious of itself as an error – perhaps it actually was not a mistake but in a much higher sense an essential part of the whole production – and now this error wants to mutiny against the author, out of hatred toward him, forbidding him to correct it and in maniacal defiance saying to him: No, I refuse to be erased; I will stand as a witness against you, a witness that you are a second-rate author*". Na tradução de Casais Monteiro à edição brasileira: "Para exprimir isto por uma imagem, suponha-se um erro de impressão escapando a um autor, uma *gralha* dotada de consciência, e que em revolta contra o autor lhe proíbe por ódio emendá-la, e lhe grita em um desafio absurdo: não! Tu não me hás-de suprimir, ficarei como um testemunho de ti, como testemunho de que és um escritor falacioso!" (KIERKEGAARD, 2010, p. 97). (N.T.)

[25]Citado na introdução de *Concluding Unscientific Postscript*, p. XIII.

Referências

HEGEL, Georg Wilhelm Friedrich. *Fenomenologia do Espírito*. Tradução de Paulo Meneses. 8. ed. Petrópolis: Vozes, 2013.

KIERKEGAARD, Søren. *Concluding Unscientific Postscript*. Translated by David F. Swenson and Walter Lowrie. Princeton: Princeton University Press, 1983a. v. I. [Edição brasileira: *Pós-escrito às Migalhas filosóficas*. Tradução de Álvaro Luiz Montenegro Valls e Marília Murta de Almeida. Petrópolis: Vozes; Bragança Paulista, SP: Editora Universitária São Francisco, 2013a. v. I.]

KIERKEGAARD, Søren. *Concluding Unscientific Postscript*. Translated by David F. Swenson and Walter Lowrie. Princeton: Princeton University Press, 1992. v. II. [Edição brasileira: *Pós-escrito às Migalhas filosóficas*. Tradução de Álvaro Luiz Montenegro Valls e Marília Murta de Almeida. Petrópolis: Vozes; Bragança Paulista, SP; Editora Universitária São Francisco, 2016. v. II.]

KIERKEGAARD, Søren. *Either-Or*. Translated by Howard V. Hong. Princeton: Princeton University Press, 1987. [Edição portuguesa: *Ou-ou: um fragmento de vida*. Lisboa: Relógio d'Água: 2013b.]

KIERKEGAARD, Søren. *Fear and Trembling; Repetition*. Translated by Howard V. Hong and Edna H. Hong. Princeton: Princeton University Press, 1983b. [Edições em língua portuguesa: *Temor e tremor*. Tradução de Maria José Marinho. São Paulo: Abril Cultural, 1986; *A repetição*. Introdução e notas de José Miranda Justo. Lisboa: Relógio d'Água, 2009.]

KIERKEGAARD, Søren. *Philosophical Fragments*. Translated by David F. Swenson and Howard V. Hong. Princeton: Princeton University Press, 1962. [Edição brasileira: *Migalhas filosóficas: ou um bocadinho de filosofia de João Clímacus*. Tradução de Ernani Reichmann e Álvaro L. M. Valls. Petrópolis: Vozes, 2011.]

KIERKEGAARD, Søren. *Sickness unto Death*. Translated by Howard V. Hong and Edna H. Hong. Princeton: Princeton University Press, 1983c. [Edição brasileira: *O desespero humano (doença até a morte)*. Tradução de Adolfo Casais Monteiro. São Paulo: Editora Unesp, 2010.]

MACKEY, Louis. *Kierkegaard: A Kind of Poet*. Philadelphia: University of Pennsylvania Press, 1971.

A diferença sexual como uma questão ética: as alteridades da carne em Irigaray e Merleau-Ponty [1]

Tradução de Beatriz Zampieri
e Nathan Teixeira

Embora o livro de Irigaray *An Ethics of Sexual Difference* seja uma leitura feminista de obras filosóficas selecionadas, talvez não tenhamos tanta clareza do que isso significa. Feminista em um sentido desconhecido, o texto de Irigaray não é, primeiramente, uma crítica das maneiras como vários filósofos representaram as mulheres nem uma filosofia oferecida a partir de um ponto de vista feminista ou feminino. Sugeriria que é um compromisso complexo com textos filosóficos, um compromisso que em primeira instância parece aceitar seus termos, como se torna evidente pelas citações extensas e elaboradas desses textos. Nesse sentido, então, seria possível concluir à primeira vista que, em virtude da profusão dessas

---

[1] Este ensaio foi escrito originalmente em 1990. A publicação do livro *An Ethics of Sexual Difference*, de Luce Irigaray, ofereceu a oportunidade aos leitores da língua inglesa de considerar suas análises mais consistentes a respeito da história da filosofia. O livro é composto de um conjunto de aulas, que abrange capítulos sobre o *Banquete*, de Platão, e a *Física*, de Aristóteles, *As paixões da alma*, de Descartes, sobre Espinosa a respeito de Deus e um conjunto final de reflexões sobre o livro póstumo de Merleau-Ponty *O visível e o invisível* e o de Lévinas, *Totalidade e infinito*. [Os trechos da edição em inglês do livro de Irigaray, citada por Butler, e do livro de Merleau-Ponty *O visível e o invisível* foram cotejados com os respectivos originais em francês. (N.T.)]

citações, Irigaray procura fazer de si responsável pelos textos que lê; de fato, pode-se até mesmo concluir que há certa autossubordinação no modo como ela repetidamente se coloca em primeiro plano a partir dos homens filósofos que lê.

Mas a maneira como ela cita esses textos sugere um tipo diferente de relação, nem uma simples subordinação nem uma mera prática de zombaria ou derrisão. De fato, quero sugerir que, em sua própria prática citacional, Irigaray põe em ato uma relação ambivalente com o poder atribuído a esses textos, um poder que ela de uma só vez lhes atribui, mas que também procura desfazer. O que talvez seja mais paradoxal e enigmático a respeito de seu enredamento com esses textos, e em particular com Merleau-Ponty, é que se põe em ato ou se alegoriza o tipo de enredamento – ou entrelaçamento – que caracteriza as relações da carne. Nesse sentido, então, o texto atua a teoria da carne que também interroga, instalando a si mesmo em uma circularidade hermenêutica da qual não pode se desvincular e na qual parece bastante determinado a permanecer.

A leitura de Irigaray do texto "O entrelaçamento", de Merleau-Ponty, é, de muitas maneiras, bastante descuidada e desdenhosa, atribuindo-lhe um desenvolvimento limitado, uma fixação materna ou mesmo uma fantasia intrauterina. E, ainda assim, sua dependência em relação à teorização de Merleau-Ponty parece absoluta. Não há pensamento fora dos seus termos, e, logo, há sempre uma tentativa de pensar sobre seus termos. Isso envolve Irigaray em um duplo vínculo: pensar contra ele dentro de seus termos, tentando, enfim, explorar os termos com que também procura se opor, em um esforço de abrir o espaço da diferença sexual que ela acredita que o texto de Merleau-Ponty procure apagar.

Considere-se a implicação da estratégia de Irigaray de escrever simultaneamente sobre as relações de poder implícitas que se estabelecem entre os dois escritores e a teoria da carne, que parece tanto ser tematizada quanto posta em ato no interior de sua leitura entrelaçada. Primeiramente, ela presume que o discurso de Merleau-Ponty arranje os termos com os quais sua crítica se torna possível; em segundo lugar, os termos de sua obra também têm, na visão dela, o poder de constituir a inteligibilidade dos corpos e da carne; em terceiro, esse poder constitutivo é fundado em uma recusa do feminino, nos termos dela, ou em um apagamento e encobrimento da diferença sexual; em quarto, a mimetização e citação da obra de Merleau-Ponty por Irigaray são os únicos meios pelos quais os termos dele são expostos ao fracasso; o que significa, em quinto, que o poder de contraposição à sua obra é derivado da própria obra a que se contrapõe.

Embora seja plausível concluir do exposto aqui que Irigaray, contrapondo-se ao poder presumido do ensaio de Merleau-Ponty, possa apenas e sempre confirmar e aumentar esse poder, é possível ler esse duplo reflexo da obra dele na dela de um modo diferente? Embora seja tentador concluir que, para Irigaray, o feminino esteja radicalmente fora do discurso filosófico dominante e, portanto, fora da reflexão de Merleau-Ponty sobre a carne, ou que, talvez da mesma forma, o poder esteja exclusivamente localizado nesse discurso dominante, o compromisso textual que caracteriza a leitura dela sugere uma aplicação mais conflituosa e ambivalente do poder, radicalmente implicada naquilo a que se opõe, opondo-se ao Outro por meio de uma estranha participação e consumação de seus termos. A posição da autora é distinta de uma visão para a qual o feminino é radicalmente outro e distinta do falogocentrismo que em si, radicalmente, apropria-se da diferença sexual. Irigaray textualmente põe em ato um tipo de entrelaçamento que sugere que o "fora" ao falogocentrismo é passível de ser encontrado "dentro" dos seus próprios termos, que o feminino é insinuado nos termos do falogocentrismo, tornando *equívoca* a questão: *de quem é esta voz, masculina ou feminina*? Significativamente, então, a relação de poder e a relação da carne, entendida de forma alegorizada pelas relações textuais que Irigaray extrai do texto dele para o seu próprio, não é de *oposição*, reunindo o feminino contra o masculino, mas uma que expõe e produz uma relação mutuamente constitutiva. Por um lado, isso significa que o masculino não é capaz de "ser" sem o "Outro", que o repúdio do feminino ao falogocentrismo termina por ser a exclusão sem a qual nenhum falogocentrismo pode sobreviver, isto é, a condição negativa de possibilidade do masculino. Por outro lado, a mimetização da prosa de Merleau-Ponty feita por Irigaray, sua insinuação em termos merleau-pontianos, não apenas provam a vulnerabilidade dos termos dele, mas também expõem essa vulnerabilidade naquilo que exclui como uma vulnerabilidade constitutiva. O texto de Merleau-Ponty é desvelado como se dominasse o texto de Irigaray, entrelaçado no interior de seus termos, no ponto em que o texto dele é centrado fora de si mesmo, implicado naquilo que exclui, e o texto dela não é nada sem o dele, radicalmente dependente daquilo que recusa.

De fato, sugeriria que, ao citar o texto como faz, Irigaray literalmente desloca a tradição filosófica, realocando-a no interior do próprio texto; ela não recusa essa tradição, em vez disso, de um modo estranho, incorpora-a tornando-a sua. Mas talvez nos perguntemos: o que acontece com esses textos em virtude de sua estratégia de apropriação citacional? Eles permanecem os mesmos? E, se não, o que Irigaray nos diz, o que exemplifica, sobre como a filosofia feminista deve proceder em relação ao masculinismo do cânone em que foi gerada? Sua leitura pode exemplificar, ao mesmo tempo, uma apropriação e uma recusa?

Antes de propor o que talvez seja sua resposta a essa questão, gostaria de sublinhar que um dos propósitos que unificam esse texto, repetindo-se ao longo dessas aulas, é o de uma elaboração daquilo que Irigaray chamará de relação ética entre os sexos. Essa relação ética entre os sexos, ela argumentará, não pode ser entendida como um exemplo das relações éticas em geral; a narrativa generalizada ou universal das relações éticas supõe que homens e mulheres se deparem entre si como sujeitos simetricamente posicionados na linguagem. Essa linguagem, argumenta, não é, porém, neutra ou indiferente à questão do sexo; é masculinista, não no sentido de que representa os interesses contingentes dos homens, mas no sentido de consistentemente negar a identificação do universal com o masculino que, apesar disso, performa. Se a linguagem afirma sua universalidade, então toda disposição específica da linguagem é subsumida sob essa suposta universalidade. A linguagem se torna não apenas o que unifica todas as disposições específicas, mas também, na visão de Irigaray, o que se recusa a considerar a distinção saliente entre os sexos como uma diferença que estabelece diferentes tipos de linguagem, ou ainda revela que aquilo que passou como universalidade consiste numa masculinidade tácita ou sem marcas. Talvez queiramos aprender mais sobre o que Irigaray pensa ser a marca característica do uso masculinista da linguagem e no que consiste um feminino, mas não existem "linguagens empíricas" que correspondam aos sexos; estranhamente, ao que parece, é a própria pretensão à universalidade que caracteriza o masculino, e a própria contestação ao universal que caracteriza o feminino. Em outras palavras, não é que certos valores masculinos, ainda a serem nomeados, sejam elevados ao estatuto de universal, mas que, quaisquer que sejam esses valores, sua própria elevação a esse estatuto, essa tendência à universalização em si mesma, é o que constitui aquilo que é caracteristicamente masculino. Em contrapartida, essa ruptura ou diferença inassimilável que põe em questão o movimento universalizante é o que constitui o feminino na linguagem; existe, por assim dizer, como uma ruptura do universal, o que talvez seja entendido como um protesto inerente ao universal, a dissidência interna do feminino.

    O que significa precisamente "o universal" nessa caracterização? E qual sua influência na relação ética entre os sexos, imaginada e promovida por Irigaray, e que ela entende como central ao projeto de uma filosofia feminista? Lembremos que, para Irigaray, universalizar uma norma ou substituir-se a outra pessoa seriam exemplos de um procedimento ético que supõe o posicionamento simétrico entre homens e mulheres no interior da linguagem. De fato, se as mulheres e os homens fossem simétrica ou reciprocamente posicionados na linguagem, a reflexão ética talvez consistisse em se imaginar no lugar do outro ou derivar um conjunto de regras e práticas na base daquela substituição imaginada e imaginável. Mas no caso em que homens e mulheres são posicionados *a*ssimetricamente, o ato com que um homem substitui-se por uma mulher no esforço de atingir uma igualdade imaginada se torna um ato pelo qual o homem extrapola sua própria experiência à custa daquela mesma mulher. Nesse cenário, para Irigaray, o ato pelo qual um homem se substitui a uma mulher se torna um ato de apropriação e apagamento; o procedimento ético de substituição paradoxalmente reduz-se então a um ato de dominação. Por outro lado, se, a partir de uma posição subordinada à linguagem, uma mulher substitui-se a um homem, ela se imagina em uma posição dominante e sacrifica seu senso de diferença da norma; nesse caso, o ato de substituição se torna um ato de autoapagamento e autossacrifício.

Pode-se muito bem concluir que, para Irigaray, dada sua visão da posição assimétrica entre homens e mulheres na linguagem, não pode haver relação ética. Mas aqui sua maneira de pensar acerca da relação ética oferece uma contribuição original para o pensamento ético, cujo ponto de partida é a diferença sexual. Na sua perspectiva, a relação ética não pode ser de substancialidade ou de reversibilidade. Ao contrário, a relação ética emerge entre os sexos precisamente no momento em que se reconhece uma certa incomensurabilidade entre estas duas posições. Eu não sou o mesmo que o Outro: não posso me tomar como modelo para apreender o Outro: o outro é, em um sentido fundamental, além de mim e nesse sentido o Ouro representa a limitação da condição de mim mesma. E, além disso, este Outro, que não sou eu, ainda me desafia essencialmente representando de modo preciso aquilo que não posso assimilar a mim mesma, ao que já me é familiar.

O que Irigaray nomeará masculinista será esse esforço em devolver toda Alteridade ao si mesmo, em constituir o sentido do Outro apenas como uma reflexão de mim mesma. Isso é o que ela chamará o circuito fechado do sujeito, uma relação com a alteridade que acaba por ser nada mais que uma redução da alteridade a si mesmo. É importante notar que não é apenas para os homens que as relações são caracterizadas por esse circuito fechado, por essa foraclusão da alteridade. A diferença entre "homens" e masculinismo está posta em jogo aqui: onde e quando tal foraclusão acontece, será chamada "masculinismo". Paradoxalmente, e veremos, consequentemente, Irigaray manifestará ela mesma a habilidade de se identificar com essa posição, substituindo-se à posição masculinista na qual a alteridade é consistentemente recusada, e mimetizará essa voz universal na qual toda posição enunciadora da linguagem supõe ser equivalente, permutável, reversível. Poderíamos ler a profusão de citações em seu texto como esforços empáticos de se colocar no lugar do Outro, em que o Outro é dessa vez um sujeito masculinista que em toda alteridade procura e encontra apenas a si mesmo. Estranhamente, ao mimetizar os textos masculinistas da filosofia, ela *se põe no lugar do masculino* e assim performa um tipo de substituição, um tipo que parece criticar quando é performado por homens. Sua substituição é diferente daquela que critica?

Embora os leitores que conhecem Irigaray de *Speculum of the Other Woman* talvez esperem que ela agora se volte e destrua essa posição, esse masculinismo, com um fio cortante, de fato, uma ameaça de castração, gostaria de sugerir que a troca que ela performa com os textos masculinistas em *An Ethics of Sexual Difference* é mais ambivalente e menos decisiva do que naquele texto anterior. Ao passo que *Speculum of the Other Woman* tendia a sublinhar a forma como o feminino esteve sempre e incessantemente excluído, pressuposto nas construções teóricas de Platão e Freud, este último texto também o faz, mas faz algo a mais. Aqui ela parece, paradoxalmente, tomar conhecimento de sua dívida com os textos filosóficos que lê e mobilizá-los em um diálogo crítico no qual os próprios termos de que faz uso são criticamente emprestados deles, ou, seria possível dizer, emprestados contra eles. Está, por assim dizer, restrita ao diálogo com esses textos. O modelo de entendimento dessa relação dialógica não será de pressupor simplesmente a igualdade e a substituição, nem de pressupor uma oposição radical. Lembremos que Luce Irigaray é uma filósofa, e, por isso, parte de seu empreendimento estará sujeito à crítica; mas ela é também uma feminista, e, de acordo com sua visão, isso significa representar precisamente o que foi excluído do discurso filosófico e suas presunções de universalidade.

Irigaray lê o capítulo "O entrelaçamento – O quiasma", o último de *O visível e o invisível*, livro póstumo de Merleau-Ponty, como exemplo desse masculinismo monológico, ainda que esse seja um texto do qual ela evidentemente extrai os meios filosóficos para oferecer um modo alternativo de abordagem da relação ética. Nesse texto, Merleau-Ponty considera como o esforço filosófico de compreender o conhecimento a partir do modelo da visão subestimou a importância da tatilidade. Sugere, assim, que a visão possa ser compreendida como um tipo de toque e, também, que no toque poderíamos dizer que se "percebe", e, além disso, que tocar ou ver algo tem uma dimensão reflexiva, que o campo do visível e o campo do tátil se implicam logicamente, sobrepondo-se ontologicamente um ao outro. Sua escrita é preenchida por metáforas propositalmente misturadas a fim de sugerir que linguagem, visão e toque se entrelaçam e que a experiência estética talvez seja o lugar de investigação da dimensão sinestésica do conhecimento humano. No lugar de um modelo epistemológico no qual o sujeito cognoscente confronta um mundo compensatório, Merleau-Ponty põe em questão aquela divisão entre sujeito e mundo que condiciona os problemas característicos do empreendimento epistemológico. Ele procura compreender o que, se é que existe algo, estabelece uma relação entre o sujeito e seu objeto na qual tal questão epistemológica seja posta primariamente.

Em um argumento que pode ser visto como extensão do esforço de Heidegger, em *Ser e tempo*, de estabelecer a prioridade da ontologia sobre a epistemologia, Merleau-Ponty procura voltar-se à relação que vincula sujeito e objeto antes de sua divisão, antes de sua formação como termos opostos e distintos. Heidegger insistiu que toda relação interrogativa que tomamos acerca de um objeto pressupõe que já estejamos em relação com esse mesmo objeto, que não sabemos o que perguntar sobre um objeto dado se não estivermos já numa relação de afinidade ou conhecimento do objeto. Na introdução de *Ser e tempo*, Heidegger considera não apenas o que talvez signifique pôr em questão o sentido do Ser, mas também aquilo que pode ser derivado, de modo mais geral, de uma explanação do que "pertence a um questionamento [qualquer]" (HEIDEGGER, 2005, p. 30). Ele prefigura para nós o que será chamado de círculo hermenêutico quando escreve:

> Todo questionamento de [...] é, de algum modo, um interrogatório acerca de [...] Além do questionado, pertence ao questionamento um interrogado. Na investigação, [...] deve-se determinar e chegar a conceber o questionado. No questionado reside, pois, o perguntado [...]. Enquanto procura, o questionamento necessita de uma orientação prévia do procurado. Para isso, o sentido do ser já nos deve estar, de alguma maneira, disponível (HEIDEGGER, 2005, p. 31).

Nesse movimento em que a questão, a interrogativa, é remetida a um conjunto já estabelecido e disponível de inter-relações ontológicas, Heidegger procura demonstrar que as questões postas como o sujeito de um objeto são, em si mesmas, um sinal de que perdemos ou esquecemos alguma conexão ontológica prévia ao objeto, que agora nos aparece como estrangeiro e desconhecido. Em Merleau-Ponty acontece um movimento semelhante, mas diferente do Heidegger de *Ser e tempo*. Em *O visível e o invisível*, ele argumentará que a teia de relações que condiciona toda interrogação e que toda interrogação que possa ser dita para esquecer ou esconder são uma *teia linguística*; algumas vezes ele usará o termo "malha" ou "tessitura" ou, ainda, "tecido conjuntivo", mas a implicação evidencia que esse é um conjunto *vinculante* de relações nas quais todas as diferenças aparentes são superadas pela totalidade da linguagem em si mesma. Aqui talvez se pudesse dizer que Merleau-Ponty transpôs a problemática introduzida por Heidegger, na qual a ontologia é mostrada como aquilo que precede a epistemologia, no quadro da linguística estruturalista em que se diz que a linguagem precede a epistemologia em um sentido restrito. Por "epistemologia", aqui, queremos dizer apenas um conjunto de questões que procuram conhecer algo que não é ainda conhecido apropriada ou adequadamente. Como em Heidegger, o ponto de Merleau-Ponty consiste em superar a distinção sujeito-objeto que ele compreende como pressuposta e reforçada pela tradição epistemológica. A distinção sujeito-objeto pressuposta e instituída por essa tradição presume que o sujeito seja ontologicamente distinto de seu objeto, mas não se pergunta se pode haver algum substrato ou gênese em comum dos quais ambos, sujeito e objeto, emergem e integram-se de maneira original.

Irigaray entrará nessa discussão com a seguinte questão: se toda questão pressupõe uma *totalidade* de relações já estabelecidas, que se encontram temporariamente esquecidas ou escondidas na pergunta sobre algo aparentemente desconhecido, que lugar resta à pergunta acerca do que não é ainda conhecido? A suposição de uma totalidade já estabelecida de relações, sejam elas concebidas como ontológicas ou linguísticas, é, em sua visão, sintomática do autocircuito do sujeito segundo o qual todo momento de alteridade termina por ser pressuposto pelo sujeito, ser sempre já esse sujeito, e dessa maneira não constitui nenhum momento de alteridade. De fato, o muito abordado "sempre já" que designa, na fenomenologia, o campo de sentidos tomados por garantidos seria paradigmático desse tipo de monologismo masculinista no qual a alteridade, o ainda não conhecido e o ainda não cognoscível são recusados.

Irigaray pergunta efetivamente: o que fazemos do *ainda não conhecido*, do futuro em aberto, aquele que não pode ser assimilado a um conhecimento que é sempre e já pressuposto? Para Irigaray, a relação ética será representada pela questão como um ato de fala, a questão aberta, aquela que não alega conhecer de antemão aquele para quem é endereçada, mas que busca conhecer aquele para quem esse endereçamento se encontra pela primeira vez na articulação da questão em si mesma. Em suas palavras, a relação ética consiste na questão: "Quem é você?". Esta é a questão que procura cruzar a diferença que separa o masculino do feminino, mas não para cruzar essa diferença através de uma substituição que pressupõe a equivalência e intercambialidade do masculino e do feminino. "Quem é você?" é, para ela, a questão ética paradigmática, no sentido de que procura atravessar a divisão da diferença sexual, conhecer o que é diferente, mas conhecer de tal modo que, ao ser conhecido, o diferente não seja assimilado ou reduzido àquele que procura conhecer.

Ainda assim, essa dimensão "ética" parece entrar em conflito com a estratégia textual elucidada no início deste capítulo. Na visão "ética", a diferença sexual é precisamente uma diferença constitutiva insondável e irretratável do masculino e do feminino na relação de um com o outro. Sua relação é considerada como o modelo do encontro, e o problema ético que eles encaram é de qual é o melhor modo de se aproximar, sem assimilação, do Outro. Em sua visão, não há masculino sem uma implicação prévia nos termos do feminino, e não há feminino sem uma implicação prévia nos termos do masculino; cada termo admite a própria impossibilidade interna por meio de sua relação com o Outro. A relação não é primariamente aquela de um *encontro*, mas, antes disso, um entrelaçamento constitutivo, uma diferenciação dinâmica na proximidade.

Algumas dificuldades emergem em relação a essa forma de circunscrever a relação ética. Faz sentido perguntar se o foco de Irigaray na ética desvia sua atenção crítica das relações prévias e constitutivas de poder pelas quais os sujeitos éticos e seus encontros são produzidos. A suposição de que a questão da alteridade, como surgida a partir da ética, possa ser totalmente identificada com a questão da diferença sexual permanece em aberto. Evidentemente, as dimensões problemáticas da alteridade assumem múltiplas formas, e a diferença sexual – ainda que de algum modo distinta – não é a diferença principal a partir da qual todos os outros tipos de diferença social são deriváveis. Entendida como uma questão ética, a relação da diferença sexual presume que são apenas masculino e feminino que entram em um encontro ético com o Outro. Poderíamos, com esse vocabulário, estar aptos para dar conta de uma relação ética, uma questão ética, entre pessoas do mesmo sexo? Pode haver aí ao menos uma relação fundamental de alteridade entre pessoas do mesmo sexo? Responderia evidentemente que sim, mas penso que o nexo peculiar à psicanálise e ao estruturalismo com que Irigaray opera estaria compelido a manter relações entre mulheres e homens ou como excessivamente identificatórias ou como narcisistas, e, nesse sentido, ainda não inerentes à ordem do ético. Deve haver uma diferença entre os sexos para que exista uma verdadeira alteridade? Similarmente, existem outros tipos de diferença social que distinguem os interlocutores na linguagem. Por que essas diferenças sociais são consideradas, de algum modo, menos fundamentais para a articulação da alteridade em geral e para a cena da ética em particular? Finalmente, não é o caso de que os modos como Irigaray retrata o masculino, particularmente em Merleau-Ponty, não fazem justiça à dimensão ética de suas explorações filosóficas em *O visível e o invisível*?

Antes de tomar essas questões nos seus próprios termos, sugiro que consideremos como a produção textual do entrelaçamento põe em questão o quadro ético que Irigaray defende. Pois o que emerge entre Irigaray e Merleau-Ponty não é "diferente" *per se*, mas uma implicação fundadora no Outro, uma cumplicidade primária com o Outro da qual nenhum sujeito, nenhum autor, pode emergir. E essa situação põe uma questão ainda mais dificilmente "ética" do que aquela articulada por Irigaray: como tratar bem o Outro quando o Outro nunca é totalmente outro, quando a diferença entre o Outro e mim mesma é, desde o princípio, equívoca.

Tomando em primeiro lugar esta última questão, consideremos o texto de Merleau-Ponty em relação à "leitura" de Irigaray e o que nesse texto talvez resista à interpretação que ela propõe sobre ele. Irigaray acusará Merleau-Ponty de um "labirinto solipsista". Com base nessa caracterização, ela chama a atenção ao seguinte tipo de argumento feito por ele. Em relação à descrição fenomenológica do toque, Merleau-Ponty argumenta que não se pode tocar sem em algum sentido ser tocado por aquele que ele toca, e não se pode ver sem que entre num campo de visibilidade no qual o vidente é também potencial, se não evidentemente, visto. Em ambos os casos, persiste aí uma relação de reversibilidade entre o que pode ser chamado de polos de experiência do sujeito e do objeto. Mas há aí, em adição a essas duas relações reversíveis, aquela do toque e da visão, um entrecruzamento das duas relações reversíveis. Consideremos a seguinte citação de "O entrelaçamento – O quiasma", em *O visível e o invisível*:

> Ainda uma vez: a carne de que falamos não é a matéria. Consiste no enovelamento do visível sobre o corpo vidente, do tangível sobre o corpo tangente, atestado sobretudo quando o corpo se vê, se toca vendo e tocando as coisas, de forma que, simultaneamente, *como* tangível, desce entre elas, *como* tangente, domina-as todas, extraindo de si próprio essa relação, e mesmo essa dupla relação, por deiscência ou fissão de sua massa (MERLEAU-PONTY, 2003, p. 141).

Merleau-Ponty está descrevendo algo como o desdobramento e a diferenciação do mundo vivido da carne, em que a carne é compreendida não somente como agente e objeto do toque, mas também como o fundamento ou a condição do ver e do ser visto. Em um sentido importante, o termo "carne" é aquilo que está sendo descrito tanto pela reversibilidade do toque quanto pela reversibilidade do ver, e ainda é aquilo que condiciona e é articulado por ambas as reversibilidades.

Porém, o que é essa "carne", pode-se dizer que ela seja outra coisa além das articulações, diferenciações e reversibilidades por meio das quais é descrita? Ela é o mesmo que esse conjunto de relações reversíveis, ou é aquilo com que Merleau-Ponty não consegue chegar a uma determinação final? Irigaray irá argumentar que, na explicação de Merleau-Ponty, não há nada exterior ao próprio corpo que toca e é tocado, que vê e é visto, e que esse fechamento atribuído à relação reversível constitui seu solipsismo. Apesar de essa "carne do mundo" ou "carne das coisas" parecer designar certo domínio que engloba e excede ambos os polos dessa relação reversível, o termo permanece obscuro e, para Irigaray, trabalha como signo desse fechamento e, assim, está a serviço de um solipsismo. Para Irigaray, esse é um problema central para Merleau-Ponty. Ela escreve sobre essas passagens que "a sutileza do que é dito sobre o visível e de sua relação com a carne não exclui o caráter solipsista desse toque entre o mundo e o sujeito, desse toque do visível e do vidente no próprio sujeito" (IRIGARAY, 1993, p. 161).[1]

Apesar de a formulação de Merleau-Ponty buscar superar o isolamento do sujeito que vê e toca e afirmar que o sujeito, através de sua visão e seu toque, está implicado no e pelo mesmo mundo que explora, para Irigaray, o efeito dessa formulação consiste em que o próprio sujeito venha a ser enaltecido como aquilo para o qual todas as relações mundanas retornam. Contudo, sua avaliação é justa? Consideremos que a oposição fenomenológica ao cartesianismo que Merleau-Ponty articula seja, em parte, uma recusa dessa distância perceptiva postulada entre o sujeito que reflete e o mundo dos objetos. Ao romper com essa distinção, o "eu" que percebe adquire uma carne que implica ele ou ela em um mundo de carne. Assim, para Merleau-Ponty, a condição corporificada do "eu" é exatamente o que implica o "eu" em um mundo carnal fora de si, ou seja, em um mundo em que o "eu" não seja mais seu próprio centro ou solo. Na verdade, apenas sob a condição desse movimento filosófico em direção a um "eu" mais corporificado é que a

---

[1] Traduzido do original em francês (p. 152): "*La subtilité de ce que est dit du visible et de son rapport à la chair n'exclut pas le caractere solipsiste de ce toucher entre monde et sujet, de ce toucher du visible e du voyant dans le sujet lui-même*". (N.T.)

intervenção de Irigaray torna-se possível. Sublinhando a dependência desse "eu" corporificado em um corpo anterior a si mesmo, Irigaray identifica o corpo materno como a condição literal de possibilidade da relação epistêmica que se mantém entre o "eu" corporificado e seus objetos corporificados. Apesar de Irigaray ler esse "mundo da carne" primário e constituinte como difusão do materno, como uma deflexão ou recusa do materno, o que significa assegurar a primazia do materno? E por que reduzir o mundo da carne, o mundo das significações sensualmente relacionadas, ao corpo materno? Isso não seria uma "apropriação" e uma "redução" de um conjunto complexo de inter-relações constituintes, o que levanta a contraquestão sobre se Irigaray buscaria ter o "corpo materno" como substituto para esse campo mais complexo? Mesmo que se esteja "implicado" no mundo que se vê, isso não significa que o mundo que se vê seja redutível a si. Isso pode significar exatamente o oposto, a saber, que o "eu" que vê está em certo sentido abandonado ao mundo visível, descentrado nesse mundo; que o "eu" que toca está em certo sentido perdido para o mundo tátil, de modo a nunca se recuperar totalmente; que o "eu" que escreve é possuído pela linguagem cujos significados e efeitos não são originados em si.

Apesar de Irigaray poder ser lida como tendo perdido a si mesma para o texto de Merleau-Ponty de um modo similar, permanece curioso o fato de que o modelo "ético" que ela evoca para entender essa relação parece obscurecer essa relação primária de implicação e a condição consequentemente equívoca da identidade sexual. O masculinismo desse sujeito nunca é colocado em questão por Irigaray. Ela afirmará que é típico do masculino assimilar toda a alteridade ao sujeito preexistente. Porém, o que faz essa recusa da alteridade, uma recusa que toma a forma de uma incorporação do Outro como o mesmo, um empreendimento especificamente masculino ou masculinista? Aqui é onde o argumento filosófico de Irigaray faz uso da teoria psicanalítica na qual o masculino é entendido como sendo definido em uma relação não totalmente diferenciada com a origem materna. A mãe se torna o lugar de uma reflexão narcisista de si mesmo, e ela é então eclipsada como lugar de alteridade e reduzida à ocasião para um espelhamento narcísico.

Irigaray aceita a explicação psicanalítica que afirma que a individuação do sujeito masculino tem lugar por meio de um repúdio às suas origens maternas, um repúdio à conexão corporal uterina com a mãe, assim como à dependência vital da mãe na infância. Essa ruptura com o materno é então a condição para que se torne um sujeito masculino e a condição de seu narcisismo, o que é, por assim dizer, uma apreciação de si mesmo como ego separado e limitado. Naquele que talvez seja o argumento menos persuasivo de Irigaray, ela sugere que Merleau-Ponty não apenas repudia essa "conexão" com o materno em uma forma classicamente masculina, mas que ele também se reapropria dessa "conexão" para sua própria teoria solipsista da carne, que ele descreve como o "médium" ou "tecido conectivo". De certo modo, ela lê a teoria da carne como uma transposição filosófica da conexão infantil com o corpo materno, um repúdio dessa conexão e um retorno do repudiado em seu próprio texto filosófico. Ela lê Merleau-Ponty como tomando esse "tecido conjuntivo" como aquilo que ele, o sujeito masculino, ocasiona e o que, longe de conectá-lo a alguma coisa, leva-o de volta a um círculo solipsista de sua própria criação. A partir desse argumento, Irigaray então conclui que, para Merleau-Ponty, não há conexão com o que não é o sujeito, com o que é diferente, com o feminino, e assim com a alteridade em geral.

Porém, se nos recusamos a aceitar a explicação de Irigaray sobre a formação do narcisismo masculino através do repúdio do materno, seu argumento se torna mais difícil de se sustentar. Do mesmo modo, se recusamos a tese de que a diferença sexual é a chave ou o indicador decisivo por meio da qual as relações de alteridade são estabelecidas e conhecidas, e, assim, recusamos aceitar a transposição fácil de uma narrativa psicanalítica do narcisismo masculino para uma narrativa filosófica do solipsismo, então, sua posição torna-se incrivelmente insustentável.

Entretanto, consideremos o que é, afinal de contas, o mais importante sobre a contribuição de Irigaray para o pensamento da relação ética aqui, a saber, a afirmação de que a relação de substitutibilidade entre masculino e feminino constitui um tipo de apropriação e apagamento, e, assim, um chamado por outro tipo de relação ética, interrogativa na sua estrutura e tom, que marca uma relação aberta a um Outro que não é ainda conhecido. Irigaray considera as interrelações complexas na narrativa de Merleau-Ponty sobre a linguagem, a visão e o toque como equivalentes a um solipsismo masculino. Seguiremos aqui sua leitura, mas não meramente para mostrar o que ela quer dizer e como ela sustenta o que diz. Será mostrado, assim espero, que Irigaray está mais implicada com o texto que critica do que ela mesma admite, e que, considerando retoricamente, seu texto admite a viabilidade de uma apropriação feminista do texto de Merleau-Ponty, que assim permanece em uma relação dialógica com Irigaray, ainda que ela acuse esse texto de ser fechado ao diálogo.

O argumento que Irigaray constrói contra Merleau-Ponty procede da seguinte maneira: afirmar, como ele faz, que a relação do toque ou da visão seja reversível é afirmar que aquele que toca pode ser tocado, aquele que vê pode ser visto, e que os polos de sujeito e objeto dessas experiências estão ligados por meio de uma "carne das coisas" conectiva. Essa reversibilidade pressupõe a substitutibilidade do polo do sujeito pelo polo do objeto, e essa substitutibilidade, argumenta Irigaray, estabelece a *identidade* tanto daquele que toca quanto daquele que é tocado, do que vê e do que é visto. "Essa reversibilidade do *mundo* e do *eu* evoca", ela escreve, "certa repetição de uma temporada pré-nascimento em que o universo e o eu estão em uma economia fechada" (IRIGARAY, 1993, p. 164).[2]

---

[2] Traduzido do original em francês (p. 161): "*Cette réversibilité du* monde *e du* je [...] *evoque quelque répétion d'u sejour pré-natal où l'univers et moi sont dans une économie fermée* [...]". (N.T.)

Porém, relembremos que existe uma relação entre as duas reversibilidades, entre toque e visão, e que essa relação não é totalmente reversível. Sobre essa relação, Irigaray reitera a posição de Merleau-Ponty com algum grau de aparente simpatia:

> É certo que há uma relação entre o visível e o tangível. A duplicação é dupla e cruzada? Mais duvidoso. O olhar não pode revelar o tangível. Assim, eu nunca vejo aquilo que toco nem sou tocada. Não se vê o jogo da carícia. O entre-dois, o meio, o *médium* da carícia não se vê. Igual e diferentemente, não vejo o que me permite ver. [...] Talvez seja isso que Merleau-Ponty chama de lugar da carne onde as coisas se banham? (IRIGARAY, 1993, p. 165).[3]

Portanto, existe algo que condiciona a reversibilidade dessas relações, e que não é em si mesmo reversível, uma condição de possibilidade que persiste como certo tipo de substrato, na verdade, um *hypokeimenon*, sem o qual nenhuma visibilidade ou tatilidade poderia existir. Ainda, parece que é esse mesmo substrato que condiciona a reversibilidade das relações táteis e daquelas de visibilidade e que em nenhum caso pode ser totalmente tocado ou totalmente visto.

Do que seria composto esse substrato? Irigaray lerá, de uma forma previsivelmente psicanalítica, essa carne a partir da qual toda experiência sensível é composta como a carne materna, e, tal como em sua leitura do *Timeu*, ela sugerirá que esse substrato inominável é o próprio materno repudiado. Nesse sentido, pode-se dizer que o feminino condiciona o solipsismo masculino, compreendido como o circuito fechado

---

[3] Traduzido do original em francês (p. 152): "*Qu'il y ait rapport du visible et du tangible, certes. Le redoublement est-il double et croisé? C'est plut douteux. Le regard ne peut reveler le tangible. Ainsi, je ne vois jamais ce en quoi je touche ni je suis touché. L'enjeu de la caresse ne se voit pas. L'entre-deux, le millieu, le médium de la caresse ne se voit pas. De même et differentement, je ne vois pas ce que me permet de voir* [...] *C'est peut-être, pour ma part, ce que Merleau-Ponty appelle le site de chair où baignent les choses?*". (N.T.)

dessas relações reversíveis; porém, o que as condiciona é o que precisa ser excluído delas, seu limite definidor, seu exterior constitutivo. Excluído, inominável, porém uma precondição necessária, o feminino reside metafisicamente como a difusa "carne das coisas". Entretanto, aqui, como antes, parece ser crucial perguntar se seria apropriado "corrigir" essa difusão e reafirmar a primazia do materno ou, ao contrário, questionar essa suposta primazia. Afinal de contas, o corpo materno é situado em relações de alteridade sem as quais ele não pode existir, e essas relações, estritamente falando, precedem e condicionam o corpo materno (na verdade, frequentemente, essas relações, compreendidas como normas, restringem certos corpos de se tornarem corpos "maternos" inteiramente). A "carne do mundo" em sua própria generalidade recusa o colapso em forma de sinédoque, por meio do qual todas as sensações vêm a ser reduzidas ao materno como signo de sua origem. *Por que o materno figura essa originação, quando o próprio materno deve ser produzido a partir de um vasto mundo de relações sensíveis?* Em que medida a insistência de Merleau-Ponty nesse mundo primário da carne oferece uma maneira de separar o feminino dessa figuração controladora do materno e oferece aos corpos um modo de significação exterior à armadilha binária de mães e homens?

Significativamente, para Merleau-Ponty, esse substrato carnal das coisas não pode ser nomeado (e não pode ser reduzido a nenhum dos nomes pelos quais ele é apropriado, significando então o limite da função dêitica do nome). Para Merleau-Ponty, a linguagem entra nessa cena precisamente como aquilo que pode delinear e codificar as peregrinações das relações reversíveis, delinear e codificar substituições, porém, também como aquilo que não pode por si mesmo revelar essa "carne" condicionante que constitui o médium no qual essas relações ocorrem, um médium que incluiria a própria carne da linguagem. Entretanto, a linguagem é secundária para essa noção ontológica da "carne", e Merleau-Ponty a descreverá como uma segunda vida dessa carne. Ao mesmo tempo, ele afirmará que se fôssemos oferecer uma narrativa completa do corpo e de seus sentidos, veríamos que "todas as possibilidades da linguagem já lá se encontram" (MERLEAU-PONTY, 2003, p. 149).

Na medida em que a linguagem então emerge a partir dos movimentos prévios da vida corporal e diretamente os reflete, então poderia parecer que a linguagem está sujeita à carga de solipsismo tal como estavam essas relações prévias. Parte do que ele escreve parece dar suporte a esse ponto. Em um conjunto lírico e inacabado de notas que constituem os parágrafos finais do seu ensaio, ele relembra da circularidade do interrogativo em Heidegger: "ao abrir o horizonte do nomeável e do dizível, confessava a palavra ter aí o seu lugar [...] [o interlocutor fecha] com um só gesto o circuito de sua relação a si mesmo e com os outros" (MERLEAU-PONTY, 2003, p. 149).

Irigaray lerá o fechamento desse circuito como signo de um solipsismo penetrante. Como caricatura dessa posição, ela escreve: "falar não serve a comunicar, a encontrar, mas a falar de si mesmo, se duplicar, se reduplicar, se cercar, quer dizer, se isolar" (IRIGARAY, 1993, p. 167).[4] É uma fala que interdita aquele para quem ela se endereça, que não é propriamente elocutória, ou que pode figurar o endereçado apenas sob o modelo do próprio falante. Essa presunção de substitutibilidade do falante e do endereçado é, para Irigaray, a negação da diferença sexual, a qual ela afirma que sempre coloca um limite para as relações de substitutibilidade linguísticas. Sobre as considerações finais de Merleau-Ponty, ela escreve:

> Nenhuma linguagem nova aqui [...] Linguagem que não tem o futuro *aberto* e perde certas práticas de enunciação: o grito de apelo, o anúncio, a demanda, a gratidão, a profecia, a poesia etc. Existe aí forçosamente um outro, mas não este interlocutor pelo qual posso me substituir, posso antecipar. O circuito está aberto. O sentido não funciona na circularidade do

---

[4] Traduzido do original em francês (p. 166): "*Parler sert non à communiquer, à reencontre, mais à se parler, se doubler, se redoubler, s'entourer, voire s'enterrer*". (N.T.)

já dado-recebido. O circuito ainda está sendo feito (IRIGARAY, 1993, p. 167).[5]

Essa linguagem, então, ainda não é ética, pois ainda não pode colocar uma questão cuja resposta ela ainda não possui: "Esse sujeito, de qualquer forma, nunca vem ao mundo. Nunca emerge de uma osmose que lhe permitiria dizer ao outro 'quem és tu?'. Bem como 'quem sou eu?' [...] A fenomenologia da carne que Merleau-Ponty tenta é sem questionamento(s)" (IRIGARAY, 1993, p. 167).[6]

Porém, isso está correto? A crítica de Irigaray não está fundamentada na presunção errônea de que estar implicado no Outro ou no mundo, o qual se busca conhecer, é ter esse Outro e esse mundo como nada mais do que uma reflexão narcisista de si mesmo? A própria implicação textual de Irigaray no texto de Merleau-Ponty não refuta a própria tese que ela explicitamente defende? Pois ela encontra-se "implicada" lá, mas ela não é, por essa razão, a fonte ou origem desse texto; ela é, na verdade, o lugar de sua expropriação. Pode-se muito bem concluir que, para Merleau-Ponty, igualmente, estar implicado no mundo da carne do qual ele é uma parte é perceber precisamente que ele não pode negar esse mundo sem negar a si mesmo, que está abandonado a um mundo que não lhe pertence. Similarmente, se o "Outro" é tão fundamental e ontologicamente estrangeiro, então a relação ética deve ser a de uma apreensão hipócrita à distância. Ao contrário, se Merleau-Ponty "é" o Outro, sem que o Outro

---

[5] Traduzido do original em francês (p. 166): "*Aucune parole nouvelle possible ici.* [...] *Parole qui n'a plus d'avenir ouvert et en perd certaine pratiques d'énonciation: le cri d'appel, l'annonce, la demande, le merci, le prophétisme, la poésie etc. Il y a forcément un autre, mais pas cet alloucoutaire auquel je puis me substituer, que je puis anticiper. Le circuit est ouvert. Le sens ne fonctionne pas comme circularité d'un déjà donné-reçu. Il est encore en train de se faire*". (N.T.)

[6] Traduzido do original em francês (p. 170): "*Ce sujet, en quelque sorte, ne vient jamais au monde. Il n'émerge jamais d'une osmose qui lui permettrait de dire à l'autre 'qui es-tu?'. Mais aussi bien 'qui suis-je?'* [...] *Le phénomenologie de la chair que tente Merleau-Ponty est sans question(s)*". (N.T.)

seja reduzido a ele, então ele encontra o Outro sem ser em um encontro com o exterior, mas com a descoberta de sua própria impossibilidade interna, uma descoberta do Outro que o constitui internamente. Ter o próprio ser implicado no Outro é então ser entrelaçado desde o início, mas sem serem por isso redutíveis – ou intercambiáveis – um ao outro. Além disso, estar implicado em outro lugar desde o início sugere que o sujeito, como carne, é primeiramente um ser intersubjetivo, encontrando a si como Outro, encontrando sua sociabilidade primeira em um conjunto de relações que nunca são completamente recuperáveis ou rastreáveis. Essa visão está em forte contraste tanto com a concepção freudiana do "ego", compreendido como local de narcisismo primário, assim como com as várias formas do individualismo atomístico derivados das tradições filosóficas cartesianas e liberais. Na verdade, a carne, compreendida como refletindo o narcisismo do sujeito, estabelece fortemente os limites para esse narcisismo.

Por fim, permita-me chamar a atenção para uma dimensão da escrita filosófica de Merleau-Ponty que me parece resistir ao fechamento e à circularidade do solipsismo que Irigaray descreve. Retornemos à relação entre o toque e a visão. Existe algo que esteja na base ou conecte essas relações? Poderia isso ser descrito de alguma forma? Merleau-Ponty escreve: "minha mão esquerda está sempre em vias de tocar a direita no ato de tocar as coisas, mas nunca chego à coincidência; eclipsa-se no momento de produzir-se". "Esta subtração incessante" – tal como ele chama – não é um "fracasso [...] não é um vazio ontológico [...] está dominado pelo ser total de meu corpo e do mundo" (MERLEAU-PONTY, 2003, p. 143). Porém, aqui, parece que a experiência fenomenológica de não ser capaz de fechar esse circuito, de estar, por assim dizer, em uma perpétua relação de não coincidência consigo mesmo, é postulada apenas para então ser retraída através da postulação de um corpo e de um mundo que superam todas essas aparências de não coincidência. Poderia a própria descrição de Merleau-Ponty ser mantida? Ou ele daria sinais de que não pode descrever o que mantém essas relações juntas, que o entrecruzamento entre toque, visão e linguagem nem sempre é redutível a um corpo contínuo e autorreferente?

Relembremos que ele descreve esse entrecruzamento como um quiasma, e que essa figura retórica do quiasma é tal que duas relações são afirmadas, mas não são completamente comunicativas. Um quiasma ou *quiasmus* é definido pelo dicionário *Webster* como "uma relação invertida entre os elementos sintáticos de frases paralelas", porém, no *OED* [*Oxford English Dictionary*], este é especificado como "uma figura gramatical por meio da qual a ordem das palavras em uma de duas orações paralelas é invertida na outra". Notemos, entretanto, que, enquanto há simetria na figura do quiasma, não há equivalente semântico entre as duas frases simetricamente pareadas. Pois, quando dizemos "Quando se torna duro seguir em frente, só quem é duro segue adiante", na verdade usamos dois significados diferentes para "seguir" e dois significados diferentes para "duro", de tal maneira que as sentenças parecem se comunicar sem, de fato, expressarem uma relação de equivalência semântica. O que seria isso que aqui escapa à substituição ou à equivalência? Penso que seja a própria capacidade da linguagem em significar sempre mais e de modo diferenciado da forma como se apresenta, certa possibilidade para um excesso semântico que excede a aparência formal ou sintática de simetria. Pois a mão que toca não é idêntica à mão que é tocada, mesmo que fosse a mesma mão, e essa não coincidência é uma função da ontologia temporalmente não coincidente da carne. E a "dureza" que permanece seguindo não é exatamente a mesma "dureza" que é qualificada adjetivalmente como certo modo de seguir. Aqui, o significado é deslocado no curso da sentença, como certo efeito metonímico da própria escrita. Isso pode ser entendido como precisamente o tipo de "exceder a si" ou "escapar a si" da linguagem que não pode ser completamente fechado ou abolido pelo suposto projeto de solipsismo que Irigaray afirma dominar o texto de Merleau-Ponty.

Desse modo, poder-se-ia perguntar: em que medida a própria escrita de Merleau-Ponty, que foi importante para este capítulo, não possui fechamento, pois permanece em abertura e, por fim, falha em fazer acordo com seu conjunto de reivindicações crescentes, em que medida esse texto excessivo no final não acabou precisando de seu editor e de seu leitor – talvez devêssemos dizer seu "Outro" elocutório, sua Irigaray – de modo a poder existir para todos nós?

Afinal, será desse texto que Irigaray vai fazer citação e derivar sua própria noção de "dois lábios", que ela mimetiza em um uso feminista no qual Merleau-Ponty não poderia ter pensado. Isso não significaria uma vida do texto que excede qualquer solipsismo que aflija seu início e que se faz disponível para a apropriação de Irigaray, uma apropriação em que, substituindo-se por ele, ela desdobra uma contribuição feminista à filosofia precedente que continua, ao mesmo tempo que rompe com o que veio antes?

Referências

HEIDEGGER, Martin. *Being and Time*. Trad. John Macquarrie and Edward Robinson. New York: Harper and Row, 1962. [Edição brasileira: *Ser e tempo*. Trad. Márcia Dá Cavalcante Schuback. Petrópolis, RJ: Vozes; Bragança Paulista, SP: Editora Universitária São Francisco, 2005. v. I.]

IRIGARAY, Luce. *An Ethics of Sexual Difference*. Translated by Carolyn Burke and Gillian C. Gill. Ithaca: Cornell University Press, 1993. [Edição francesa: Éthique de la différence sexuelle. Paris: Ed. Minuit, 1984.]

MERLEAU-PONTY, Maurice. *The Visible and the Invisible: Followed by Working Notes*. Evanston: Northwestern University Press, 1968. [Edição francesa: MERLEAU-PONTY, Maurice. *Le visible et l'invisible: Suivi de notes de travail*. Paris: Gallimard, 1964.] [Edição brasileira: MERLEAU-PONTY, Maurice. *O visível e o invisível*. São Paulo: Perspectiva, 2003.]

Violência, não-violência:
Sartre sobre Fanon[1]

Tradução de Victor Galdino

Há algo de imediatamente estranho no polêmico prefácio de Sartre a *Condenados da Terra*, de Fanon, que é seu modo de endereçamento.[2] Para quem esse prefácio é escrito? Sartre imagina seu leitor como o colonizador ou o cidadão francês que sente aversão quando pensa nos atos violentos de resistência da parte dos colonizados.[3] No mínimo, o leitor imaginado é aquele que acredita que suas próprias noções de humanismo e universalismo bastem como normas pelas quais ele pode avaliar a Guerra de Independência Argelina e outros esforços semelhantes de descolonização. O modo como Sartre se endereça a sua audiência é direto e mordaz: "que importa a Fanon se você lê ou deixa de ler seu trabalho? É a seus irmãos que se destina a denúncia

---

[1] Este texto foi apresentado no Hannah Arendt/Reiner Schürmann Symposium for Political Philosophy de 2005, na New School for Social Research. A autora gostaria de expressar sua enorme gratidão pela ajuda editorial de Colleen Pearl e Amy Huber.

[2] O prefácio de Sartre foi removido da edição de 1967 a pedido da viúva de Fanon, embora ele apareça em edições posteriores. As citações são da edição de 1963, exceto quando houver indicação explícita de outra. [A paginação usada aqui é referente às edições brasileira e francesa, respectivamente. As citações foram adaptadas da edição brasileira com recurso ao original em francês. (N.T.)]

[3] O gênero masculino foi adotado em boa parte da tradução, com algumas exceções, devido ao lugar que a masculinidade dos envolvidos nos atos de endereçamento ocupa na análise feita por Butler ao longo do texto, sendo parte fundamental dos argumentos elaborados. (N.T.)

de nossos velhos truques" (SARTRE, 1963, p. 7; 2002, p. 21). Em certo momento, ele parece puxar seus leitores implícitos para um canto, endereçando o prefácio diretamente a eles:

> Europeus: abram este livro, entrem nele. Depois de alguns passos na noite, verão estranhos reunidos em torno de uma fogueira. Aproximem-se, escutem: eles discutem a sorte que reservam aos seus postos comerciais, aos mercenários que os defendem. Talvez vocês sejam vistos, mas eles continuarão a falar entre si, sem sequer baixar a voz. Essa indiferença é um golpe no coração: os pais deles, criaturas da sombra, *suas* criaturas, eram almas mortas. Vocês lhes dispensaram a luz, eles endereçaram apenas vocês, mas vocês não se deram o trabalho de responder esses zumbis... nessa escuridão de onde surgirá uma nova aurora, os zumbis são vocês [*les zombies, c'est vous*] (SARTRE, 1963, p. 8; 2002, p. 22).

Há diversos aspectos curiosos nesse modo de endereçamento. Poderia ter sido presunçoso da parte de Sartre se endereçar diretamente às pessoas vivendo sob condições coloniais, já que isso o teria colocado na posição de poder pedagógico sobre elas. Ele não tem qualquer informação para dar *a elas*, nenhum conselho, nenhuma explicação e, certamente, nenhum pedido de desculpas pelo domínio colonial europeu, mais especificamente pelo governo colonial francês na Argélia. Então ele se dirige, por assim dizer, aos seus irmãos brancos, sabendo que seu nome no prefácio talvez atraísse tais leitores ao texto escrito por Fanon. Assim, Sartre, ou melhor, o nome de Sartre é uma isca para o leitor europeu. Mas será que entendemos o que é a "Europa" nesse contexto ou mesmo o "europeu"? O próprio Sartre pressupõe o europeu como homem e branco. E é assim que duas zonas distintas de masculinidade são delineadas quando Sartre imagina, no texto, Fanon falando aos seus irmãos, seus irmãos colonizados, enquanto ele fala aos seus irmãos europeus que colaboram com os poderes coloniais de uma maneira ou outra.

Podemos nos perguntar se essas duas fraternidades racialmente divididas estão sendo construídas pelo modo de endereçamento direto que estrutura esse texto. As coisas se complicam pelo fato de Fanon falar a muitas audiências, suas várias linhas de endereçamento eventualmente interrompendo umas às outras. Na visão de Sartre, o europeu só lerá esse texto como se estivesse bisbilhotando uma conversa alheia: "Europeus: abram este livro, entrem nele. Depois de alguns passos na noite, verão estranhos reunidos em torno de uma fogueira. Aproximem-se, escutem [*approchez, écoutez*]" (SARTRE, 1963, p. 8; 2002, p. 22). Então, o texto de Fanon é uma conversa apresentada como conversa *entre* homens colonizados, e o prefácio de Sartre é menos uma conversa entre colonizadores do que um apelo, um pedido para que o europeu leia como se ouvisse uma conversa que *não* está ali para ele, ele que faz parte do "vocês" a quem Sartre se dirige. Assim como seu prefácio não foi escrito para a população colonizada (embora possamos, ainda assim, considerá-lo um tipo de exibição da política de Sartre para ela), o texto de Fanon é construído como se não se dirigisse a uma audiência branca e europeia. O que Sartre efetivamente escreve é: "venham ouvir este texto que não é destinado a vocês, que não está falando para vocês, que deixa vocês de fora da audiência, e aprendam por que esse texto teve de ter sido dirigido aos que vivem no estado descolonizado de ser, ou seja, aos que não estão nem inteiramente mortos nem inteiramente vivos. Venham e ouçam as vozes que não mais lhes fazem petições, não mais buscam inclusão em seu mundo, não mais se preocupam se estão ou não sendo ouvidas e compreendidas". Ele demanda de seus irmãos europeus, presumivelmente brancos, que lidem bravamente com essa rejeição e indiferença, que compreendam as razões de não serem a audiência desejada do livro de Fanon. Obviamente, não fica claro como eles poderiam aprender essa lição ou enxergar essa verdade sem se tornarem a audiência do livro e o lerem. Mas é esse o paradoxo em jogo aqui.

Ao longo de seu apelo para que "escutem" o livro, Sartre está posicionando uma audiência branca a uma distância curiosa, de onde ela é feita sofrer de um estatuto periférico. A audiência branca não pode mais se pressupor a audiência desejada, equivalente a "qualquer" leitor, anônima e implicitamente universal. O paradoxo, como mencionei, é que os irmãos brancos são solicitados a ler apesar disso, e são mesmo encorajados a continuar lendo, ainda que sua leitura seja concebida como escuta furtiva, estabelecendo o estatuto de sua estrangeiridade no momento de sua compreensão. Parece outra maneira de dizer: "Este livro foi feito para vocês; seria bom que o lessem". O tipo de compreensão deslocada que Sartre propõe ao leitor branco desconstitui o privilégio presumido do leitor europeu no ato de recepção dessa nova constelação histórica. Descentramento e mesmo rejeição devem ser absorvidos, sofridos, e certo modo de desfazer a *presunção* do privilégio racial é posto em ato nas entrelinhas; ou melhor, no não endereçamento que é paradoxalmente entregue ao europeu pelo prefácio de Sartre. Assim, o prefácio funciona como um estranho modo de entrega, dando ao leitor branco o discurso que não foi direcionado a ele e, dessa maneira, oferecendo rejeição e deslocamento como condições de possibilidade para a compreensão. Escrever ao leitor europeu é um modo de Sartre atuar sobre ele, posicionando-o fora da roda e estabelecendo sua condição periférica como requisito epistemológico para a compreensão da condição colonial. O leitor europeu sofre uma perda de privilégio ao mesmo tempo que é solicitado a se submeter a uma encenação empática com a posição dos socialmente excluídos e obliterados.

Então, o texto de Fanon, apresentado por Sartre como plurívoco e fraternal – ou seja, como conversa entre um grupo de homens –, desfaz a noção de Fanon como autor singular. Fanon é um movimento florescendo. Sua escrita é a fala de muitos homens. E, quando escreve, uma conversa emerge; a página escrita é um encontro em que uma estratégia é desenhada, um círculo é traçado rigorosamente ao redor de companheiros de viagem. Fora do círculo, estão aqueles que compreendem que essa fala lhes é indiferente. Um "vocês" é dito ao redor do fogo, mas o europeu não mais conta como parte desse "vocês". Ele pode ouvir a palavra, mas apenas para reconhecer que não está incluído em seu escopo. Se perguntarmos como essa exclusão aconteceu ao europeu, Sartre afirmará que ela se segue dialeticamente no modo como os homens brancos suspenderam a humanidade dos pais dos que viveram sob o colonialismo. Os filhos viram seus pais humilhados, tratados com indiferença, e essa indiferença agora é tomada e enviada de volta ao remetente em nova forma.

O interessante é que é a humanidade dos pais subjugados sob o colonialismo que está em questão aqui, e isso implica a desumanização alheia como desdobramento da erosão da autoridade paternal. Essa é a ofensa que obriga à exclusão da conversa que compõe o texto de Fanon. Trata-se de uma coreografia de homens, alguns formando círculos internos, outros lançados para a periferia, e é a masculinidade deles, ou melhor, a masculinidade de seus pais, que está em jogo no endereçamento direto. Não ser endereçado como parte de um "vocês" é ser tratado como menos que homem. E, ainda assim, como veremos, o "vocês" funciona ao menos de duas maneiras em Fanon: como o endereçamento direto que estabelece a dignidade humana por meio da masculinização e como o endereçamento direto que estabelece a questão do humano para além do enquadramento da masculinização e também da feminização. No entanto, em ambos os casos, o "vocês" não apenas se refere aos destinatários, pois o próprio endereçamento é a condição do vir a ser humano, um humano que é constituído no interior da cena de endereçamento.[4]

Se o europeu excluído pergunta *por que* ele não pode partilhar da conversa, deve então considerar as implicações de ser tratado com indiferença. O problema a ser considerado não é apenas o das más atitudes dos colonizadores contra os colonizados. Se estes são excluídos da conversa em que humanos são

---

[4] Para uma melhor elaboração dessa posição, ver Butler (2005; 2017).

não apenas endereçados, mas também constituídos enquanto tais pelo endereçamento, então a própria possibilidade de eles serem constituídos enquanto humanos é foracluída. Ser excluído da conversa é ser desfeito enquanto humano. Os pais desses homens não foram tratados como homens. Certamente, não foram endereçados, diretamente ou de qualquer outra maneira, como homens e, nessa falha de endereçamento, nunca puderam se constituir plenamente como humanos. Se buscarmos compreender a ontologia desses homens que nunca foram tratados como homens, descobriremos que nenhuma determinação fixa é possível. O endereçamento face a face a um "vocês" carrega a capacidade de conceder certo reconhecimento, de incluir os outros na troca potencialmente recíproca do discurso. Sem esse reconhecimento e sem essa possibilidade de endereçamento recíproco, nenhum humano pode emergir. No lugar do humano, um espectro ganha forma, o que Sartre chama de "zumbi", a figura da sombra que nunca é inteiramente humana ou não humana. Assim, se quisermos contar a pré-história dessa complexa cena de endereçamento em *Condenados da Terra*, de Fanon, ou melhor, das duas cenas que separam o próprio texto de seu tradicional prefácio, teremos de começar, de acordo com Sartre, com a visão de que os colonizadores não tinham um "vocês" para os colonizados, de que não podiam nem queriam endereçá-los diretamente. E, como resultado disso, recusaram a eles uma determinação ontológica, uma que se segue apenas do reconhecimento como troca recíproca, conjunto mutuamente constitutivo de atos.

Os colonizadores não tinham um "vocês" para os colonizados. E, novamente no prefácio de Sartre, ainda que paradoxalmente, "vocês" é reservado exclusivamente aos colonizadores. Quem falará aos colonizados? Para Fanon, os colonizadores não são parte do "vocês", ou ao menos é isso que Sartre nos diz; mas, para Sartre, os colonizados é que não são "vocês". Assim, Sartre continua a própria tradição de não endereçamento que ele tenta acusar. Ele fala como um duplo espectral: ao mesmo tempo, fala em nome do europeu que mostra como a desconstituição de seu privilégio é aparentemente feita; mas também, em estilo prescritivo, convoca outros europeus a fazerem o mesmo. Quando Sartre efetivamente diz "'Vocês' não são os leitores para os quais este livro se destina", ele constitui o grupo que deve sofrer a desconstituição de seu privilégio. No entanto, ao se endereçar a eles, não exerce essa desconstituição, mas sim uma nova constituição. O problema, claro, é que, ao abordá-los como os privilegiados, como um privilegiado que fala a outros, ele também solidifica esse privilégio. Se antes, ao recusarem o endereçamento aos colonizados, colonizadores colocavam em risco a possibilidade de sua determinação ontológica; agora, no uso de Sartre, "vocês" – direcionado aos seus pares europeus – são convocados a assumir a responsabilidade por essa condição colonial de destituição. Sartre mobiliza a segunda pessoa, ataca com um "vocês" para poder acusar e demandar prestação de contas: "Essa indiferença é um golpe no coração: os pais deles, criaturas da sombra, *suas* criaturas, eram almas mortas. *Vocês* lhes dispensaram a luz, eles se endereçaram apenas a vocês, mas vocês não se deram o trabalho de responder esses zumbis" (Sartre, 1963, p. 8; 2002, p. 22, grifos meus).

Na desolada cena de subjugação colonial que Sartre descreve, colonizados não se endereçaram uns aos outros, mas falaram apenas a *vocês*, os colonizadores. Se pudessem ter se endereçado uns aos outros, teriam começado a tomar forma no interior de uma ontologia social legível, teriam arriscado uma existência por meio desse circuito comunicacional. Eles ousaram falar apenas a "vocês" – dito de outro modo, vocês eram a audiência exclusiva para qualquer endereçamento direto. Vocês (os colonizadores) não se deram o trabalho de responder, pois responder seria conceder um estatuto humano àquele que falava a vocês. O modo de endereçamento, longe de ser uma simples técnica retórica, põe em ato a constituição social da ontologia. Ou, colocando em palavras mais duras: o modo de endereçamento produz a possibilidade social de uma existência vivível. De maneira correspondente, recusar a resposta ou o endereçamento ao outro que fala, ou demandar uma forma assimétrica de endereçamento segundo a qual quem está no poder é a audiência exclusiva para o uso da segunda pessoa – essas são todas formas de desconstituir a ontologia e orquestrar uma vida não vivível. É claramente esse o paradoxo da morte em vida, outro arranjo do que Orlando Patterson (2008), conjurando Hegel no contexto da descrição da escravidão, chamou de *morte social*.[5] Lá, assim como aqui, essa morte social atinge primeiramente os pais, o que significa deixar seu legado de vergonha e fúria para os filhos. E o mais importante: a morte social não é condição estática, mas contradição vivida perpetuamente, tomando a forma de um dilema especialmente masculino. No contexto da Argélia e da guerra pela independência, o homem colonizado é deixado com uma escolha que não pode culminar em uma vida vivível: "Se ele resiste", Sartre escreve, "os soldados atiram, ele é um homem morto; se cede, degrada a si mesmo, não é mais um homem; a vergonha e o medo causarão uma fissura em seu caráter, desintegrando sua personalidade" (SARTRE, 1963, p. 9; 2002, p. 24).

Qual utilidade pode haver, para o homem europeu, no saber dessa escolha impossível, dessa formação histórica da luta de vida e morte no colonialismo argelino? Apesar de o livro de Fanon *não* ser escrito como petição para que o liberal europeu enxergue sua cumplicidade com a violência na Argélia, o prefácio de Sartre claramente é. Ele imagina seu interlocutor dizendo: "Nesse caso, vocês dirão, joguemos este livro pela janela! Por que ler se não foi escrito para nós?" (SARTRE, 1963, p. 8; 2002, p. 22). Sartre oferece dois motivos, e vale a pena chamar a atenção para eles aqui: o primeiro é que o livro dá a quem não é seu destinatário pretendido – a elite europeia – uma oportunidade de compreensão de si. O sujeito coletivo designado pelo "nós" encontra seu reflexo de modo objetivo por meio das "feridas" (*blessures*) e "correntes" (*fers*) de nossas vítimas. O que, ele pergunta, temos feito de nós mesmos? Em certo sentido, o trabalho de Fanon dá ao

---

[5] Ver também Janmohamed (2005).

homem europeu uma chance de conhecer a si e se engajar na busca desse autoconhecimento, tendo como base o exame de suas práticas compartilhadas, que são próprias dos fundamentos filosóficos da vida humana como Sartre a entende.

O segundo motivo oferecido por ele é que "desde Engels, Fanon é o primeiro a jogar novamente os holofotes sobre a parteira da história [*l'accoucheuse de l'historie*]" (excluindo-se aqui Georges Sorel, cujo trabalho Sartre considera fascista) (SARTRE, 1963, p. 9; 2002, p. 23). O que quer dizer "parteira" da história aqui? Em que sentido esses homens, como uma parteira, estão dando à luz o passado? E por quais meios os holofotes são jogados sobre essas facilitações? O parto da história é dialético, mas a situação dos colonizados é um "retrato" – para usar o termo de Albert Memmi – do impasse do movimento dialético. Sartre prediz que, ainda assim, a descolonização é uma necessidade histórica precisamente porque o esforço de aniquilar o outro nunca é plenamente bem-sucedido. O capitalismo demanda o poder laboral dos colonizados. "Por causa do fracasso", escreve Sartre, dos colonizadores em "levar o massacre ao ponto do genocídio e a servidão ao do embrutecimento, ele perde o controle, a operação se inverte, uma lógica implacável o conduz até a descolonização" (SARTRE, 1963, p. 10; 2002, p. 24).

Assim, nesse ponto, podemos ver ao menos dois objetivos adicionais no prefácio de Sartre. Por um lado, ele está argumentando que as feridas e correntes dos colonizados aqui iluminadas dão aos colonizadores seu próprio reflexo e assim se tornam úteis para a tarefa europeia do autoconhecimento. Por outro lado, está argumentando que as feridas e correntes são, por assim dizer, os motores da história, seus momentos cruciais; como os traços que animam uma subjugação que beira a morte, essas feridas e correntes mobilizam uma inexorável lógica histórica que, por sua vez, culmina na derrota do poder colonial. Em primeira instância, feridas e correntes refletem não apenas as ações do poder europeu, mas também as implicações padrão do liberalismo europeu. Pois, embora o liberal se oponha à violência e considere a violência colonial parte de algo que ocorre em outro lugar, ele também apoia uma versão do Estado que organiza a violência, em nome da preservação desse liberalismo, contra um suposto barbarismo. Gostaria de sugerir que as feridas e correntes são consideradas úteis *nesse sentido*, ao produzirem um reflexo da violência do liberalismo europeu, mas apenas enquanto parte de um projeto reflexivo mais amplo que envolve autoconhecimento, autocrítica e a autodesconstituição por parte da elite europeia. Em segunda instância, as feridas e correntes são compreendidas como sinais de uma lógica histórica que se desdobra, que condiciona e move a agência dos colonizados em sua oposição ao colonialismo por todos os meios possíveis.

Essas duas maneiras de considerar o sofrimento sob o colonialismo se distanciam de um ponto de vista humanista que, de maneira simples e enfática, lutaria contra esse sofrimento como algo moralmente errado. Sartre se preocupa abertamente com esse humanismo liberal cego às condições políticas dos sofrimentos moralmente reprováveis, pois seria possível lutar contra eles por motivações morais, deixando intactas as condições políticas que os fariam renascer continuamente. É por isso que o sofrimento sob o colonialismo precisa ser politicamente situado. E, dentro desse contexto, um sofrimento desse tipo, ainda que deplorável, ou precisamente por ser deplorável, constitui um recurso para os movimentos políticos. As feridas e correntes figuram de duas maneiras ao menos: *tanto* como efeitos de atos criminosos *quanto* como motores da história – uma ideia à qual retornarei mais adiante. Na pior das hipóteses, um europeu liberal pode se opor ao sofrimento no colonialismo sem que isso o leve a se engajar em uma crítica da formação estatal que terceiriza a autodefinição humanista. O fato de podermos traçar paralelos em relação a nossa situação política contemporânea, especialmente no caso da terceirização da tortura, não é um acidente, pois a condição colonial não ficou, de maneira alguma, definitivamente no passado.

Em nova introdução para *Condenados da Terra*, Homi Bhabha pergunta explicitamente o que esse panfleto que trata de descolonização tem a dizer sobre as circunstâncias atuais da globalização. Ele aponta que, enquanto a descolonização antecipa a "liberdade" pós-colonial, a preocupação encontrada na globalização é a "desnacionalização estratégica da soberania estatal" (BHABHA, 2004, p. xi). E, enquanto a descolonização visa estabelecer novos territórios nacionais, a globalização confronta um mundo de conexões e circuitos transnacionais. Corretamente, Bhabha rejeita a historiografia que situa o pós-colonialismo como sucessor do colonialismo e a globalização de nossa época como sucessora de ambos. Nos termos de Bhabha, o colonialismo persiste no pós-colonial, e "a sombra colonial se estende por todos os sucessos da globalização" (BHABHA, 2004, p. xii). Na globalização, economias duais são estabelecidas para produzir circunstâncias lucrativas para uma elite econômica e instituir "pobreza e desnutrição constantes, injustiças raciais e de casta" (BHABHA, 2004, p. xii). Trata-se, claro, da mesma acusação feita sobre as estratégias neoliberais presentes na globalização. No argumento de Bhabha, no entanto, "a linguagem crítica da dualidade – seja colonial, seja global – é parte da imaginação *espacial* que parece surgir tão naturalmente no pensamento geopolítico de uma mentalidade progressista e pós-colonial: margem e metrópole, centro e periferia, global e local, nação e mundo" (BHABHA, 2004, p. xiv).

Ainda que essas divisões persistam, pode ser que Fanon nos ofereça uma maneira de pensar para além dessas polaridades, distanciando-se, assim, do binarismo instantâneo do prefácio de Sartre. Bhabha enxerga em Fanon, por exemplo, uma crítica incisiva dessas polaridades em nome de um futuro que introduzirá uma nova ordem das coisas. Ele identifica a crítica dessas polaridades no uso retórico e específico do termo "Terceiro Mundo" por Fanon. O termo "terceiro" é aquele que desestabiliza as polaridades da colonização e constitui um espaço reservado para o próprio futuro. Nesse sentido, Bhabha cita Fanon: "O Terceiro Mundo deve recomeçar uma nova história do Homem" (BHABHA, 2004, p. xiv).

Na visão de Bhabha, o texto de Fanon cria uma maneira de entender momentos de transição, especialmente nas economias e nos vocabulários políticos que visam ir além das partilhas herdadas da Guerra Fria. O que é importante nesses momentos de transição é sua condição de "incubadora", para usar um termo de Gramsci. Bhabha afirma que "'novas' emergências nacionais, internacionais ou globais criam um senso inquietante de transição" (BHABHA, 2004, p. xvi). Ele defende que Fanon, em vez de ficar satisfeito com o estabelecimento de um novo nacionalismo, conduz uma crítica nuançada do etnonacionalismo. Em sua visão, a contribuição de Fanon consiste em oferecer uma imagem do "futuro global" como "projeto ético e político – sim, um plano de ação e também um anseio projetado" (BHABHA, 2004, p. xvi).

A leitura de Bhabha implica um movimento para além de certo humanismo vigente, movimento que recolocará a questão do humano como aquela que deve abrir um futuro. Podemos muito bem nos perguntar se há mesmo esse consenso no humanismo, e parece razoável perguntar isso. Mas me deixem colocar meu ponto com mais precisão: se fazemos uma objeção ao sofrimento sob o colonialismo, e mesmo se o denunciamos publicamente sem demandar uma transformação básica das estruturas coloniais, então nossa objeção permanece no registro de um princípio moral que pode lidar apenas com os efeitos deletérios dos sistemas políticos, sem que se tente uma transformação social mais ampla das condições que produzem esses efeitos. Isso não significa que devemos recolher nossas objeções ao sofrimento, mas apenas que temos de trocar esse tipo de humanismo por uma investigação que coloque a seguinte questão: o que aconteceu com a própria noção do humano sob tais condições? Nossas objeções ao sofrimento se tornam, dessa maneira, parte de uma operação crítica e um modo de abrir o humano a um futuro diferente.

Mas, mesmo que acompanhemos o argumento até esse ponto, ainda nos resta a questão da violência e de qual exatamente é o seu papel na fabricação do humano. Bhabha lê a discussão de Fanon sobre violência insurrecional como "parte de uma luta pela sobrevivência psicoafetiva e de uma busca pela agência humana no meio da opressão" (BHABHA, 2004, p. xxxvi). A violência carrega a possibilidade da ação, da agência, e também é revolta contra a morte social, mesmo não sendo possível escapar dos parâmetros da violência e da morte em potencial. De fato, sob essas condições de subjugação colonial, a violência é uma aposta e um sinal de que há uma luta psicoafetiva em curso pelo ser. Sartre, no entanto, e ao menos nessas páginas, fala de modo menos ambíguo sobre o papel da violência na fabricação do humano, mesmo no horizonte do pós-humanismo. Se, para Nietzsche, o imperativo categórico está ensopado de sangue, para Sartre, o mesmo seguramente vale para certo tipo de humanismo.

Tanto no prefácio de Sartre como na introdução de Bhabha, há uma questão sobre o humano por vir. Os dois textos introduzem o de Fanon, mas são posteriores a ele, e a questão que colocam, antes de a leitura de Fanon começar, é a de haver ou não um futuro para o humano aberto pelo texto. Em ambos os escritos preambulares, há um modo de pensar o humano para além do humanismo, e isso é parte do que o prefácio de Sartre tenta exemplificar no modo de um endereçamento direto. Quando Sartre escreve "vocês", está tentando derrubar uma versão do homem e produzir outra. No entanto, suas nomeações performativas não possuem a força da nomeação divina, o que significa que algo inevitavelmente falha, deixando-nos em uma situação difícil. Será que Sartre está posando como um agente sobre-humano ao pensar que pode destruir e fazer o homem à imagem desejada? Assim como a força performativa do endereçamento direto de Sartre não produz imediatamente um novo homem, as feridas e correntes também não trazem imediatamente o fim do colonialismo. Por fim, é preciso entender se, para Sartre, a violência tem o poder de gerar um "novo homem" e se, ao dizer que essa é também a visão de Fanon, Sartre está citando corretamente ou fazendo livre uso do texto para seus próprios fins.

Espero mostrar que é uma formação cultural específica do humano que Sartre delineia e aplaude aqui, uma que chamaria "masculinista"; ainda assim, é importante ter em mente que, em Fanon, e talvez em Sartre também, há tanto uma demanda pela restituição do masculinismo como um esforço de investigar quem "vocês" podem ser para além dos constrangimentos de gênero. O esforço de Sartre em pensar o humano do outro lado de certo tipo de humanismo liberal não é capaz de resolver o equívoco no coração de "*homme*", ao mesmo tempo "homem" e "humano". Mas, ainda assim, certas possibilidades emergem desse designador equívoco. O interessante é que o "vocês" – a segunda pessoa – é aquilo que perturba os circuitos usuais de significação.

Sartre abre o espaço textual para a reflexividade do homem europeu – sua tarefa permanente, em primeira pessoa, de conhecer a si mesmo. Mas será que os colonizados também possuem uma reflexividade assim? Sartre localiza as feridas mobilizadoras dos colonizados que produzem a descolonização em termos de uma inevitabilidade histórica, como se essas feridas não tivessem de passar pela subjetividade reflexiva dos feridos. Desse modo, seu prefácio parece eclipsar a reflexividade do colonizado. Isso é evidente não apenas na polidez com a qual Sartre recusa o endereçamento aos colonizados, reiterando o não endereçamento que ele mesmo diagnostica como raiz da suspensão de sua humanidade, mas também em seu tratamento da violência contrainsurgente, como se fosse uma reação determinada ou mecanizada e não fosse *precisamente* a decisão refletida ou deliberada de um conjunto de sujeitos políticos engajados em um movimento político. De fato, quando nos perguntamos sobre a agência da violência insurgente anticolonial, o único agente real da violência acaba sendo o colonizador. Sartre mesmo diz isso ao afirmar que, "de início", a força "será apenas a do colono" (SARTRE, 1963, p. 11; 2002, p. 25). Ao argumentar assim, Sartre busca derivar a violência da insurreição colonial da primazia da violência estatal, projetando a violência revolucionária como efeito secundário de uma forma primária de opressão violenta. Se os colonizados respondem com violência, esta nada mais é que a transposição ou transmutação da violência que foi exercida contra eles. A formulação de Fanon difere levemente da narrativa sartriana quando, no primeiro capítulo de *Condenados*, chamado "Sobre a violência", ele afirma que

> [a] violência que presidiu ao arranjo do mundo colonial, que marcou incansavelmente o ritmo da destruição das formas sociais indígenas, que destruiu, sem restrições, os sistemas de referência da economia, os modos de aparência e de vestimenta será reivindicada e assumida pelos colonizados no momento em que, decidindo ser a história em ato, a massa colonizada inundar as cidades proibidas (FANON, 1963, p. 30; 2002, p. 44).

A violência se movimenta, passa de uma mão para outra, mas podemos dizer que continua sendo a violência do colonizador? Caso ela permaneça a mesma enquanto passa de violência imposta pela autoridade para violência manejada pelos colonizados, podemos dizer que pertence realmente a qualquer uma das partes? Parece que a violência é fundamentalmente transmissível. Porém, essa não é a visão sartriana. Na verdade, sua visão torna o colonizador o sujeito primário da violência. E essa afirmação parece contradizer outra, a saber, que, sob condições como essas, a violência pode ser entendida como algo que faz o humano vir a ser. Se aceitarmos a primeira tese, ficamos com a conclusão, certamente falha, de que a colonização é precondição para a humanização, algo que as justificativas civilizatórias para a colonização sempre defenderam e, temos de supor, uma visão contra a qual Sartre queria se opor veementemente.

Sartre faz vários esforços para explicar a resistência violenta por parte dos colonizados. Ele aborda a acusação feita por colonialistas de que havia instintos básicos ou animais em operação nesses povos aparentemente pré-civilizacionais. Sartre pergunta: "Que instintos? Os que compelem os escravos a massacrar o senhor? Como ele não reconhece a sua própria crueldade se voltando contra ele?" (Sartre, 1963, p. 10; 2002, p. 25). Antecipando sua afirmação de que "a única violência é a do colonizador", ele nota que o colonizador encontra, na violência dos colonizados, apenas sua própria violência. É dito que os colonizados "absorveram" a crueldade dos colonizadores por todos os seus poros. E, embora seja dito que os colonizados tomem e assumam a violência por meio da qual são oprimidos, como se tudo isso se desse pela força inexorável da transitividade, também é dito que os colonizados se tornam quem são pela "negação íntima e radical do que fizeram [deles]" (Sartre, 1963, p. 11; 2002, p. 25).

Aqui, Sartre parece aderir a uma teoria da absorção ou de um mimetismo psicológico que simplesmente transferiria a violência dos colonizadores para os colonizados, transformando uma coisa na outra. Na visão dele, os colonizados absorvem e recriam a violência exercida contra eles, mas também se recusam a se tornar aquilo que os colonizadores fizeram deles (Sartre, 1963, p. 11; 2002, p. 25). Se isso for uma contradição, trata-se de uma na qual os colonizados são forçados a viver. É como na escolha impossível comentada anteriormente: "Se ele resiste... é um homem morto; se cede, degrada a si mesmo". Ele é tornado violento pela violência feita a ele, mas essa violência coloca sua própria vida em risco; se ele falha em se tornar violento, permanece sendo sua vítima, "a vergonha e o medo causarão uma fissura em seu caráter, desintegrando sua personalidade" (Sartre, 1963, p. 9; 2002, p. 24). Vergonha porque ele não tomaria ou poderia tomar para si a violência contra a violência; medo porque ele sabe como sua vida é precária e extinguível sob o governo colonial que lhe foi violentamente imposto.

O problema da violência, portanto, parece surgir aqui no que Bhabha chama de "sobrevivência psicoafetiva", onde o si mesmo se encontra ameaçado pela vergonha e pelo medo, dividido internamente e correndo o risco da desintegração. A questão é saber se há algo que possa interromper esse estilhaçamento do si mesmo e por que a violência aparece como a rota em direção à identidade, à agência, até mesmo à vida. Notem que esse si mesmo é distinto daquele que simplesmente absorve ou imita acriticamente e faz retornar a violência exercida contra ele. Aqui, temos uma passagem através de um si mesmo dizimado que deve ser navegada, e a violência aparece como rota de saída. Mas é a única rota? E será que Fanon pensava que era?

Para respondermos isso, precisamos, em primeiro lugar, entender o que acontece com a violência quando é tomada ou assumida pelos colonizados em nome da resistência insurgente. É apenas "de início" que a violência é dos colonizadores, sendo somente depois que ela é tornada sua. A violência que os colonizados tornam sua é diferente da violência imposta a eles pelos colonizadores? Quando se empenha em explicar essa violência secundária, essa que é derivada dos colonizadores, Sartre comenta que ela "retorna sobre nós da mesma maneira que nosso reflexo vem do fundo de um espelho ao nosso encontro" (SARTRE, 1963, p. 11; 2002, p. 25). Essa descrição sugere que a violência insurgente nada mais é que o reflexo da violência dos colonizadores, como se existisse uma simetria entre elas, e a segunda apenas segue como reflexo dialético da primeira. Porém, isso não pode ser inteiramente verdadeiro, pois o colonizador "não se lembra direito que foi um homem: ele se considera uma chibata ou um rifle" (SARTRE, 1963, p. 10; 2002, p. 25), e a violência é precisamente o meio pelo qual os colonizados se tornam homens. Posteriormente, ele afirma que o "europeu só pode se fazer homem fabricando escravos e monstros" (SARTRE, 1963, p. 17; 2002, p. 32). Então, parece que Sartre sustenta ao menos duas concepções diferentes do humano aqui. O colonizador esquece que foi um homem quando se torna violento, mas o tipo específico de homem que ele se torna é dependente dessa violência. Como mencionado antes, Sartre usa o termo *"homme"* para *"humain"* aqui, e essa ambiguidade atravessa todo o argumento. Mas parece que o colonizador que se esqueceu que foi um "homem" se torna chibata ou rifle por enlouquecer com medo de perder seu poder absoluto. Esse colonizador busca atacar precisamente os homens que ele não considera enquanto tais e que, por causa desse encontro violento, correm o risco de se tornar igualmente chibatas ou rifles.

Muitos homens parecem estar esquecidos nessa cena. Quem é esse homem esquecido? E quem é o homem por vir? Diz-se dos colonizados que eles se tornam "homens" pela violência, mas sabemos que a violência assumida por eles, de início, é a violência dos colonizadores. Mas, será que os colonizados se separam da violência dos colonizadores, e que essa separação funciona ela mesma como condição para o "vir a ser humano" dos colonizados? Sartre é claro ao dizer que a "raiva inconfessável" que variadas formas de humanismo reprovam é efetivamente "o último reduto de sua humanidade" (SARTRE, 1963, p. 12; 2002, p. 26). Nessa raiva, Sartre lê tanto o efeito do legado colonial como a recusa desse legado; um nó, uma contradição que produz, finalmente, o laço impossível de ser vivido e a demanda por uma mudança total. A violência se torna a alternativa clara quando a vida de fome e opressão contínuas parece pior que a morte (SARTRE, 1963, p. 13; 2002, p. 28). Nesse ponto, Sartre escreve, "um dever único, um único objetivo: expulsar o colonialismo por *todos* os meios" (SARTRE, 1963, p. 14; 2002, p. 28). O retrato que Sartre faz da violência insurgente tem o objetivo de fornecer *insights* sobre a pessoa que vive sob tal opressão. Como tal, ele serve como reconstrução de um estado psicológico induzido. Também pode ser lido como uma racionalização completamente instrumental da violência e, consequentemente, uma afirmação de caráter normativo. De fato, as ações violentas pelas quais a descolonização é alcançada também são as ações pelas quais o homem "se faz" (SARTRE, 1963, p. 14; 2002, p. 29). Sartre está descrevendo uma realidade psicopolítica, mas também está oferecendo, podemos dizer, um novo humanismo para perturbar o antigo, um que demanda violência para ser materializado nessas condições sociais. Ele escreve: "nenhuma delicadeza apagará as marcas da violência; é apenas a violência que pode destruí-las" (SARTRE, 1963, p. 14; 2002, p. 29).[6] E, claro, temos de nos perguntar se a violência em si, essa que se diz apagar as marcas da violência, não produz novas marcas parecidas, deixando em seu rastro novos legados de violência.

Além disso, não eram as próprias feridas e correntes necessárias para movimentar a revolução? Elas serviam a um duplo propósito: primeiramente, refletiam de volta ao europeu as consequências de seu humanismo fracassado, sua exportação da dominação colonial; em segundo lugar, dizia-se que animavam a lógica inexorável da descolonização na história, mas agora elas aparecem precisamente como o que deve ser "apagado" pelos atos de violência que executam essa descolonização. Essas feridas e correntes servem de espelho para o europeu, de motores históricos para os colonizados e, finalmente, passam por uma negação, se não uma completa transformação pelo ato de autocriação. A máxima existencial sobre conhecer e fazer a si mesmo aparece, portanto, no fim do prefácio provocador de Sartre, quando ele afirma que os atos violentos do colonizado finalmente o consagrarão como o sujeito existencial por excelência: "Quando sua raiva explode, ele reencontra sua transparência perdida, ele se conhece na medida mesma em que se cria" (SARTRE, 1963, p. 14; 2002, p. 29). É claro, essa autocriação é de um tipo curioso, pois a violência parece ser induzida por um desenvolvimento dialético, historicamente inevitável, mas essa forma de determinismo ainda não está reconciliada com a teoria da autoconstituição em Sartre, e a tensão entre as duas posições acaba produzindo implicações significativas.

Sartre começa seu prefácio com uma atribuição de pronomes que se dá de acordo com uma estrita divisão do trabalho. Fanon irá falar aos colonizados; Sartre irá falar aos europeus, especialmente ao homem liberal na França que se compreende moral e politicamente distante dos eventos na Argélia e nas

---

[6] Sobre a violência divina que apaga os vestígios da culpa, ver BENJAMIN, 1996, p. 286-287.

colônias francesas. Sartre não falará aos colonizados, e supomos que isso se deva a ele não querer ocupar uma posição moralmente didática. Ele sugere que os europeus devam ouvir e sofrer com sua condição periférica na conversa que eles têm em mãos. E, ainda assim, Sartre caracteriza a violência dos colonizados por um retrato psicológico e afirma, a partir disso, que o homem engajado em atos violentos de transformação cumpre seu próprio marxismo existencial. Ao desconstituir as condições sociais de desumanização, o colonizado efetiva sua própria descolonização e, através dessa dupla negação, faz-se homem: "esse homem novo", Sartre escreve, "começa sua vida de homem pelo fim; ele se considera um morto em potência" (SARTRE, 1963, p. 15-16; 2002, p. 30). Dizer que um homem é um morto em potência é dizer que ele vive essa potencialidade no presente, de modo que a morte quase não é um risco; ela funciona como uma certeza epistêmica, talvez mesmo um traço definidor de sua existência. Bhabha se refere a isso como uma "vida-na-morte". Por fim, e consequentemente, morrer é cumprir aquilo que já se tinha como uma ordem verdadeira ou necessária. E, mesmo assim, morrer pela desconstituição dessas condições de morte social é algo feito precisamente em nome da vida futura e do homem futuro.

É nesse prefácio, como vocês lembrarão, que Sartre rejeita a posição inicial de Camus sobre não violência.[7] Os que acreditam na não violência, ele provoca, dizem que não são "nem vítimas nem carrascos!" (SARTRE, 1963, p. 17; 2002, p. 31). Mas Sartre recusa o esforço de contornar essa alternativa binária, afirmando, no lugar disso, que a não violência e a passividade são equivalentes à cumplicidade. E, entrando no modo do endereçamento direto, comenta que "a passividade de vocês só serve para colocá-los do lado dos opressores"

---

[7] Sartre não nomeia Camus explicitamente, mas está claramente se referindo a "Le socialisme des potences" e "Le pari de notre generation", entre outros textos que apareceram em Demain, em 1957, e foram traduzidos por Justin O'Brien, republicados em *Albert Camus: Resistance, Rebellion, and Death* (New York: Random House, 1995).

(SARTRE, 1963, p. 17; 2002, p. 32). O que se demanda aqui é a desconstituição de uma noção do que é o homem, especialmente quando, como Sartre afirma, ser homem é ser cúmplice do colonialismo. É apenas pela desconstituição dessa versão do que é ser um homem que a história da humanidade pode se desdobrar. Não nos é dada uma ideia muito boa de como seria o desdobramento final da humanidade, mas, ao fim de seu prefácio, Sartre oferece um breve comentário, em que ele imagina uma história da humanidade que culmina em um estado futuro de "completude". Quando a espécie humana atingir esse estado, ele diz, ela "não se definirá como a soma dos habitantes do globo, mas como unidade infinita de suas reciprocidades" (SARTRE, 1963, p. 18; 2002, p. 33).

Aqui, no fim de um texto amplamente considerado como um elogio à violência, Sartre toma outro caminho, possivelmente manifestando, nesse ponto, a ambivalência fundamental de sua visão sobre a violência, algo que já foi habilmente demonstrado no livro *Sartre on Violence: Curiously Ambivalent*, de Ronald Santoni (2003, p. 67-74). Obviamente, essa visão da unidade infinita das reciprocidades, que poderia existir entre habitantes do planeta, estabelece que necessidades físicas e vulnerabilidades se tornaram questões de reconhecimento e consideração mútuos. Se considerarmos o que Fanon afirma sobre violência, poderemos ver ali, igualmente, certo entendimento de que a violência tem seu lugar na derrubada do colonialismo, mas também um reconhecimento de que traz consigo um niilismo, um espírito corrosivo de negação absoluta. E, apesar de Fanon argumentar que não há outro caminho em tais condições de opressão, ele também argumenta que essas condições devem ser completamente superadas para que a violência não mais atravesse a vida social como um todo. O que é digno de nota na visão de Fanon, e que talvez seja posto ali de maneira mais intensa do que Sartre está disposto a replicar, é que o próprio corpo se torna histórico por uma incorporação das condições sociais. O corpo condenado e silenciado não é meramente exemplo da condição do domínio colonial; é seu instrumento e seu efeito, e, além disso, *não há* governo colonial sem instrumentos e efeitos como esse. A destituição do corpo não é apenas efeito do colonialismo, no sentido de que o colonialismo é compreendido como algo anterior, separado, uma "condição" analítica e historicamente separada do corpo em questão. Ao contrário, *o corpo é a vida animada, ou melhor, desanimada dessa condição histórica, aquilo sem o qual a própria colonização não poderia existir*. A colonização é a morte do sentido, o estabelecimento do corpo na morte social, onde ele vive e respira sua potencialidade como morte, trabalhando e reproduzindo, dessa forma, a força da colonização nos níveis somático e afetivo.

Parece, então, que qualquer esforço para reconstruir o humano depois do humanismo, ou seja, depois da cumplicidade do humanismo com o colonialismo, precisaria incluir um entendimento de humanos como aqueles que podem sofrer a morte antes da interrupção das funções corporais, sofrer a morte no próprio coração da vida. Se humanos são esse tipo de ser que depende de condições sociais para respirar e se mover e viver, então é precisamente no nível psicofísico que o humano está sendo redefinido em Fanon. Trata-se de uma psique "esmagada pela inessencialidade" (FANON, 1963, p. 26; 2002, p. 40) e de um corpo que é constrangido em sua mobilidade fundamental. Há lugares a que ele não poderá ir, enunciados em primeira pessoa que ele não poderá habitar e compor, modos pelos quais ele não poderá conhecer ou sustentar a si mesmo como um "eu". Ele não se conheceu como o "você" endereçado pelo outro e, por isso, quando se endereça a si mesmo, erra o alvo, vacilando entre a certeza de sua não existência e a noção inflada de seu poder futuro.

Se há um culto ao masculinismo que emerge dessa situação, talvez isso seja explicado pela descrição fanoniana da fantasia do poder muscular. Mostrando suas próprias alianças com uma classe europeia bem-educada e com um projeto civilizatório, Fanon procede oferecendo seu próprio retrato das circunstâncias psicológicas em que ele se encontra. Ele descreve, em primeiro lugar, os fatos da restrição espacial: "a pessoa nativa" é encurralada, aprende que há lugares para onde não pode ir, passa a ser definida por essa limitação na motilidade espacial. Consequentemente, a ideia que ela tem de si para compensar essa restrição toma formas hiperbólicas: "É por isso que os sonhos do nativo [*indigène*] são sonhos musculares, sonhos de ação, sonhos agressivos. Eu sonho que salto, que nado, que corro, que escalo. Sonho que explodo de tanto rir, que atravesso o rio com uma pernada, que sou perseguido por uma matilha de carros que nunca me pega" (FANON, 1963, p. 32; 2002, p. 53).

Fanon considera essa hipermuscularidade, essa capacidade sobre-humana de ação como algo compensatório, impossível, fantasmático, mas plenamente compreensível em tais condições. Quando ele afirma que os oprimidos sonham em se tornar os perseguidores, está oferecendo uma descrição psicossocial das fantasias que se estabelecem em condições assim. Ele não está necessariamente argumentando em favor delas, ainda que rejeite a não violência e o compromisso como opções políticas durante a guerra pela independência, em 1961. Seu argumento é estratégico: se os descolonizados decidem pela violência, é apenas porque já estão no meio dela. A violência não foi apenas exercida no passado, ela é o que continua a acontecer a eles e, dessa maneira, forma o horizonte da vida política. Assim, é uma questão de tomar a violência e dar a ela uma nova direção. Ele escreve: "Agora, o problema é capturar essa violência no curso de sua reorientação" (FANON, 1963, p. 44; 2002, p. 59). A violência aqui não é defendida como modo de vida e, certamente, não é modo de imaginar o objetivo normativo de um movimento social. É uma instrumentalidade a serviço da invenção.

É claro, há uma questão sobre a violência poder permanecer como puro instrumento ou se ela virá a definir, assombrar e atormentar a política que se instala por meios violentos. Nem Sartre nem Fanon se colocam essa questão. Seja a aspiração em jogo fazer o homem de outra maneira, produzir uma comunidade definida como unidade infinita de reciprocidades ou alcançar a descolonização, temos de nos perguntar se a violência continua a desempenhar um papel naquilo que significa criar a si mesmo, produzir uma comunidade definida dessa forma, ou alcançar e sustentar a descolonização como objetivo. Parece claro que a violência sai de cena quando imaginamos uma comunidade definida como unidade infinita de reciprocidades. E ela não necessariamente teria um papel a desempenhar depois de alcançada uma descolonização inequívoca – se isso se mostrar mesmo possível. É no modelo de autocriação que o papel da violência é mais difícil de entender. Pode ser bem fácil dizer que é apenas sob as condições coloniais que a violência emerge como meio crucial pelo qual o homem faz a si mesmo e que, sem a colonização, esse fazer não mais é alcançado por meios violentos. Essa posição se distinguiria de uma que toma a negação violenta como modelo para a autocriação, ou seja, a posição que afirma que toda autocriação demanda violência como parte de sua rotina. No fim de *Condenados da Terra*, Fanon é claro ao dizer que a tarefa da descolonização é criar ou inventar "um novo homem", um que não constituirá um reflexo simples, fiel do homem europeu.

Podemos pensar a autoinvenção em Fanon sem o conceito de violência? Caso não seja possível, isso se deve ao caráter necessário que a violência adquire em condições coloniais, contexto que limita o que ele podia imaginar em 1961? Será que ele, ao fim de seu livro, deixa aberta a possibilidade de um novo tipo de autocriação que ainda estaria por ser imaginado? E será que Fanon não pode oferecê-lo precisamente por ainda não estar historicamente lá, no lugar onde ele pode ser imaginado?

O que parece claro é que ser colonizado é ser humilhado como um homem, e que essa castração é intolerável. É a esposa do homem colonizado que é estuprada ou desdenhada, e, para Fanon, isso é uma ofensa ao homem, ao marido, de maneira mais profunda do que é para a própria mulher. Rey Chow (1995) e outras pessoas têm examinado o masculinismo que atravessa a obra de Fanon, e não quero me alongar sobre isso aqui. Mas gostaria de apresentar dois pontos que nos levam a outro modo de pensar. O primeiro é que me impressiona Fanon entender a fantasia masculina violenta como compensatória, e isso sugere que ele entenda a dimensão fantasmática de um hipermasculinismo que, como tal, não serve como ideal moral pelo qual os descolonizados devem lutar. Em vez disso, serve de componente motivacional na luta pela descolonização. A distinção é importante, pois disso se seguiria que, em condições descoloniais, a hipermasculinidade como ideal fantasmático perderia sua força como motivação compensatória para a conduta e modelo fantasmático para a autocriação. Um homem generificado teria de cruzar o rio como qualquer outro mortal: a descolonização não promete poderes divinos e, caso prometesse, seria necessariamente incapaz de manter sua palavra.

Ainda que Sartre faça um uso restrito do "vocês" para constituir e desconstituir seu leitor europeu, e também para dividir duas fraternidades diferentes – os colonizadores e os colonizados –, Fanon oferece outra versão do endereçamento direto que vai além desse binário rígido e que carrega a possibilidade de pensar o humano separado do "homem". Quando, por exemplo, Fanon faz a prece para seu corpo no fim de *Pele negra, máscaras brancas*, "Ó meu corpo, faz sempre de mim um homem que questiona!" (FANON, 2020, p. 242), ele convoca um tipo de abertura corporal e consciente ao mesmo tempo. Ele se endereça a si mesmo e tenta se reconstituir através do endereçamento direto a seu próprio corpo. Como se estivesse se opondo à morte psicoafetiva em vida que atravessa a experiência vivida dos colonizados, Fanon busca incitar o corpo a uma investigação aberta. Na frase anterior, ele postula uma nova coletividade: "gostaríamos que pudessem sentir como nós a dimensão aberta de toda consciência [*la dimension ouverte de toute conscience*]" (FANON, 2020, p. 242). Ele não pede reconhecimento de sua identidade nacional ou de seu gênero, mas um ato coletivo de reconhecimento que conferiria a cada consciência sua condição de abertura infinita. E, apesar de não ter sido capaz de antecipar o que esse reconhecimento universalizável significaria para as relações de gênero, ainda assim, isso está lá como implicação involuntária e incipiente de suas próprias palavras, palavras que talvez carreguem uma visão mais radical que a que ele mesmo poderia apresentar quase uma década depois, quando escreveu *Condenados da Terra*. "Ó meu corpo" – essa exclamação põe em ato certa reflexividade, um endereçamento *a si mesmo* precisamente como corpo que *não* foi sobrecarregado de inessencialidade, mas que condiciona uma questão aberta e permanente. Esse corpo, suplicado pelo endereçamento, é tomado como abertura em direção ao mundo e a uma coletividade radicalmente igualitária. Não há Deus a quem direcionar sua prece, mas um corpo, um que é caracterizado precisamente pelo que ele ainda não sabe. Não há dúvidas de que esse momento é repetido ao final de *Condenados da Terra*, apesar das profundas diferenças entre os dois textos. Ali, Fanon não sabe que nova versão do homem será inventada assim que a descolonização ocorrer. Há uma abertura ao futuro que está longe da afirmação omnisciente; na verdade, trata-se de uma abertura enfaticamente não prescritiva e ignorante sobre o que está por vir.

Talvez esteja me apropriando de seu chamado ao próprio corpo para se abrir novamente ao mundo – e, mais radicalmente, para se reunir com outras pessoas no reconhecimento da abertura de toda consciência – precisamente porque ele estabelece uma alternativa ao masculinismo ultracorajoso da violência anticolonial. É claro, *Pele negra* foi escrito nove anos antes de *Condenados da Terra*, mas talvez eles possam ser lidos em conjunto para que pensemos no que consiste essa nova invenção do homem, ou melhor, no que consiste essa noção do humano. Afinal, o chamado à luta e a crítica ao pacifismo e ao compromisso demandam que, temporariamente, o policial – ou o argelino branco, ou o funcionário do governo – *não* seja entendido como alguém cuja consciência é uma "dimensão aberta". De fato, a violência contra o outro *fecha* essa consciência, pois, de acordo com a lógica da violência, a "dimensão aberta" de minha própria consciência é possível apenas através do fechamento dessa dimensão no outro. De acordo com o argumento em *Condenados*, se estou vivendo como os colonizados, abrir a porta de minha consciência é possível apenas pelo fechamento da porta da consciência do outro. É uma luta de vida ou morte. No momento em que exerço violência contra um outro – que me oprime, que representa essa opressão ou que é cúmplice dessa opressão –, abro espaço não apenas para minha própria autoinvenção, mas também para uma nova noção do humano que não será baseada na opressão e na violência coloniais ou raciais.

No fim de *Pele negra*, Fanon endereça-se a si mesmo. Esse modo de endereçamento não é considerado no prefácio de Sartre, mas ele permanece, talvez, o mais insurrecionário de seus atos de fala, alegorizando os poderes emergentes e autoconstituintes dos colonizados, poderes que não são condicionados por qualquer necessidade histórica ou causal. Ali, ele escreve que é apenas recapturando e investigando o si mesmo que as condições ideais para um mundo humano vêm a existir. "Por que não", ele pergunta, "tentar simplesmente tocar o outro, sentir o outro, revelar-me o outro?" (FANON, 2020, p. 242). Essa frase é lançada em forma de pergunta, e parece que essa autoinvestigação implica a relação interrogativa com o outro como algo cotidiano. Ele deixa isso explícito na linha seguinte, quando escreve: "Minha liberdade não me foi dada afinal para construir o mundo do *Você*?" (FANON, 2020, p. 242). Não sabemos, nesse momento, se o "você" é o colonizado ou o colonizador, e se é também um sair de si, uma relacionalidade que constitui a imersão intencional[8] do "eu" conforme ele se encontra fora de si mesmo, emaranhado no mundo dos outros. A autoinvestigação não é meramente movimento para dentro, mas um modo de endereçamento: *Ó você, ó meu corpo*. É tanto um apelo feito à sua própria

---

[8] A expressão "intencional" deve ser entendida como parte do vocabulário da fenomenologia, no sentido de que a marca do fenômeno psíquico é um direcionamento para fora da subjetividade; uma crença, por exemplo, é sempre uma crença *sobre algo*, sempre remete a algo que não é a própria crença enquanto fenômeno, carregando uma abertura e uma objetividade imanentes. O "eu", como fenômeno psíquico, seria igualmente aberto em direção a algo que não é ele mesmo. (N.T.)

vida corpórea, restaurando o corpo como fundamento para a agência, como um apelo ao outro. É um endereçamento e, de fato, um toque facilitado pelo corpo, um toque que, por motivos complexos, compromete-se a considerar toda e qualquer consciência como dimensão aberta. Se o corpo se abre em direção a um "você", isso é feito de tal maneira que o outro, por meios corporais, torna-se igualmente capaz de se endereçar a um "você". Em ambos os modos de endereçamento, está implícito o entendimento do corpo que, por seu toque, assegura o endereçamento aberto não apenas desse outro tátil, mas também de qualquer outro corpo. Nesse sentido, uma recorporificação do humanismo parece surgir aqui, estabelecendo uma alternativa à violência; ou, paradoxalmente, estabelecendo a ideia de abertura do humano em direção à qual esse humanismo caminha (e que ele precisa refutar para se efetivar no fim). Contrariando e passando por cima dessa visão de que não pode haver autocriação sem violência, Fanon exemplifica aqui a verdade filosófica de que não pode haver invenção de si sem o "você", e de que o "si mesmo" é constituído precisamente em um modo de endereçamento que assume abertamente sua socialidade constitutiva.

Quando Sartre escreve sobre *Condenados*, "[q]ue importa a Fanon se você lê ou deixa de ler seu trabalho? É a seus irmãos que se destina a denúncia de nossos velhos truques", ele parece estar nos dizendo que podemos *não* ler *Condenados* à luz do "você" que forma o endereçamento último em *Pele negra*. É verdade que, na conclusão de *Condenados*, Fanon se endereça a "meus camaradas" e "meus irmãos". O "você" que fecha seu trabalho anterior é agora especificado e restringido, mas notem que, mesmo em *Condenados*, ele *não* os convoca a retornar a uma identidade nacional ou étnica; ele os convoca a criar uma nova versão do homem e, dessa forma, inaugurar uma universalidade que nunca foi estabelecida antes nesta terra reconhecidamente condenada. De fato, que forma esse humano universal pode tomar é algo que se desconhece, permanece uma questão, e a abertura do trabalho anterior – a abertura em direção ao "você" facilitada pelo corpo – finalmente é reverberada na abertura que encerra o trabalho posterior. Mesmo em *Condenados*, há essa promessa da invenção, do novo, de uma abertura que pode depender de uma violência anterior, mas que também pressupõe sua resolução.

O endereçamento de Fanon ao corpo para que se abra e questione, para que se junte à luta pelo reconhecimento da abertura de toda outra consciência incorporada – essa luta por uma nova universalidade –, talvez comece precisamente quando a descolonização termina. Isso significaria que, filosoficamente, *Pele negra* teria de suceder *Condenados da Terra*. O esforço para "tocar" o "você" em *Pele negra* apareceria de maneira bem diferente do contato que constitui a negação violenta. Quando Sartre se refere à "unidade infinita" das "reciprocidades" de todos os habitantes deste planeta, ele *não* apela à capacidade que todo mundo tem de exercer violência, mas às demandas recíprocas que a corporeidade humana implica: alimentação, moradia, proteção da vida e da liberdade, meios de reconhecimento, condições para o trabalho e para a participação política, coisas sem as quais nenhuma pessoa humana poderia emergir ou ser sustentada. O ser humano, nesse sentido, é contingente e aspiracional, dependente e ainda por ser efetuado ou concluído.

Sou lembrada aqui, neste momento, do comentário surpreendente que Sartre faz na entrevista de 1975 com Michel Contat, chamada "Self-Portrait at Seventy" ["Autoportrait à 70 ans"], em que ele fala do prospecto da "vida subjetiva" que é "oferecida" e "dada". No prefácio de *Condenados*, Sartre não pode se endereçar aos colonizados, não compreende esse lugar como sendo o seu. No entanto, sem esse endereçamento, como pode haver uma nova política da humanidade? Ele parece saber, nessa entrevista tardia, que o futuro da humanidade é instituído por certo modo de endereçamento que reorganiza o gênero, relembrando Fanon, seu endereçamento a si mesmo e ao "você".

Entregamos nossos corpos a todo mundo, para além mesmo do reino das relações sexuais: por meio do olhar, do toque. Você entrega seu corpo a mim, eu entrego o meu a você: existimos para o outro, enquanto corpo. Mas não existimos da mesma maneira enquanto consciência, enquanto ideias, ainda que ideias sejam modificações do corpo. Se quiséssemos realmente existir para o outro, existir como corpo, como corpo que pudesse ser continuamente desnudado – mesmo que isso nunca acontecesse realmente –, nossas ideias apareceriam para outras pessoas como provenientes do corpo. Palavras são formadas por uma língua na boca. Todas as ideias apareceriam dessa maneira, mesmo as mais vagas, as mais efêmeras, as menos tangíveis. Não haveria mais o ocultamento, o sigilo que, em certos séculos, foi identificado à honra do homem e da mulher, e que me parece bem estúpido (SARTRE, 1977, p. 11-12).

Ainda que Sartre guarde a esperança de uma transparência impossível, para ele, esse ideal mantém a idealidade e a potencialidade infinita do próprio desejo. É claro, "a honra do homem e da mulher" segura ambas as partes em relações distintas, articula e sustenta essa diferença, mas faz mais que isso. Se a emasculação é o signo da desumanização, então o masculino é a norma pressuposta da humanização. Essa norma diferencial, por sua vez, pode apenas desumanizar. Então, se Fanon e Sartre, nessas estranhas confissões finais, concedem que há um toque e uma forma de entrega que estabelecem uma relação com o "você", parece que, no lugar de uma luta em torno de qual comunidade masculina prevalecerá no fim, encontramos um pronome aberto precisamente na questão de gênero. Foi Arendt (1958; 2020) que sugeriu a questão "Quem é você?" como estando na base da democracia participativa. Nessa mesma base, a filósofa feminista italiana Adriana Cavarero faz o chamado por uma reabilitação do "você" no coração da política.[9]

---

[9] Cavarero (2000, p. 90-91): "O 'você' vem antes do *nós*, antes do plural *vocês* e antes do *eles*. Sintomaticamente, 'você' é um termo que não encontra lugar nos desdobramentos modernos e contemporâneos na ética e na política. O 'você' é ignorado por doutrinas individualistas que se preocupam demais

O "você" pode muito bem tomar o lugar de "homem" na busca pelo humano que está além do horizonte constituído do humanismo. Se há uma relação entre esse "você" que busco conhecer, cujo gênero ainda não pode ser determinado, cuja nacionalidade não pode ser pressuposta e que me compele a renunciar à violência, então esse modo de endereçamento articula um desejo – não apenas de um futuro não violento para a humanidade, mas também de uma nova concepção do humano que tem, como precondição de sua criação, alguma forma de toque que não seja a violência.

Referências

ARENDT, Hannah. *The Human Condition*. Chicago: The University of Chicago Press, 1958. [Edição brasileira: *A condição humana*. Tradução de Roberto Raposo. 13. ed. Rio de Janeiro: Forense Universitária, 2020.]

BENJAMIN, W. The Meaning of Time in the Moral Universe. *Walter Benjam Selected Writings Volume 1, 1913–26*. Ed. Marcus Bullock e Michael W. Jennings. Cambridge, MA: Harvard University Press, 1996, p. 286-87.

BHABHA, Homi. Framing Fanon. FANON, Frantz. *The Wretched of the Earth*. Translated by Richard Philcox. New York: Grove, 2004. p. vii-xli.

BUTLER, Judith. *Giving an account of oneself*. New York: Fordham University Press, 2005. [Edição brasileira: *Relatar a si mesmo: crítica*

---

com a celebração dos direitos do *eu*, e é mascarado por uma forma kantiana de ética que só é capaz de apresentar o *eu* que endereça a si mesmo como um 'você' familiar. Por outro lado, o 'você' também não se encaixa nas escolas de pensamento às quais o individualismo se opõe – essas escolas se mostram, na maior parte das vezes, afetadas por um vício moralista que, para evitar cair na decadência do *eu*, acaba evitando a contiguidade do *você* e privilegia pronomes coletivos plurais. De fato, muitos movimentos revolucionários (que vão desde o comunismo tradicional até o feminismo da sororidade) parecem compartilhar um curioso código linguístico baseado na moralidade intrínseca dos pronomes. O *nós* é sempre positivo, o plural *vocês* é para possíveis alianças, o *eles* carrega o rosto de um antagonista, o *eu* é inapropriado e o *você* – evidentemente – é supérfluo".

da violência ética. Tradução de Rogério Bettoni. Belo Horizonte: Autêntica, 2017.]

CAVARERO, Adriana. *Relating Narratives: Story-Telling and Selfhood*. Translated by Paul A. Kottman. London: Routledge, 2000.

CHOW, Rey. *Primitive Passions*. New York: Columbia University Press, 1995.

CONTAT, Michel; SARTRE, Jean-Paul. Sartre at Seventy: An Interview. Translated by Paul Auster and Lydia Davis. *New York Review of Books*, New York, v. 22, n. 13, 7 ago. 1975.

FANON, Frantz. *Black Skin, White Masks*. Translated by Charles Lam Markmann. New York: Grove, 1967. [Edição brasileira: *Pela negra, máscaras brancas*. Tradução de Sebastião Nascimento; colaboração de Raquel Camargo. São Paulo: Ubu, 2020.]

FANON, Frantz. *The Wretched of the Earth*. Translated by Constance Farrington. New York: Grove, 1963. [Edição francesa: *Les Damnés de la terre*. Paris: La Découverte, 2002. Edição brasileira: *Condenados da Terra*. Tradução de José Laurênio de Melo. Rio de Janeiro: Civilização Brasileira, 1968.]

JANMOHAMED, Abdul. *The Death-Bound Subject*. Durham: Duke University Press, 2005.

PATTERSON, Orlando. *Slavery and Social Death: A Comparative Study*. Cambridge, MA: Harvard University Press, 1982. [Edição brasileira: *Escravidão e morte social: um estudo comparativo*. Tradução de Fábio Duarte Joly. São Paulo: Edusp, 2008.]

SANTONI, Ronald. *Sartre on Violence: Curiously Ambivalent*. University Park: Pennsylvania State University Press, 2003.

SARTRE, Jean-Paul. *Life/Situations: Essays Written and Spoken*. Translated by Paul Auster and Lydia Davis. New York: Pantheon, 1977.

SARTRE, Jean-Paul. Preface. FANON, Frantz. *The Wretched of the Earth*. Translated by Constance Farrington. New York: Grove, 1963. p. 7-31. [Edição francesa: Préface. *In: Les Damnés de la terre*. Paris: La Découverte, 2002. p. 17-36. Edição brasileira: Prefácio. *In: Condenados da terra*. Tradução de José Laurênio de Melo. Rio de Janeiro: Civilização Brasileira, 1968. p. 3-21.]

Este livro foi composto com tipografia Bembo e impresso
em papel Off-White 70 g/m² na Formato Artes Gráficas.